职业教育服务美丽中国建设的理论与实践研究

蔡庆 等 ｜ 著

课题组成员名单

蔡　庆　易　俊　左佳奇　刘方涛　夏虹毅
梅小飞　李同同　杨　娟　杨晓燕

重庆大学出版社

图书在版编目(CIP)数据

职业教育服务美丽中国建设的理论与实践研究／蔡庆等著. -- 重庆：重庆大学出版社，2024.1
ISBN 978-7-5689-4262-1

Ⅰ.①职… Ⅱ.①蔡… Ⅲ.①职业教育—关系—生态环境建设—研究—中国 Ⅳ.①G719.2②X321.2

中国国家版本馆 CIP 数据核字(2023)第 224629 号

职业教育服务美丽中国建设的理论与实践研究

蔡 庆 等著

策划编辑：苟荟羽

责任编辑：杨育彪　　　版式设计：苟荟羽
责任校对：邹　忌　　　责任印制：张　策

*

重庆大学出版社出版发行
出版人：陈晓阳
社址：重庆市沙坪坝区大学城西路 21 号
邮编：401331
电话：(023)88617190　88617185(中小学)
传真：(023)88617186　88617166
网址：http://www.cqup.com.cn
邮箱：fxk@cqup.com.cn(营销中心)
全国新华书店经销
重庆市正前方彩色印刷有限公司印刷

*

开本：720mm×1020mm　1/16　印张：14.75　字数：250 千
2024 年 1 月第 1 版　　2024 年 1 月第 1 次印刷
ISBN 978-7-5689-4262-1　定价：78.00 元

序

拿到这本即将付梓出版的书稿,正是金秋十月,是丰收的季节,看着书名上"美丽中国"几个字,再翻开书页,浑身便涌起一股暖流。

为了完成作序,我连夜翻读,尽力让思维循着书的脉络运转。我发现这本沉甸甸的书有着非常明晰的线索,通过梳理线索,就感觉到这本书如一棵参天大树矗立在眼前:全书以职业教育服务美丽中国建设为主干,主干上分出三条枝干,作者用"理""状""行"三个字加以概括,构成全书的三个篇目,在每一篇的每一章、每一节几乎都以职业教育如何服务经济、政治、文化、社会、生态五个方面建设美丽中国展开,少部分章节又略有变化,使文章结构及内容总体对称又错落有致,全书形成三篇九章三十二节的构架,在此构架上围绕职业教育服务经济、政治、文化、社会、生态五个方面开枝散叶,五个方面就像花的五瓣构成若干朵花,交错绽放在枝干上,鲜艳夺目,读起来让人既感到条理明晰,又恍如进入繁花似锦的美丽中国,令人赏心悦目。这足显作者结构布局的精巧,这样的布局突显了理论著作结构完整、逻辑严密的特征。

全书以"理""状""行"分列三篇。"理"是理论,是理性思考,在这一"枝"上分出三枝,分别是价值定位、理论基础、政策依据;价值定位部分又从价值取向的一致性、建设主体的协同性、产教融合的导向性三个方面立论,这三个方面都从服务经济、政治、文化、社会、生态五个方面展开论述,提出职业教育服务美丽中国建设的价值认同;理论基础部分对新发展理念、产教融合理念、人力资本理论进行溯源探究,为职业教育服务美丽中国建设找到理论依据;政策依据部分仍从经济、政治、文化、社会、生态五个方面探寻政策的演进及在新的历史时期的导向和指导作用。这部分是全书主题——职业教育服务美丽中国建设的价值定位和理论基础。

如果说"理"的部分是全书的理论基础,那么"状"的部分则是全书的实践基础,即现实状态。这部分包括成效概览、问题审视及影响因素,均分别从经济、政治、文化、社会、生态五个方面展示和探讨,这部分内容十分丰富。仅从成效概览这部分内容看,涉及近 20 所职业院校,地域东西南北中都有,模式达 30 余个,每种模式都显示出职业院校服务美丽中国建设的不同特色。如果把第三篇"行"中的案例加在一起,所涉及的职业院校总计近 50 所,案例达 60 多个,这些案例读起来有琳琅满目、应接不暇之感,其中,像重庆工程职业技术学院所建的乡村振兴学院及新农学校案例,在职业教育服务乡村振兴的伟大工程中起到的典型示范作用,是职业教育服务美丽中国建设浓墨重彩的一页,是熠熠生辉充满诗情画意的篇章。书中类似的案例很多,读起来让人有一种充实和满足感,用重庆话说,就是"巴适""来劲"。问题审视和影响因素两部分,是面对现实状况,围绕经济、政治、文化、社会、生态五个方面从理论和实践角度进行的探索,这里不再赘言。

"行"的部分可以看成是全书的意义和目的,是对职业教育服务美丽中国建设的现实路径的探索提出的示范。之所以说是现实路径,是因为这部分内容所提出的所有路径,都是用成功案例做基础,这些路径不是画大饼,也不是勾画未来的宏伟蓝图,而是从现实出发,夯基铺路,立足于已有的经验,可以循着现有的路径继续探索前行。这部分内容抓住职业教育的本质属性和特征,从人才培养、文化传承、社会服务三方面入手,沿着服务经济、政治、文化、社会、生态五个方向而"行"。从结构安排上,每一方面都先提出路径构建,再以实际案例加以承载。路径部分条分缕析,清晰明了;案例则内容翔实,血肉丰满,读之如饮甘露,令人荡气回肠。

以上仅是个人对作者"理""状""行"的妄断,不妥之处还望作者、读者斧正。读完此书,掩卷而思,结构的缜密精巧是本书最大的特点,书中理论的探寻与实践案例的穿插又构成谋篇布局的另一特色,全书近 50 所职业院校所创造的 60 多个案例,承载起职业教育服务美丽中国建设的理论与实践的探索,宣示了职业教育在美丽中国建设的伟大历史进程中的使命担当。

重庆市中华职业教育社秘书长　唐　勇

2023.10

目　录

第一篇

"理"的领悟

　　党的十八大报告提出"建设生态文明,是关系人民福祉、关乎民族未来的长远大计。面对资源约束趋紧、环境污染严重、生态系统退化的严峻形势,必须树立尊重自然、顺应自然、保护自然的生态文明理念,把生态文明建设放在突出地位,融入经济建设、政治建设、文化建设、社会建设各方面和全过程,努力建设美丽中国,实现中华民族永续发展",首次在中华民族伟大复兴的蓝图中增添了"美丽"一词。党的十九大报告进一步指出,人民日益增长的美好生活需要和不平衡不充分的发展之间的矛盾已然成为我国社会主要矛盾,而人民对美好生态环境、生活环境的需求,同现实生态环境问题间的矛盾系其重要组成部分,标志

着以习近平同志为核心的党中央,将建成美丽中国写入社会主义强国的奋斗目标中。①

党的二十大报告提出,"到二〇三五年广泛形成绿色生产生活方式,碳排放达峰后稳中有降,生态环境根本好转,美丽中国目标基本实现",引领美丽中国建设不断迈出新的坚实步伐。

有学者认为,党的十八大报告中关于美丽中国的表述揭示了两个层次的内涵:首先,美丽中国所代表的美好愿景,系党中央对"建设什么样的生态文明"这一关键问题作出的回应;其次,美丽中国的建设路径表明,生态文明的建设不是孤立的,而是应当全面融入经济建设、政治建设、文化建设、社会建设的各方面和全过程的。② 可见,美丽中国是关乎中华民族未来发展的重要规划,其着眼于生态文明建设,但又并不止步于此。自然生态之美以及人与自然和谐相处,仅是美丽中国画卷的底色,其上瑰丽的图景还需以融入生态文明理念的物质文明、精神文明以及政治文明之笔触来予以绘制。③ 质言之,美丽中国建设要求将生态文明理念融入国家的经济建设、政治建设、文化建设,以及社会建设中,其根本目的是在实现中华民族永续发展的同时,为中国人民谋求幸福的生活。

美丽中国是中国共产党就民族未来作出的伟大规划,在实现这一伟大规划的进程中,人无疑是最为关键的要素。毕竟只有作为美丽中国建设者的人始终秉持建设生态文明的信仰与决心,生态文明的理念才能切实融入国家的经济、政治、文化、社会建设中。而在人的培养上,职业教育则发挥着至关重要的作用,肩负着不可推卸的使命。为美丽中国培养合格的建设者,是职业教育服务美丽中国建设的根本路径,也是美丽中国建设伟大历史进程中职业教育所应有的担当。职业教育的组织者与实施者应当始终牢记此等使命,在人才培养、文化传承,以及服务社会等方面不断改革创新,致力于为建成美丽中国添砖加瓦。

① 王宇.习近平建设美丽中国重要论述的内涵阐析[J].中国人口·资源与环境,2022,32(3):151-152.
② 李建华,蔡尚伟."美丽中国"的科学内涵及其战略意义[J].四川大学学报(哲学社会科学版),2013(5):137.
③ 陆玉珍."美丽中国"的科学内涵、战略意义及实践路径[J].中共南京市委党校学报,2018(1):108-109.

第一章 价值定位

　　党的十八大报告提出需把生态文明建设放在突出地位,融入经济建设、政治建设、文化建设、社会建设各方面和全过程,努力建设美丽中国,实现中华民族永续发展。党的二十大报告进一步指出,"大自然是人类赖以生存发展的基本条件。尊重自然、顺应自然、保护自然,是全面建设社会主义现代化国家的内在要求。必须牢固树立和践行绿水青山就是金山银山的理念,站在人与自然和谐共生的高度谋划发展"。在这种国家战略实施背景下,明确美丽中国的建设者应该具备何种生态文明素养、政治素养、经济建设能力、文化水平和社会服务能力是横亘在所有教育机构面前的第一要务。而职业教育作为一种培养社会建设者的类型教育,其能够以培养具有生态文明理念、政治素养、经济建设能力、较高文化水平和社会服务能力的高素质技术技能人才为切入点,在推进美丽中国建设进程中发挥重要的作用。

第一节 价值取向的一致性

　　价值取向是决定主体行动方向和合作紧密程度的重要决定因素,职业教育同美丽中国的建设目标具有内在价值取向上的一致性,其服务美丽中国建设能够有效地实现人才培养和人才需求的协调与平衡。

一、服务经济建设方面

职业教育同美丽中国建设在国家经济发展战略层面具备价值取向的一致性。美丽中国建设将资源节约、环境友好的绿色发展体系作为建设现代化经济体系的重要内容。美丽中国倡导绿色、低碳、循环发展,改变以往罔顾自然资源承载能力的"竭泽而渔"为人与环境和谐共生的"活水养鱼",更加关注整个社会经济效率,而非单纯财富增长或私人财富增长,使整个经济体更富有效率。为了在环境、社会、文化和经济之间创造一种平衡,就必然要依托绿色经济实现可持续发展。教育的最终目的是支撑社会的发展,经济发展是社会发展的基础,那么教育必然要适应经济发展的需求,职业教育是为了培养技术技能人才,因此与经济的联系就更加紧密。这意味着职业教育不仅要培养出技能合格的专业人员,更要培养出具备绿色思维、掌握绿色知识的综合型人才。这就要求职业教育要从教育内容、人才培养标准等方面做出调整。

随着我国经济结构不断调整、产业转型升级,企业对绿色可持续发展的要求越来越高,职业教育应紧密根据产业结构的调整、企业的需求建立与之相适应的层次结构,承担培养高素质技术技能人才,培养大国工匠、能工巧匠的历史使命和责任担当。职业院校的专业设置要充分调研"绿色经济"产业,侧重于清洁生产、可再生能源和清洁能源等;人才培养方案中要贯穿绿色经济产业主线,课程标准中要融入绿色理念,潜移默化地培养学生的绿色思维;师资队伍的锻炼要加强绿色师资的培训,开发中国特色的绿色职业资格标准,为职业教育培养绿色人才提供坚强的保障。

二、服务政治建设方面

职业教育与美丽中国建设战略在政治建设层面存在价值取向的一致性。职业教育的根本任务是对人的培养,提高人才素质。思想政治教育作为职业教育的重要组成部分,其目的主要是塑造正确的价值观和人生观,促进人的自由全面发展。美丽中国建设不仅需要人民传播生态思想和了解人类生态文明历史,更重要的是需要形成人与自然和谐共处的美丽中国建设理念,增强人在美丽中国建设中的主观能动性。因此,思想政治教育在美丽中国建设过程中提供理论基础和思想基础起着至关重要的作用。

职业教育中的思想政治教育能为美丽中国建设提供凝聚力。建设美丽中国对解决人与自然、人与社会、人与人之间的矛盾起着重要的作用,美丽中国的建设是全社会、全体人民参与的重大工程。新时代的职业院校青年学生作为美丽中国建设过程中的生力军,具有良好的创造力和活力,但还未建立起良好的价值观和理论基础。因此,在校期间为青年学生建立理论基础和塑造品格的关键期,积极用好思想政治教育的工具,有利于凝聚职业院校青年学生的磅礴力量,搭建起新时代的生态文明理念,为美丽中国建设的持续发展提供源源不断的动能。

美丽中国建设为职业院校思想政治教育创设新环境。当前,职业院校的思想政治教育主要集中在对学生政治观点、道德规范的要求和教育。但美丽中国的提出,对人们的思想观念和行为方式都带来了深刻的变革。在这样的背景下,将生态文明观融入思想政治教育的课程中,不断增加马克思主义生态观的教学内容,不断用形式多样、内容丰富的方式有计划、有目的、有组织地对学生进行美丽中国理念和建设内容的影响教育,从而加强和影响更多人的生态文明意识以及践行绿色发展的理念。

三、服务文化建设方面

职业教育同美丽中国建设在文化建设层面具备价值取向的一致性。职业教育培养的学生不仅是社会经济发展的参与者,也是文化强国的建设者,职业院校学生是否具有较高文化素养,直接关系着美丽中国建设战略的有效实施。在职业教育中,对学生进行正面文化教育和价值观引导,能有效助推美丽中国建设。职业教育作为一种更注重技能和实践的类型教育,在服务美丽中国建设中,能使培养的技术技能人才在继承和发扬我国优秀传统文化的同时,不断实现文化创新。为传承中国传统文化,顺应时代发展,越来越多的职业院校开设了中华武术、文物修复、戏曲表演等专业。中华优秀传统文化中崇尚敬业、乐业、勤业和精业的意识,这些意识是做好一切工作的思想基础,也是当今职业教育道德体系的思想基础;中华优秀传统文化中强调的诚实守信的意识是中华民族代代相传的美德,以诚相待,讲究信誉是我们从事任何职业都应具备的道德意识。优秀文化的熏陶能让学生有一个正确的价值取向,职业教育服务美丽中国建设能让学生在学得专业技能的同时也获得思想上的同等发展,从而实现自我提升。

四、服务社会建设方面

职业教育同美丽中国建设在社会建设层面具备价值取向的一致性。职业教育社会服务职能的产生与社会发展息息相关,职业教育紧跟社会发展方向,顺应社会发展规律,从重点培育中等技术教育和技工教育,到中等职业教育与高等职业教育协同发展,再到现在发展体现社会适应性和类型教育特色,包括职业教育本科在内的高层次职业教育。在此发展过程中,职业教育贴合不同社会发展时期的现实需求,为国家经济社会发展、人员素质提升、科学技术进步提供了强有力的支持,促进了经济社会的全方位发展。

此外,职业教育服务美丽中国建设能够有效推进高素质人才的培养工作。就服务社会建设方面来说,一方面,职业教育为社会建设持续提供高素质人才,满足社会各界和行业企业的生产生活需求;另一方面,社会建设需要具有一技之长的高素质就业者保障和稳定社会结构。所以社会建设需要职业教育,职业教育服务社会建设。作为社会发展的重要基础支撑,职业教育人才培养模式的再深化、再拓展、再突破,迫切需要"五育并举"来推进。具体来说就是以德为魂,培养家国情怀;以智为源,创新智育体系;以体为本,推崇健康理念;以美为魂,传承中华文化;以劳为基,开展劳动实践。在职业院校创新人才培养模式的过程中,"五育并举"是育人要求,"三全育人"是落实路径,高素质技术技能人才培养同向同行、互联互通,是对落实立德树人根本任务的再提高、再认识、再深化。近年来,现代职业教育通过落实《国家职业教育改革实施方案》《职业教育提质培优行动计划(2020—2023 年)》实施方案,实施"双高计划",全面推动学校思政课程建设,深化思想政治工作质量提升工程和"三全育人"综合改革,大力推进国家通用语言文字普及提升工程和推普助力乡村振兴计划等系列举措,培养了一批不仅有渊博的知识、先进的理念、高超的技能、娴熟的技艺,更有勇于担责、乐于奉献、善于创新的高尚品德和不忘初心、志向高远、常怀感恩的家国情怀的高素质技术技能人才。

五、服务生态文明建设方面

职业教育与美丽中国建设战略在生态文明建设层面存在价值取向的一致性。人人要获得生存和发展,必须进行职业工作和岗位实践。而职业教育承担着为社会主义发展培养各行各业高素质技术技能人才的伟大使命,职业教育是促进人才发展和社会发展良性互动的助推器,能够让人才更好地服务社会发展,同时,良好的社会发展也会滋养人才的自我实现。在美丽中国建设战略背景下,职业教育服务美丽中国建设首先能够使培养出来的技术技能人才更好地具备生态文明理念,以更加环保、绿色和可持续的生产方式参与职业实践。因此,职业教育服务美丽中国建设,能够使美丽中国建设战略的核心理念和职业教育发展的价值取向保持协调统一,这也是美丽中国建设战略在职业教育方面的具体落实。其次,能够促进职业教育和技术人才培养价值取向统一。美丽中国职业教育的价值取向决定着职业教育对整个社会发展的服务方向,具体体现在技术技能人才培养方向的确定。在职业教育服务美丽中国建设的背景下,技术技能人才培养的价值取向必然要与职业教育服务美丽中国建设的取向协调统一。即以美丽中国建设为价值理念和目标统领,职业教育发展要以更加注重生态文明教育为目标,在人才培养中也必然要在人才定位、教育内容等方面贯彻生态文明价值观,最终促进职业教育和技术技能人才培养价值取向的统一和契合。最后,能够促进技术技能人才成长和实践锻炼价值取向统一。职业教育培养的技术技能人才是有血有肉、有思想、有情感的"社会人",而不是只会机械生产、具备技术、能够操作机器的"工具人"。在学生接受职业教育的过程中,教育者除了对其进行技术技能训练,还必须要培养其独立思考的能力和对事物的正确认识,即具备正确的生产生活价值观。职业教育服务美丽中国建设,在明确美丽中国建设的时代意义和内在要求的基础上,能够让技术技能人才在理念层面和实践锻炼中获得生态文明理念和技能,实现自我能力提升和积极践行的同步发展。

第二节 建设主体的协同性

职业教育服务美丽中国建设,能够进一步推进政府、职业院校和行业企业等美丽中国建设主体的协同共治,将生态文明理念切实融入经济、政治、文化以及社会建设,推动美丽中国建设的全方位发展。

一、服务经济建设方面

在经济建设层面,职业教育能够有效整合政府以及企业资源,通过源源不断的技术技能人才供给进一步促进经济发展。从政府角度来说,政府通过加强美丽中国制度建设、宏观调控、牵头相关职能部门制定政策解决校企合作、产教融合中的关键性问题,能大大地调动职业院校和企业的积极性,让更多的企业能够参与到产教融合中,促进地方经济发展。从职业院校角度来说,职业教育服务美丽中国建设必将推动职业院校为培养更加适合企业需求的人才开展改革,促进学校在"政校企行"模式下联合行业企业实现对专业人才的精准定位,对人才培养方案进行整体化设计,联合企业共同参与人才培养全过程,引入行业企业标准对课程体系进行重构设计,引入企业案例对授课内容进行整体更新,实现学校招工即企业招工,学校培养与企业需求的高度融合。从企业角度来说,职业教育服务美丽中国建设必将带动企业参与教学实践。职业院校的学生毕业后最终流向的是企业,学生的培养质量决定了企业今后的发展高度,企业为了提升自己在市场上的竞争力可基于校企融合,通过建立教师实践基地的方式,让教师把企业的新技术、新工艺带回课堂教学;通过建立生产性实训基地的方式,让学生在校期间能直接接触最新的一线设备及技术,让学生直接参与生产实践,缩短毕业后与企业的融合期;通过共建产业学院的方式,让企业与职业院校高度融合,既降低了生产成本,又提高了新进员工的基本素质;通过与职业院校共建创新中心,既提升了教师的专业水平,又解决了企业自身的技术难题。因此,职业教育服务美丽中国建设需政校企三方协作,政府强化主导功能、学校更新管理制度、企业发挥指导作用,三方在同一个框架下明确责任和义务,协同共治才能切实推动美丽中国的实施。

二、服务政治建设方面

在政治建设层面,职业教育服务美丽中国建设能够有效地推动和提高政府、职业院校和社会层面对思想政治教育的重视。从政府角度来说,职业院校参与美丽中国建设有助于推动政府对生态文明理念教育的重视,加强顶层设计,构建美丽中国建设工程下的思想政治教育体系,提升公众的环境保护意识。《新时代学校思想政治理论课改革创新实施方案》中明确提出要引导全社会牢固树立生态文明价值理念,推动构建生态环境治理全民行动体系,促使国家和地方政府对现有职业教育的资源进行优化配置、重组和整合,盘活和充分利用现有资源,出台相关激励政策,吸纳和鼓励部分社会资源积极参与职业教育建设。加大对职业教育的投入和规模,为美丽中国源源不断地提供坚实的高技能人才保障。从职业院校角度来说,职业教育服务美丽中国建设必然会推动职业院校加快进行教育教学改革,将美丽中国相关内容融入职业教育的专业课程和思政课程中,推动思想政治教育以及课程思政的建设规范。立足将职业院校的学生培养为全面发展的、具有较高工作能力和综合素质的适应美丽中国建设的人才,重视培养学生的职业道德、价值定位、自我意识,以及创造性等品质和社会交往与合作能力,使培养的学生能够成为服务美丽中国建设第一线的中坚力量。从行业企业角度来说,现代企业是直接参与美丽中国建设的主要力量,其所需要的人才不仅是具有应用能力的技能型人才,而且还应当具有良好的职业精神和职业道德,具有良好的团队合作意识和对企业文化和国家战略政策有所了解的人才。行业企业在市场的发展过程中,对企业以及人才都提出了更高的要求,将行业在建设和发展过程中形成的物质文明和精神文明不断地融入美丽中国的建设过程中,有利于推动和丰富美丽中国的发展,极大地提升美丽中国的影响力和参与度。

三、服务文化建设方面

在文化建设方面,从政府角度来说,政府作为职业教育高质量发展的管理者和领导者,为促进美丽中国建设,应结合中国国情,依据当地文化制定相关法律法规与政策方针,对职业教育文化发展实施管理。《国家中长期教育改革和发展规划纲要(2010—2020 年)》指出,在职业教育发展中,政府要健全多渠道投入机制,制定合作办学法规,促进校企合作制度化,充分激发行业企业积极性,加大职业教育投入。从职业院校角度来说,中共中央办公厅、国务院办公厅印发的《关于实施中华优秀传统文化传承发展工程的意见》中明确指出:"将传统文化教育贯穿国民教育始终,推动高校开设中华优秀传统文化必修课。"职业院校文化育人的首要任务就是立足职业教育人才培养实际,紧扣立德树人根本任务,通过课程设置及教学模式创新,传承和弘扬中华优秀传统文化,为人才培养提供有力的精神和文化支撑。从企业角度来说,校企合作、工学结合作为职业教育人才培养的基本模式,其发展是建立在校企共赢基础上的。对学校而言,学生培养更有指向性;对学生而言,就业导向更明确;对企业而言,人才获取更便捷、更经济。企业作为连接职业教育与美丽中国建设的媒介,在职业教育过程中推动企业文化的有效融入,既能培养学生的职业素养,还可强化学生对企业的认同感。综上,政府、职业院校、企业三方对于职业教育文化发展共同承担着治理作用,由于治理主体和治理模式的不同必将产生多元化、复合化治理机制,共同推进职业教育文化服务美丽中国建设。

四、服务社会建设方面

在社会建设方面,职业教育服务美丽中国建设能够更好地将生态文明理念融入其中。

职业教育参与社会建设的价值取向和发展路径,符合国际间特别是"一带一路"沿线国家教育事业深度融合发展的诉求和方向,推动了国际间教育领域的多边合作。而这对于将生态文明理念融入社会建设中无疑大有裨益。随着中国和"一带一路"沿线国家之间经济社会交流的不断深入,培养能够服务国内和国际的专门技术型人才尤为重要。职业教育作为参与国际合作的重要路径和平台意义重大。一方面,职业教育可以为中国"走出去"企业和"一带一路"沿线国家的政策宣传、经济贸易、人文交流、基础建设等培养高素质技术技能人才;另一方面,中国和"一带一路"沿线国家巨大的市场与发展潜力能够为职业教育提供广阔的创业、就业机会,促进当地社会建设。通过国际间多元协同,推动了各国深度参与职业教育,促进各国共商、共建、共享社会建设成果,符合各国人民期待幸福生活的美好愿景,既是中国职业教育的历史担当,更是中国职业教育应有的行动。

职业教育参与社会建设,能促进地方政府间优质联动。在中国经济进入内外循环双重驱动的背景下,区域协调发展是建设现代化经济体系的重要举措。新形势下促进区域协调、推动优势互补、实现创新发展离不开优质教育的人才支撑和智力支持。《中国教育现代化2035》提出要"推动不同地区协同推进教育现代化建设"。在此背景下,职业教育如成立区域现代职业教育联盟、采取跨区域职业教育协作等方式,将促进区域间人才、资本等要素流动。职业教育的跨区域合作,往往是多主体高效协同优质联动,尤其是地方政府间的相互联动,如制定颁布相关政策进行统筹和规划、投入相关资金开展建设、协调各方资源共建共享,共同解决社会经济区域发展不平衡、产业结构质量区域差异等问题,共同推动地方社会和经济发展,在一定程度上促进了地方政府间相互联动。

职业教育参与社会建设,不但能更好地根据社会经济发展、准确定位自己的功能与贡献维度,而且通过主动寻求更加多元、更加立体的社会契合点,与社会经济、社会文化、社会生产等形成更加相互交融的有益关系,促进地方经济社会发展。与普通高等教育相比,职业教育直接服务于当地行业企业、投身单位工厂实际作业、大幅提升区域人口素质等,与地方社会建设具有较高的"黏合度"和"亲密度"。职业教育不仅能突出有用实用,致力地方经济发展,也能帮助地方政府就地取材,提高区域人口素质,提升社会服务能力。

职业教育参与社会建设,能促进学校和企业之间深度融合,实现校企双主体育人。这不但为学校有效地解决了人才培养"出口"问题,让社会和企业最大限度地接受和吸纳毕业生,同时也符合行业企业对新技术、新工艺、新业态、新模式下的人才需求,校企双方互惠互利,具有较高的社会效益。通过校企双方共建工作室、共同投入生产研发、共建实训基地、合作开办新型学徒制等方式,企业深度参与人才培养,使培养要求符合企业用人需求。

职业教育参与社会建设必将大力推动职业院校之间的协同合作,依托职教集团、职业教育发展联盟等组织助力中国社会建设和发展。在办学导向上,职业教育要为经济、社会发展和企业服务,这是职业教育的本质,也是职业教育一直以来的发展关键点。

新修订的职业教育法首次明确,职业教育是与普通教育具有同等重要地位的教育类型。参与社会建设和社会服务是其基本功能和义务。构建现代化职业教育体系,推动服务技能型社会建设意义重大。通过职业院校之间的深度合作,充分挖掘学校自身资源,主动对接区域产业经济发展需求,加大力度开展继续教育、社会人员技能培训、提供技术服务等方式融入区域经济社会建设和发展,是职业院校存在和发展的现实意义,是职业院校彰显价值和地位的有效路径。

五、服务生态文明建设方面

职业教育服务美丽中国建设能够充分调动政府与企业的资源,为生态文明建设添砖加瓦,而后者系美丽中国建设最为重要的政策抓手。从政府角度来说,职业教育服务美丽中国建设必将推动政府出台相关的政策,为职业教育服务美丽中国建设提供规范性指导。美丽中国建设战略的实施需要社会各界齐心协力、勠力同心进行共同奋斗,其本身具有一种号召和引领作用,职业教育作为为国家培养技术技能人才的主体自然具有不可推卸的责任和使命。"没有规矩不成方圆",职业教育服务美丽中国建设不能无所作为,但是也不能盲目作为。因此,政府相关部门必须根据各地生态环境现状和产业结构等实际情况,对职业教育人才培养做出顶层设计和科学引导,使职业教育服务美丽中国建设能够少走弯路,发挥更大的作用。从职业院校角度来说,职业教育服务美丽中国建设必将推动职业院校培养适口对路的合格人才,为美丽中国建设提供充足的人力资源。职业院校是开展职业教育的直接主体和践行者,职业教育服务美丽中国建设最终要落实到职业院校的具体行动中。因此,在服务美丽中国建设过程中,职业院校需紧跟国家政策方略和实施方案,将生态文明教育理念渗透到教育教学中,更好地开展职业教育,培养更加具备生态文明理念和素养的技术技能人才。从企业角度来说,职业教育服务美丽中国建设必将带动企业开展实践。企业作为容纳职业院校所培养人才和进行美丽中国建设的主体,是连接职业教育和美丽中国建设战略的中介,能够在具体实践中让人才的内在素养外显为实实在在的行动。因此,职业教育服务美丽中国建设离不开企业的积极参与和大力支持,必须使学校和企业在人才培养与建设实践中的价值取向保持一致,推进政府、职业院校和行业企业三方主体的协同共治,共同推动美丽中国建设战略的实施。

第三节　产教融合的导向性

产教融合是职业教育最新的发展理念,揭示了职业教育未来的发展方向,而其在价值导向上也符合美丽中国的价值逻辑。

一、服务经济建设方面

从经济建设角度来说,发展经济的首要策略就是人才,建设美丽中国更是要求参与经济建设的人才应当具备生态文明理念。职业院校作为技术技能人才的主要输出端,需要以服务地方经济为本位。如果职业院校在专业设置上未经过充分调研,盲目跟风设置所谓的前沿专业,就会导致就业结构与区域经济结构的不匹配,造成人才的流失和人才的浪费,从而影响区域经济的发展。通过产教融合,让企业参与到职业教育的育人全过程,有助于增强职业教育与经济发展的适应性,从而更好地服务美丽中国建设。为了实现这一目标,一方面,职业院校必须依据区域产业布局和经济结构进行专业设置,要与产业需求同频同振,课程内容上要与职业标准对接,教学过程要与生产实际对接;另一方面,要加强促进绿色经济发展的专业建设。作为产教融合的双主体,职业院校和骨干企业一定要共同制订人才培养方案、教学计划,共同设计教学内容和评价方式;职业院校要选派骨干教师前往企业一线参与生产实践,熟悉一线的新技术新工艺,企业也要选拔技术专家前往学校参与一线教学,将企业真实案例带进课堂。校企双方在政府指导下通过共建产教融合实训基地等方式"引校入厂""引厂入校",共建创新中心,实现科技成果转化,解决企业难题,提高企业生产率。同时,在产教融合校企合作协同育人过程中,职业院校除了培养学生的专业技能,还应注重对学生职业能力和综合素质的培养。学生除了修满自己的主修课程,还可以根据个人兴趣爱好参加技能培训和考核,提高学生的自学能力、团队协作能力,从而扩展就业门路,满足企业多元化人才的需求。因此,通过产教融合、校企协同育人,为企业、行业产业输出技术技能人才,在价值导向上也符合美丽中国的需求。

二、服务政治建设方面

"美丽中国"的概念提出是我国对生态社会文明和国家的强烈诉求,职业院校学生作为我国学生群体的重要组成,在美丽中国建设过程中肩负着重要的责任。通过校企合作将产教融合作为职业教育的基本办学模式,能够有效地向社会输送具备合格政治素养的美丽中国建设者。因此,职业教育服务美丽中国建设可为产教融合把握学生教育和校企合作的原则性方向,使校企之间从系统性、整体性、开放性的角度开展融合,能够整合学校和企业之间的思想政治教育因素,使其有序进行,指导学校的政治教育和政治建设打开眼界,顺应时代发展趋势。

产教融合导向下,职业教育能够成为美丽中国建设的"发动机"。党的十九大报告提出"建设教育强国是中华民族伟大复兴的基础工程",要"完善职业教育和培训体系,深化产教融合、校企合作"。党的二十大报告进一步指出,要推进职普融通、产教融合、科教融汇。国家也逐渐重视职业教育人才培养中职业精神、工匠精神的培育,《关于开展现代学徒制试点工作的意见》《职业学校校企合作促进办法》《国务院关于加快发展现代职业教育的决定》《国家职业教育改革实施方案》等政策措施的发布,为产教融合提供了政策依据和支持,为校企合作提供了源动力。

产教融合导向下,职业教育能够为美丽中国建设提供"推进剂"。职业教育服务美丽中国建设回答了"培养什么人、怎样培养人、为谁培养人"这一根本性问题,现代职业教育是培养创新型技术技能人才的主要途径,承担着培育和发扬工匠精神的重要使命。而培养学生工匠精神不仅要求院校将其融入日常教学过程中,还要求企业参与其中,并要让学生在企业真实环境中亲身体验。因此,职业教育服务美丽中国可以为产教融合提供更广阔的合作方向和资源,营造良好的合作氛围,有助于在真实的生产工作环境中融入技能型人才工匠精神的培养,找到校企之间合作的利益平衡点。

三、服务文化建设方面

从文化建设角度来说,当前我国职业教育经过二十多年的发展,教学条件得到了有效改善,与普通高等教育虽是两种不同的教育类型,但具有同等地位。《职业教育提质培优行动计划(2020—2023 年)》指出,新时代职业教育文化特征是:"深化产教融合、校企合作,强化工学结合、知行合一,健全德技并修育人机制。"产教融合、校企合作既是职业教育高质量发展物质文化的标志,也是职业教育文化自信建设的基础。通过产教融合文化建设,首先可以及时地将新技术、新工艺、新规范纳入教学标准和教学内容,强化学生实习实训,校企共建高水平产教融合实训基地;然后可以促进学生职业理想、职业道德、职业良心、职业纪律、职业责任、职业习惯和职业能力等职业文化发展。

在产教融合的价值导向下,职业教育能够更好地培养学生产业文化素养,以便为我国美丽中国建设提供更多的高素质人才。在职业教育中有效融入产业文化,在技能培养上引入产业标准,在行为养成上彰显产业规范要求,做到产业文化进校园、"工匠大师"上讲台、技术能手在身边。当前,一个优秀的企业想要长期发展必然推崇工匠精神,工匠精神作为一种体现中华民族传统美德的精神支柱,既是提升职业教育软实力,也是突破职业教育发展瓶颈的内在动力。职业教育为培养学生工匠精神,深入开展劳动教育课程,弘扬劳动光荣、技能宝贵、创造伟大的文化风尚,引导学生立足岗位、执着专注、精益求精,开展创新性劳动。因此,为促进美丽中国建设,加强产教融合深度,要以文化为引领,着眼于以人为本的长远价值,同时促使产业文化与学校文化产生趋同性,进而实现校企合作在经济价值和文化价值上的统一。

四、服务社会建设方面

从社会建设角度来说,参与社会建设是职业教育实现产教融合的重要手段,同时也是职业教育服务美丽中国建设的重要路径之一。出于参与社会建设的目的,职业教育的组织者以及实施者需要做到以下几点:一是职业院校面向在校学生和社会成员,积极开展技术技能培训,大力推动职业教育资源的有效利用,发挥最大价值,加大力度支持和鼓励创新创业,深入产教融合,推进校企合作。二是社会培训是职业院校利用自身资源和优势为社会提供服务的一种重要方式,能够促进教育教学与生产产业的衔接,用需求拉动职业教育,促进产教融合。三是职业教育通过研究开发好社会培训项目,结合专业特色及市场化需求梳理出培训项目清单;加大开展社会培训的工作力度,坚持培训质量与效益并重,助力产教融合的发展,培养更多高素质技术技能人才。

在技术服务方面,职业教育利用自身优势资源为行业产业开展技术服务,如校内搭建企业服务中心,利用职业院校人才优势组建教师创新团队,对接区域支柱产业,不但主动将人才、成果、培训送到企业,还积极将企业真实项目、技术及产品引进到学校,形成成果转换和技术服务。同时职业院校在产业集聚区内建设校外实训基地和校内共享实训基地,并以此为平台,开展技术服务、联合培训、公益改造、项目攻关、创新创业等;又如职业院校开展"三农"科技服务,开展"田间课堂"、地方土特产品牌包装打造、互联网销售人员能力培训等工作,服务乡村产业振兴和乡镇企业发展。通过开展技术服务,职业院校与区域企业形成紧密耦合的共同体,积极融入产业链条,提升服务产业能力,追求引领产业目标,实现深度产教融合。

在助力城市发展方面,社会建设离不开城市发展,职业教育为城市发展提供人才支持、技术服务和智力支撑,城市发展为职业教育提供就业渠道、师资力量和优良的教育环境,职业教育与城市发展形成相互支撑、相互促进的良好关系,这也在很大程度上促进了职业教育的校企合作、产教融合。在城市行业转型升级、产业结构优化调整过程中,职业教育更具活力。

五、服务生态文明建设方面

从生态文明建设角度来说,首先,职业教育实现产教融合,系其服务美丽中国建设的重要切入点。美丽中国建设战略是国家的重要发展规划,无论是职业院校还是行业企业都是其重要服务的对象,而只有产教融合、校企合作才能更好地培养美丽中国建设所需要的具备生态文明知识和能力素养的高素质技术技能人才。因此,职业教育积极带动企业也加入这一行动中,努力推动产教深度融合、校企紧密合作,能够有效推动美丽中国建设。其次,职业教育实现产教融合,系其服务美丽中国建设的实践路径。当下,我国产教融合正在遭遇"校热企冷"的困境,很大一部分原因在于学校和企业没有共同的价值取向和利益追求,因而缺乏合作的方向和路径。而美丽中国建设能够让职业院校和行业企业围绕共同的目标紧紧团结在一起,从根本上深化产教融合,对实现产教融合功能具有重要的导航和引领作用。最后,职业教育实现产教融合,系其服务美丽中国建设的动力之源。当下在产教融合过程中,职业教育专注于培养技术技能人才,通过促进人才就业获取效益;而企业在严峻的经济发展环境下,面临着生存压力和淘汰风险,往往只顾追求经济效益。这种目标分歧导致产教融合缺乏长足的动力续航,产教融合最终走向"貌合神离""两张皮"的境地。而职业教育服务美丽中国建设,是服务国家重大发展战略的积极表现,企业自身想要发展也必须以尊重自然、顺应自然、保护自然的生态文明理念为行动指南,通过招聘具有生态文明理念的人才获得独特且顺应形势的发展优势。因此,美丽中国建设需要职业院校和行业企业开展更为紧密的合作,需要产教融合逐步进入纵深发展,能够为产教融合提供长足、充沛的动力续航。

第二章 理论基础

职业教育服务美丽中国建设具有坚实的理论基础。首先,新发展理念为人才培养的标准和规格提供了依据,即职业教育服务美丽中国建设需要培养出具备创新思维和创新能力、能够实现自我协调发展和服务协调发展、具备绿色技能和绿色发展思维、具备开放发展胸怀和开放发展意识、具备共享发展理念和共享发展能力的高素质技术技能人才。其次,产教融合理念为职业教育服务美丽中国建设提供了切入路径和遵守原则。职业教育在为美丽中国建设培养人才的过程中,必须坚持产教融合、校企合作,以更好地对接美丽中国建设对高素质技术技能人才的现实需求。最后,人力资本理论为职业教育服务美丽中国建设提供了可行性和必要性依据。通过强调"人"对于美丽中国建设的重要性以及职业教育对于"人"培养的必要性,以此彰显了职业教育服务美丽中国建设的意义。

第一节 新发展理念

清初,思想家王夫之的《张子正蒙注》中提到,"理者,物之固然,事之所以然也",揭示了发展理念之于发展的重要性。习近平总书记于 2015 年 10 月在关于《中共中央关于制定国民经济和社会发展第十三个五年规划的建议》的说明中指出:"发展理念是发展行动的先导,是管全局、管根本、管方向、管长远的东西,是发展思路、发展方向、发展着力点的集中体现。"随后,习近平总书记又提出了对破解发展难题、增强发展动力、厚植发展优势具有重大指导意义的创新、协调、绿色、开放、共享的新发展理念。在 2016 年 1 月 29 日第十八届中共中央政治局第三十次集体学习时,习近平强调:"新发展理念就是指挥棒、红绿灯。"2017 年 10 月 18 日,习近平总书记再次强调要贯彻新发展理念,建设现代化经济体系。2018 年 3 月 11 日,全国人民代表大会通过的宪法修正案更是明确了在"自力更生,艰苦奋斗"前增写"贯彻新发展理念"。践行新发展理念成为我国实现更高质量、更有效率、更加公平、更可持续发展的方位指引。习近平总书记指出,落实新发展理念,具体就是要"崇尚创新、注重协调、倡导绿色、厚植开放、推进共享"。"十三五"期间,在全国积极践行新发展理念的同时,我国职业教育也顺应时代变革出台了一系列政策对职业教育进行统筹谋划和顶层设计,蕴含了职业教育的价值取向和目标定位,以及通过多方寻求和谐共生新平衡、维持自身内涵和外延协同发展的决定性力量。新发展理念在一定程度上揭示了美丽中国的建设路径,与此同时也在某种程度上说明了职业教育服务美丽中国建设的必要性。

一、创新发展

坚持创新发展,激活发展动能。美丽中国建设离不开技术创新、制度创新,以及文化创新。而所有的创新都离不开具有创新精神,具备创新能力的人才。职业教育是培养高素质技术技能人才的教育,其在优化产业结构、加快科技创新、促进经济转型等方面具备重要作用。以体制机制创新促进职业教育发展破解制约职业教育发展面临的困境,是新时代职业教育实现"弯道超车"服务美丽中国建设等重大国家战略的重要举措。具体来说,职业教育体制机制创新,一方面是通过完善政策,对关键问题做出科学回应进行顶层设计;另一方面是尊重基层活力使区域职业教育跟上现代化发展的步伐。"创新,尤其是技术创新,是高职院校的核心竞争力",同样也是整个职业教育发展的"活性因子"。随着云计算、大数据、物联网和移动互联网的急速发展,现代科技在教育中扮演着越来越重要的角色。加强技术积累,培育敢于创新、善于创新的思想信念在推进整体创新升级、提高职业教育质量上具有重要价值。创新现代科技能够摆脱对企业合作中的资源以及高校理论成果的路径依赖。通过将理论知识厚植于真实的企业实践,通过目标取向、问题导向和需求引向改进工艺和设计。

二、协调发展

坚持协调发展,调试发展平衡。人与自然和谐相处是美丽中国的题中之意①,协调生态文明建设与经济、政治、文化以及社会建设协同推进是其必然要求,而这就对美丽中国建设的承担者提出了较高的要求。职业教育是我国高等教育的重要组成部分,是培养高素质技术技能人才的摇篮,对美丽中国建设的顺利推进颇为重要。协调机制是指政府、职业院校、企业与教育研究机构之间通过沟通交流,协调解决职业教育发展中出现的矛盾与问题的运行机制,是促进职业教育实现协调发展的重要保障。职业教育践行"协调"发展理念是外部统筹协调和内部协调推进两种方式手段共同作用的结果。由教育行政部门对职业教育统筹协调到职业教育自身的协调推进,践行主体发生变化的同时也让外部作用力能够更加有效地转移到内部,在内外兼修的基础上实现了"外部作用—职业教育—内部发展"的"链条式"动态平衡发展。生态学理论中强调各个构成要素在相互影响和共同作用中实现协调发展维持一种动态平衡状态的观点支撑和彰显了这一实践逻辑。职业教育在践行"协调"发展理念时是以建立协调机构、构建协调机制为基础和保障、以外部统筹协调和内部协调推进为方式和手段、以兼顾多个方面和实现协调发展为行动和目标的系统实践。

三、绿色发展

坚持绿色发展,确保发展持续。资源环境问题为我国乃至全球各国发展带来了巨大挑战,解决资源紧缺和环境破坏问题是美丽中国建设的重要目标。而绿色发展对促进我国的经济、环境、社会等方面实现协调发展,破解我国在发展过程中的矛盾具有重要的理念引领和实践约束作用。大力提倡和推行绿色经济发展可以从根本上实现资源约束瓶颈和环境发展困境的双重突破,从而使经济发展在新的历史方位中继续保持竞争优势,最终建设美丽中国。要求参与美丽中国建设的人始终保有生态文明之理念,此种重要理论的普及与灌输离不开职

---

① 陆玉珍."美丽中国"的科学内涵、战略意义及实践路径[J].中共南京市委党校学报,2018(1):108.

业教育的参与。一方面,职业教育通过践行绿色发展理念服务美丽中国建设需要,搭乘校企合作、产教融合、育训并举的"顺风车",能够让学生将绿色理念与绿色实践在工作中统一协调起来,通过具体工作任务将绿色理念内化为工作岗位实践。另一方面,职业教育能够将培养绿色发展理念服务美丽中国建设需要和职业培训的培训模式结合起来,即将绿色教育深度融入职业培训中。通过着力打造新型技能实践平台、举办绿色实践技能大赛、提升企业师傅将绿色理念融入教学中的技能等,积极引入绿色企业开展合作办学,为学生提供足够的施展平台开展绿色实践。

四、开放发展

坚持开放发展,促进联动发展。美丽中国建设要求生态文明建设与经济建设、政治建设、文化建设,以及社会建设齐头并进,因此,需要建设者秉持联动发展理念。全面建成中国特色现代职业教育体系是我国职业教育实现"类型化"改革的前提,也是我国更好地利用新一轮人口红利的重要利器。职业教育服务美丽中国建设,在其内部要系统构建从中职、专科、本科到专业学位研究生的培养体系;在职业教育外部,要实现职业教育与企业和人力资源市场的相互沟通。一方面,职业教育以主动开放的姿态开展校企合作,在提升企业参与职业教育深度和力度的基础上激发职业教育的发展活力和吸引力。另一方面,职业教育要向培养对象进行开放以更加紧密对接人力资源市场,将全面提高劳动者整体的就业能力作为职业教育的使命与担当。2019 年颁布的《国家职业教育改革实施方案》明确地指出要"完善学历教育与培训并重的现代职业教育体系"。职业教育作为一种"跨界"教育,"开放性"是其本质特征。这种开放要求将职业教育放在整体的环境中打造,更加突出的位置加以谋划。通过政策文件梳理可以发现,"在越来越开放的职业教育体系"中,其开放性主要可以归纳为"一纵两面"。"一纵"是指在职业教育内部着力打通中等职业教育、高等职业教育、应用型本科教育、专业学位研究生教育之间的通道,建设结构层次完整、具有明显"类型"特征的技术技能人才培养路径。"两面"一方面是指包括"普职融通""职继转换"等在内的职业教育与整个教育体系的互换融通;另一方面是指职业教育要深化产教融合、校企合作即增强与社会经济的交互,最终服务社会发展。

五、共享发展

坚持共享发展,保障公平正义。建成美丽中国的最终目的是为人民谋求幸福的生活,因此,其建设成果必然应当由人民共享。职业教育一直秉持共享发展理念,努力构建开放式教育体系以实现社会个体人人能够共享其提供的教育资源。首先,职业教育服务美丽中国建设能够通过资源的共建共享保证资源公平,这一方面能够避免资源的重复建设和过度浪费;另一方面能够促进教育资源的合理流动和有效配置,最终通过资源的全面保障和满足实现教育公平。其次,职业教育服务美丽中国建设能够通过平台搭建畅通共享渠道保证过程公平。职业教育在发展过程中更加注重通过打造职业教育联盟、信息服务平台等整合数字资源、就业信息等方面的优质资源,实现以"平台"建设为依托的职业教育资源集中聚优,保障资源使用和信息共享中的过程公平。这种平台的开发既是资源自身融合更新过程中的内在需要,也是校企合作背景下对资源内容透明化的合理诉求,使教育资源能够彰显及时修复功能和协同创新功能。最后,职业教育服务美丽中国建设能够通过利益分配平衡共享结果保证结果公平。哲学中有一个问题:"我们到哪里去?我们到有利益的地方去。"利益是所有个体及社会组织生存和发展必不可少的要素,基本上所有的争端和矛盾都来源于利益不均,追逐利益是人类永恒且共通的话题。职业教育通过形成一个利益分配机制将参与主体对于职业教育合作中产生的整体利益进行合理分配,让具有共同利益的个体会自发自愿地为实现他们的共同目标而行动,利益共享能够兼顾多方参与主体的发展诉求,实现真正意义上的结果公平。

第二节　产教融合理念

建成美丽中国需要将生态文明理念融入政治、经济、文化以及社会领域建设,而这要求其建设者应具备较高的综合素质,足以回应社会发展的各类需求,否则很可能会顾此失彼,割裂相应领域的建设工作。为此,基于社会发展的需要培养高校学生,系为建设美丽中国提供充足人才储备的必由之路。而近年来,产教融合已然成为职业教育领域的关键热词,2017年12月,国务院办公厅印发《关于深化产教融合的若干意见》,2019年10月,国家发展改革委、教育部等6部门印发《国家产教融合建设试点实施方案》,随着政策的不断推动与深入,有关产教融合的研究和实践也得到了进一步发展。职业教育的这一发展特点,确保了其能够培养建设美丽中国所需的复合型人才。深化产教融合是新时期发展现代化职业教育的根本路径,对深入调控我国劳动力市场人才的供需平衡、实现职业院校和产业企业高质量可持续发展具有重要的意义。

一、产教融合的概念内涵

在概念内涵上,产教融合是以行业企业为主的产业主体和以学校、教师为主的教育主体在生产、经营、服务和教学、培养的过程中交互作用并相互渗透形成一体,主要包括融合、对接、互动、渗透,并最终实现职业教育和终身学习、专业设置和岗位需求、教学过程和生产过程、课程内容和职业标准、毕业证书和职业资格证书之间的有效对接。即产教融合指的是职业院校根据所设置的应用学科专业,将产业生产与教学活动密切结合,致力于实现学校集人才培养、科研研究、科技服务一体化的产业性经营实体,切实形成学校与企业一体的办学模式。产教融合强调行业生产和教育教学的深度合作,这是一种职业院校为提高自身人才培养质量、达成人才培养目标、实现院校高质量发展而与行业企业开展的一种深度合作。不难看出,产教融合不仅是新时期职业教育发展需要遵循的基本理念和有效模式,同时还是经济社会协调发展的重要举措和内在机理。

二、产教融合理念与美丽中国建设的契合点

产教融合理念指导下的职业教育办学模式,能够有效缓解传统职业教育办学模式发展过程中存在的矛盾,进而培养出更加优秀的高素质技术技能人才,为美丽中国建设培养合格的建设者。

具体来说,首先,坚持产教融合理念能够化解劳动力市场上人才需求和职业院校技术技能人才供给脱节的矛盾,畅通技术技能人才服务美丽中国的渠道。

劳动力市场对人才数量和结构的需求会随着社会的发展处于动态的变化中,传统的职业教育人才培养模式在很大程度上借鉴了普通教育的模式,缺乏与行业企业的沟通,导致其培养的结果无法满足市场的需求。职业教育培养的是技能型人才,最终他们都要走上社会生产的各个岗位中,在培养的过程中需要和产业环境建立起有效的沟通机制,确保职业教育的人才培养能够满足社会劳动力市场的需求与标准,使职业技能型人才能够更好地进入行业生产中,更好地服务美丽中国建设。

其次,坚持产教融合理念能够化解职业教育仍以理论教学为主而忽视工作场所实践操作的矛盾,增强技术技能人才服务美丽中国建设的实用性。由于职业教育具有职业性的特点,职业教育所培养的人才离开校园后直接面向的是行业企业的生产岗位,因此,他们除了需要掌握基础理论知识,还需要掌握胜任工作场所的实践操作能力。传统的理论授课难以实现职业教育人才培养目标,将企业纳入教学过程中对学生切实提高个人的岗位适应能力和胜任能力具有重要的意义,使得学生能够在服务美丽中国建设的过程中更加具有现场操作能力和问题解决能力。

最后,坚持产教融合理念能够化解学校与企业资源配置的矛盾,更好地发挥技术技能人才服务美丽中国建设的效果。职业院校拥有丰富的人力资本,同时其科研成果能够有效促进企业生产效率的提升。而企业能够为职业院校学生提供真实的工作情境,提供设备等各种教学所需的资源支持。因此,产教融合下的职业院校和企业之间能够有效打破这种隔阂矛盾,真正实现两者优势资源的流动与转换,优化资源配置,促进两者共同可持续发展。而这种资源上的合理配置使职业教育能够在人才培养中处于一种资源丰富的环境中,制订更加有利于技术技能人才成长的培养方案,最终更好地发挥技术技能人才服务美丽中国建设的效果。

第三节　人力资本理论

将"人力"和"资本"两个词语结合起来研究,这一思想最早可以追溯到柏拉图、亚里士多德等古希腊先贤,无形中实现了社会学和经济学的"联姻"。现在人们所说的人力资本理论开始建构于20世纪50年代,到20世纪60年代基本完成整个理论框架的建构,明瑟尔、舒尔茨、罗森、弗里德曼和其他一些与芝加哥大学有联系的人物被认为是现代人力资本理论革命的先驱。贝克尔系统地梳理了之前在人力资本方面的研究成果,将其整理成一个系统的理论框架,对人力资本理论的发展具有里程碑的意义,被认为是现代人力资本理论最终确立的标志。

一、人力资本理论的概念内涵

人力资本理论是众多相关领域研究者共同的研究成果,包括多方面内容。其一,人力资本的概念。20世纪60年代,舒尔茨将人力资本定义为一种人的知识和技能的统称,具体来说,就是通过对人力这一资源的各种投资最终体现在人力身上的由知识、技能和体力所构成的资本,这一概念与物质资本相对。其二,教育投资的均衡。人力资本理论建立了教育投资均衡理论,构造了教育投资的边际收益曲线,并认定教育投资的边际收益递减,由此教育投资需求曲线向下倾斜。教育投资的供给曲线是教育投资的边际成本曲线,并被认定教育投资边际成本递增,由此教育投资供给曲线向上倾斜。教育投资向上倾斜的供给曲线和向下倾斜的需求曲线相交,决定了教育投资的均衡。其三,人力资本投资模型。人力资本投资模型的核心思想是如果通过教育投资使未来人才增加的工资之和大于当下的投资总和,那么这一教育投资就是有价值的,即这一模型主要用于讨论在现有人力资本投资回报条件下的教育投资决策问题。其四,在职培训的分析。这里将在职培训分为一般培训和特殊培训两类,区别在于:人才通过一般培训获得的知识和技能具有普适性,对所有企业都具有价值,因此,培训费用应当由员工自己承担;而通过特殊培训获得的知识和技能具有排斥性,往往只对提供培训的企业有用,因此,培训费用应当由企业承担。其五,工资方程。明瑟尔工资方程是人力资本理论的检验方式和应用证明,主要通过截取员工的横截面数据估算教育和培训对员工工资的影响。值得一提的是,几乎所有的研究结果都支持教育能够提高受教育者工资这一结论。总的来说,人力资本是与物资资本相对的概念,这一理论为教育投资提供了必要性基础和教育投资决定提供了理论依据。

二、人力资本理论与美丽中国建设的契合点

总的来说,作为建设者的人是美丽中国建设进程中最为核心的要素,以及最为重要的战略资源,没有人才的投入,美丽中国建设将无从谈起。根据人力资本理论,作为核心战略资源的人是需要"投资"的,而其投资的路径与切入点便是教育。职业教育是培养合格美丽中国建设者的重要手段,其所提供的"教育产品"对美丽中国建设而言是必不可少的。具体来说,众所周知,人才在美丽中国建设中居于核心地位,能够为美丽中国建设提供智力支撑和技能支持。无论是政治建设、经济建设、社会建设、文化建设还是生态文明建设,都需要有具备相应突出才能的人才来助力实施,可以说人才是决定美丽中国建设成效和建设成败的关键要素。而职业教育作为与经济社会联系最为紧密的教育类型,能够更好地对接经济社会发展需求,为经济社会建设培养出适口对路的人才。职业教育通过对接产业需求和美丽中国建设需求制订科学的人才培养方案,将进一步提升人才的技术技能水平和服务能力作为人才培养过程中的参考点,使培养出来的人才能够在服务美丽中国建设的过程中有所作为。可以看出,美丽中国建设离不开各行各业高素质技术技能人才的助力,而人力资本理论对人才进行教育投资提供了可行性和必要性依据,因此,人力资本理论能够为职业教育服务美丽中国建设提供理论基础。

第三章 政策依据

美丽中国建设是"五位一体"总体布局打造的整体效果,最终实现经济美丽、政治美丽、文化美丽、社会美丽和生态美丽的美好愿景。职业教育服务美丽中国建设的根本逻辑是培养能够服务经济建设、政治建设、文化建设、社会建设和生态文明建设"五位一体"总体布局的高素质技术技能人才,使人力资本在国家建设中能够发挥更大的作用,进一步激活人才在生产要素中的能动性。"美丽中国"这一概念在党的十八大上首次提出,但是纵观国家的政策文件和法律法规,建设美丽中国这一行动理念早就在相关文件中有所提及,蕴含了国家对建设美丽中国的整体布局和实践探索。总的来说,在国家出台的相关政策中,可以看到从经济建设、政治建设、文化建设、社会建设和生态文明建设五个方面出发建设美丽中国的相关规定和具体表述,这些都是职业教育服务美丽中国建设的重要政策依据,可以为职业教育服务美丽中国建设提供行动指南和具体思路。

第一节 政策演进

一、经济建设方面

党的二十大报告指出,目前国内生产总值从 54 万亿元增长到 114 万亿元,我国经济总量占世界经济的比重达 18.5%,提高 7.2 个百分点,稳居世界第二位。社会生产力、经济实力、科技实力迈上一个大台阶,人民生活水平、居民收入水平、社会保障水平迈上一个大台阶,综合国力、国际竞争力、国际影响力迈上一个大台阶,国家面貌发生新的历史性变化。而美丽中国正是沿着具有中国特色社会主义道路全面建成小康社会的指导战略,其实质是一种人与自然和谐、经济社会发展与生态环境保护双赢的文明发展新境界。自中华人民共和国成立以来,美丽中国经济建设大致可以分为以下几个历史阶段(表 1-1)。

表 1-1　美丽中国经济建设政策演进

阶段划分	政策演进	阶段特征
第一阶段:国民经济恢复和过渡阶段(1949—1956 年)	1949—1952 年,整顿财政金融秩序、稳定物价、统一财经体制,在全国范围内进行土地改革并采取一系列支援农业的政策。1953 年,党中央提出了"以工业化为主体,三大改造为两翼"的过渡时期总路线,1956年完成"三大改造"	新民主主义经济形态向社会主义经济形态过渡
第二阶段:探索和曲折发展阶段(1957—1978 年)	"大跃进"运动中在生产发展上追求高速度,浮夸风泛滥,导致了国民经济比例大失调;"文化大革命"十年的社会动乱中,国民经济发展缓慢,使得国民经济比例关系长期失调,原来的经济管理体制更加僵化	"大跃进"和"文化大革命"使国民经济发展缓慢
第三阶段:突围和高速发展阶段(1978—2012 年)	1978 年底召开的中共十一届三中全会,重新确立了党的实事求是的思想路线,决定将全党的工作重点和全国人民的注意力转移到社会主义现代化建设上来,并且决定实行改革开放政策,从而开启了中国改革开放和社会主义现代化建设历史新时期。1992 年,邓小平南方谈话,提出要逐步建立社会主义市场经济体制的目标,标志着中国改革开放进入新阶段	实行改革开放政策,建立社会主义市场经济体制
第四阶段:经济发展新常态与高质量发展阶段(2012 年至今)	面对全球金融危机,党中央果断提出了"经济发展新常态"的理念,2017 年,党的十九大报告明确指出,我国经济已由高速增长阶段转向高质量发展阶段,要以深化供给侧结构性改革为主线,不断推动经济发展的质量、效率、动力"三大变革"。党的二十大报告指出,要着力扩大国内需求,加快建设现代化产业体系,切实落实"两个毫不动摇",以更大力度吸引和利用外资,推动经济高质量发展取得新突破	经济由高速增长阶段转向高质量发展阶段

第一阶段:国民经济恢复和过渡阶段(1949—1956年)

这一阶段的主要任务体现在两个方面:一是迅速恢复国民经济。由于经历了长期的动乱与战争,留给中国人民的是一个千疮百孔的烂摊子,国内物资奇缺、物价飞涨,国民经济濒临崩溃的边缘。1949—1952年,我国政府通过没收官僚资本,管制、征用和收购在华外资企业,整顿财政金融秩序、稳定物价、统一财经体制,在全国范围内进行土地改革并采取一系列支援农业的政策等措施使得国民经济得以迅速恢复。二是通过"一化三改"完成由新民主主义经济形态向社会主义经济形态的过渡。1953年,党中央提出了"以工业化为主体,三大改造为两翼"的过渡时期总路线,开始了社会主义工业化建设和对农业、手工业与资本主义工商业的社会主义改造,到1956年底基本完成了"三大改造",实现了经济形态的过渡。

第二阶段:探索和曲折发展阶段(1957—1978年)

由于对社会主义经济规律和对中国经济基本情况把握建设经验不足,在这一阶段经济出现了一些失误,其中两次运动对国民经济发展造成了巨大的破坏。一是"大跃进","大跃进"运动中在生产发展上追求高速度,以实现工农业生产高指标为目标,导致瞎指挥盛行,浮夸风泛滥,广大群众生活遇到了严重的困难;也导致了国民经济比例的大失调,并造成严重的经济困难;加上三年来连续的自然灾害,导致我国经济经历了严重的三年困难时期。二是"文化大革命",在十年的社会动乱中,国民经济发展缓慢,使国民经济比例关系长期失调,原来的经济管理体制更加僵化。这期间,中国不仅没能缩小与发达国家已有的差距,反而拉大了相互之间的差距。

第三阶段:突围和高速发展阶段(1978—2012年)

随着"文化大革命"的结束,随着政治上的拨乱反正以及"实践是检验真理的唯一标准"思想大讨论的开展,国家开始由乱到治,经济逐渐复苏。特别是1978年底召开的中共十一届三中全会,重新确立了党的实事求是的思想路线,决定将全党的工作重点和全国人民的注意力转移到社会主义现代化建设上来,并且决定实行改革开放政策,从而开启了中国改革开放和社会主义现代化建设历史新时期。1992年,邓小平南方谈话,提出"三个有利于""发展是硬道理"等重要观点,并提出要逐步建立社会主义市场经济体制的目标,标志着中国改革开放进入新阶段,同时也使我国经济真正进入高速发展阶段。2001年,我国恢复了在世界贸易组织的合法席位。2008 年全球金融危机给我国经济同样带来了巨大冲击,中央不断完善和充实应对国际金融危机的政策措施,逐步形成应对国际金融危机的一揽子计划,确保了我国经济的"软着陆",实现了我国经济的平稳快速增长态势。在这一阶段不仅实现了我国经济的突围,更是使我国进入了高速增长阶段。据有关数据显示,这一阶段,GDP 增长速度超过 10% 的有 15 个年份,年平均增速高达 9.8%,我国经济不断缩小了与欧美等发达国家的差距。

第四阶段:经济发展新常态与高质量发展阶段(2012 年至今)

面对全球金融危机以来日益增大的经济下行压力,我国 GDP 增速从 2012 年起开始回落,2012 年、2013 年、2014 年增速分别为 7.7%、7.7%、7.4%,告别了过去三十多年平均 10% 左右的高速增长。面对这一特征,党中央果断提出了"经济发展新常态"的理念,并指出要"从中国经济发展的阶段性特征出发,适应新常态,保持战略上的平常心态",要不断适应"经济由高速增长转向中高速增长""经济结构不断升级""从要素、投资驱动转向科技创新驱动"的阶段性特征。随着党中央对金融危机后世界经济发展规律的深入把握,以及对我国经济未来发展方向的不断把握,2015 年 11 月,党中央正式提出了以"三去一降一补"为主要内容的供给侧结构性改革,并逐步形成了"宏观政策要稳、产业政策要准、微观政策要活、改革政策要实、社会政策要托底"的五大政策体系。2017 年,党的十九大报告明确指出,我国经济已由高速增长阶段转向高质量发展阶段,要以深化供给侧结构性改革为主线,不断推动经济发展的质量、效率、动力"三大变革",加快建设我国现代化经济体系,进而不断增强我国经济创新力和竞争力。这一阶段主要是解决了对后金融危机时代,我国经济发展特征"如何看"和"如何干"的问题。党的二十大报告指出,我国经济实力实现历史性跃升,要着力扩大国内需求,加快建设现代化产业体系,切实落实"两个毫不动摇",以更大力度吸引和利用外资,推动经济高质量发展取得新突破。

二、政治建设方面

中国共产党成立百年来,党的政治建设经过了新民主主义革命时期、社会主义革命和建设时期、改革开放和社会主义现代化建设新时期、中国特色社会主义新时代四个时期的发展,党的政治建设是一以贯之的,同时又是与时俱进的。美丽中国政治建设政策演进见表 1-2。

表 1-2 美丽中国政治建设政策演进

阶段划分	政策演进	阶段特征
新民主主义革命时期（1921—1949 年）	1921 年中国共产党第一次全国代表大会通过《中国共产党的第一个纲领》；毛泽东在古田会议上提出"提高党内的政治水平"；《〈共产党人〉发刊词》：政治上建设完全布尔什维克化的马克思主义政党	政治建设的初步探索阶段
社会主义革命和建设时期（1949—1978 年）	1949 年底，中共中央通过了《关于成立中央及各级党的纪律检查委员会的决定》；指导思想曾出现"左"倾错误，粉碎"四人帮"后重回正确的政治轨道。中共中央颁布了《关于在中央人民政府内组织中国共产党党委会的决定》和《关于增强党的团结的决议》以加强党内团结；党的八大制定了社会主义革命和建设的政治路线	政治建设的艰难曲折阶段
改革开放和社会主义现代化建设新时期（1978—2012 年）	党的十一届三中全会到党的十三大重新确立新时期党的政治路线，将民主集中制重新确立为党内政治关系的基本原则。党的十一届五中全会制定了《关于党内政治生活的若干准则》	政治建设的全面推进阶段
中国特色社会主义新时代（2012 年至今）	2016 年 10 月 27 日，《关于新形势下党内政治生活的若干准则》；2016 年，政治会议提出"四个意识"，后续逐步提出"四个服从""五个必须""七个有之""三个决不能搞""三个决不允许"和"五个决不允许"等；2018 年 8 月 26 日，颁布《中国共产党纪律处分条例》；2019 年 1 月 31 日，颁布《中共中央关于加强党的政治建设的意见》，开展"三严三实"专题教育、"两学一做"学习教育等	政治建设的全面系统阶段

新民主主义革命时期（1921—1949 年）

党的政治建设处于初步探索阶段，此阶段主要通过三个方面加强党的政治建设。一是制定了政治纲领。政治纲领随着党的历史经验积累和形势变化而变化。党的二大的短期目标为建立国内和平、完全独立中华民族，长期目标为建立一个共产主义的社会。党的七大进一步完善了党的政治纲领。二是制定政治路线。在新民主主义革命时期，党的政治路线随形势变化而变化，中共二大制定了反帝反封建的革命纲领。土地革命时期制定了土地革命路线。抗日战争时期提出了抗日民族统一战线的主张。解放战争时期，制定了人民民主革命统一战线和土地改革相关政策。三是提出党的思想政治建设。土地革命时期，毛泽东就提出"提高党内的政治水平"，党的思想政治建设也成为毛泽东思想的精髓。抗日战争时期,开展了理想信念教育和马克思主义理论教育,大大提升了党内的凝聚力。

社会主义改造和建设时期(1949—1978 年)

这一时期,党在政治建设上取得了较大成就,但也有失败的教训。一是成立了政治纪律检查机关。1949 年底,中共中央通过了《关于成立中央及各级党的纪律检查委员会的决定》,为党的政治纪律运行提供保障。二是大力开展政治教育。开展整党运动,清除了封建思想,净化了党组织。1957 年,开展整风运动,初衷为消除党内不良作风,在开展运动过程中,逐渐偏离初衷和目标,党的政治建设陷入困境。三是维护中央权威。颁布了《关于在中央人民政府内建立中国共产党党组的决定》和《关于增强党的团结的决议》,巩固了党的执政地位。

改革开放和社会主义现代化建设新时期(1978—2012 年)

改革开放时期,全面推进党的政治建设。一是确立了正确的政治路线。党的十一届三中全会到党的十三大,确立了社会主义初级阶段的基本路线。该基本路线在世界动荡变局中牢牢坚持下来。二是继续加强党中央权威。在此期间,邓小平提出:"改革要成功,就必须有领导有秩序地进行。"胡锦涛也强调:"全党同志要坚决维护党的集中统一,坚决维护中央权威,切实保证政令畅通。"三是反腐倡廉创建政治生态。邓小平精准提出"两手抓,两手都要硬"的思想,胡锦涛提出"我们党必须不断提高执政能力,保持党的先进性,提升党自身的净化能力"。

中国特色社会主义新时代(2012 年至今)

党的政治建设处于全面系统阶段。一是坚定政治信仰。开展了"三严三实""两学一做"等活动,要求党员干部坚定对马克思主义信仰、社会主义和共产主义的信念。二是维护党中央权威和集中统一领导。2016 年,政治会议提出"四个意识",后续逐步提出"四个服从""五个必须""七个有之""三个决不能搞"等规范党内政治关系。三是加强作风建设。制定了《关于新形势下党内政治生活的若干准则》《中国共产党纪律处分条例》等,持续加强党的作风建设,形成风清气正的良好政治生态。

三、文化建设方面

党的十九大报告指出,在新时代中国特色社会主义文化发展实践中,我们必须"坚持创造性转化、创新性发展",只有这样,方可"不断铸就中华文化新辉煌"。党的二十大报告进一步指出,必须坚持中国特色社会主义文化发展道路,增强文化自信,才能"铸就社会主义文化新辉煌"。"统筹推进'五位一体'总体布局、协调推进'四个全面'战略布局,文化是重要内容;推动高质量发展,文化是重要支点;满足人民日益增长的美好生活需要,文化是重要因素;战胜前进道路上各种风险挑战,文化是重要力量源泉"。正确的文化政策对我国文化的发展具有积极的主导作用,能有效推动中华文化的繁荣发展。中华人民共和国成立70余年来,按文化政策制度划分,可分为以下四个阶段。

第一阶段:文化建设的曲折发展(1949—1966年)

第一、二次文代会的顺利召开,提出了"在革命胜利以后,我们的主要任务就是发展生产和发展文化教育",揭开了文化建设的新篇章,并进一步促进了文化建设总路线和总任务的实现。1958年,"大跃进"运动开展,以高标准、瞎指挥、浮夸风为主要标志的"左"倾错误泛滥起来,我国文化建设受到严重阻碍。1961年,召开了各项文艺交流座谈会,周恩来、陈毅等中央领导人都发表了重要讲话,总结了历史教训,阐述了文化精神发展的规律,严厉批评了文化思想"左"倾错误,为知识分子"脱帽加冕"。同时,先后制定了《文化部党组、文学艺术界联合会党组关于当前文学艺术工作若干问题的意见(草案)》《文化部关于剧院(团)工作条例(修正草案)》《文化部关于加强电影艺术片创作和生产领导的意见(草案)》等,各项文件的制定积极促进文艺工作建设。

第二阶段:文化建设新局面(1977—1989年)

党的十一届三中全会和第四次文代会的召开,极大地鼓舞了思想解放热潮,探讨了新的历史时期应如何加强文化建设,实现了党和国家历史上的伟大转折。1985年4月,中共中央办公厅、国务院办公厅转发了文化部《关于艺术表演团体的改革意见》,文件明确提出要合理调整艺术表演团体的布局,改革领导和内部管理体制,加速培养艺术人才,这对于繁荣艺术创作提供了新的改革思路。1988年,文化部、国家工商行政管理局发布《关于加强文化市场管理工作的通知》,正式提出了文化市场的概念,进而明确了文化市场的管理范围、任务、原则和方针,1989年,国务院批准设立文化市场管理局,标志着全国文化市场管理体系正式建立。

第三阶段:文化建设的地位和作用全面提升(1990—2000年)

1991年,江泽民提出把"为人民服务、为社会主义服务"作为整个文化建设的方向,他指出:"必须坚持为人民服务、为社会主义服务的方向和百花齐放、百家争鸣的方针。"1994 年,江泽民进一步指出,要"弘扬主旋律,提倡多样化",倡导一切有利于发扬爱国主义、集体主义、社会主义的思想和精神,不断满足人民群众日益增长的精神文化需求,这是坚持"二为"方向和"双百"方针的具体体现。1996 年,党的十四届六中全会发表了《中共中央关于加强社会主义精神文明建设若干重要问题的决议》,提出了文化体制改革的任务和一系列方针。1998 年,政府机构体制得以改革,在机构大精简背景下文化部成立了一个新的机构——文化产业司,这一举措极大地促进了文化产业的发展。2000 年,根据时代发展的要求,江泽民提出"三个代表"重要思想,将先进文化建设上升到了立党之本、执政之基的高度,这对于文化建设发展在国民经济和社会发展整体布局中起到了重要促进作用,进一步夯实了社会主义先进文化理论基础。同年 10 月,党的十五届五中全会召开,制定了《中共中央关于制定国民经济和社会发展第十个五年计划的建议》,文件中提出了诸多"文化产业"问题,标志着我国已承认并认可文化产业的地位,这对于文化体制改革具有决定性作用。

第四阶段:文化现代化建设阶段(2001 年至今)

2002 年 11 月,党的十六大顺利召开,会议全面部署了全面建成小康社会、开创中国特色社会主义事业新局面,并从党和国家工作全局出发,确立了文化建设的战略意义和战略地位,明确了整个文化体制改革的方向和目标。2004 年 9 月,党的十六届四中全会通过了《中共中央关于加强党的执政能力建设的决定》,文件指出把建设社会主义先进文化确定为党的执政能力建设的重要内容,并提出建设社会主义先进文化的基本要求。2005 年 12 月,中共中央、国务院出台了指导我国文化体制改革的纲领性文件——《关于深化文化体制改革的若干意见》,文件提出了文化体制改革的指导思想、原则要求、目标任务、基本思路,有力推动文化体制改革深刻发展。2006 年 9 月,新中国成立以来由国家制定的第一个专门部署文化建设的规划纲要——《国家"十一五"时期文化发展规划纲要》正式出台,将文化建设推向一个科学、和谐发展的新高潮。2007 年 10 月,党的十七大召开,进一步强调文化"越来越成为民族凝聚力和创造力的重要源泉,越来越成为综合国力竞争的重要因素,丰富精神文化生活越来越成为我国人民的热切愿望"的重要性。由此可见,文化繁荣肩负着国家繁荣富强的重担。2017 年 5 月,中共中央办公厅、国务院办公厅印发《国家"十三五"时期文化发展改革规划纲要》,文件提出"十三五"时期是全面建成小康社会决胜阶段,也是促进文化繁荣发展关键时期。对于完善现代文化市场体系和产业体系,推进文化体制改革创新,加强文化人才队伍建设都起到了极大的助推作用。

四、社会建设方面

党的十八大以来,习近平同志围绕社会主义社会建设发表的一系列重要论述,立意高远,内涵丰富,思想深刻,对于我们深刻认识民生建设和社会治理有着重大指导意义。"三十多年来,我国社会发生的变革前所未有,同时又保持了安定团结。这充分证明,只有社会稳定,改革发展才能不断推进;只有改革发展不断推进,社会稳定才能具有坚实基础。要坚持把改革的力度、发展的速度和社会可承受的程度统一起来,在保持社会稳定中推进改革发展,通过改革发展促进社会稳定。"借鉴以社会政策主体——国家与市场——的互动关系为基准形成的阶段划分,以我国社会政策大致经历了"国家统揽型"(1949—1978 年)、"市场主导型"(1979—2002 年)以及自 21 世纪初(大致 2003 年前后)开始至今的"国家主导型"三个发展阶段为基础进行讨论。美丽中国社会建设政策演进见表1-3。

表 1-3　美丽中国社会建设政策演进

阶段划分	政策演进	阶段特征
第一阶段: 国家统揽型 (1949—1978 年)	中华人民共和国成立后,1949—1977 年,我国建立了高度集中的计划经济体制,在生产资料公有制的基础上推行公平优先、近似平均主义的社会经济政策。在生命历程体制建构上,由于当时国家工业化战略的总体要求,依托户籍制度和生产体系,我国逐渐形成了高度组织化、集中化的城乡二元的社会结构,建立了国家统揽的社会政策体系,个体的生命历程逐步标准化,同一群体内生命轨迹大致趋同	高度集中的计划经济体制,生产资料公有制
第二阶段: 市场主导型 (1979—2002 年)	改革开放以来,从计划经济体制到以市场经济建设为中心的体制转轨,不得不面临发展的阶段性"阵痛",生命历程体制随之发生深刻变革。从党的十一届三中全会(1978 年)至党的十六大(2002 年),即社会主义市场经济体制从初步发轫到基本形成时期,国家整体发展理念呈现出鲜明的"效率优先"倾向,强调"发展才是硬道理"	社会主义市场经济体制

续表

阶段划分	政策演进	阶段特征
第三阶段：国家主导型（21世纪初至今）	自党的十六大开始,我国开始调整逐渐失衡的经济—社会政策逻辑,在国家总体发展理念上,再次强调"兼顾公平",并在党的十六届三中全会（2006年）提出"初次分配效率优先、再次分配重视公平"的新解释,政策中心和社会性财政支出不断向弱势群体倾斜,一大批民生领域的政策密集出台,在短期内推进了社会福利的普遍性和公平化	初次分配效率优先、再次分配重视公平

第一阶段:国家统揽型(1949—1978年)

中华人民共和国成立后,1949—1977年,我国建立了高度集中的计划经济体制,在生产资料公有制的基础上推行公平优先、近似平均主义的社会经济政策。在生命历程体制建构上,由于当时国家工业化战略的总体要求,依托户籍制度和生产体系,我国逐渐形成了高度组织化、集中化的城乡二元的社会结构,建立了国家统揽的社会政策体系,个体的生命历程逐步标准化,同一群体内生命轨迹大致趋同。总体来说,我国城乡居民基本福利需要得到一定程度的满足,覆盖个体全生命历程的、全国性的福利制度安排基本建立,社会处于高度公平的发展形态,基尼系数为0.2~0.3,属于全世界最公平的国家之一。

第二阶段:市场主导型(1979—2002年)

改革开放以来,从计划经济体制到以市场经济建设为中心的体制转轨,不得不面临发展的阶段性"阵痛",生命历程体制随之发生深刻变革。首先,从党的十一届三中全会(1978年)至党的十六大(2002年),即社会主义市场经济体制从初步发轫到基本形成时期,国家整体发展理念呈现出鲜明的"效率优先"倾向,强调"发展才是硬道理"。

第三阶段:国家主导型(21世纪初至今)

自党的十六大开始,我国开始调整经济—社会政策逻辑,在国家总体发展理念上,再次强调"兼顾公平",并在党的十六届三中全会(2006年)提出"初次分配效率优先、再次分配重视公平"的新解释,政策中心和社会性财政支出不断向弱势群体倾斜,一大批民生领域的政策密集出台,在短期内推进了社会福利的普遍性和公平化。从生命历程体制的建构来看,党的十八大首次正式提出"全面建成小康社会",社会建设被提升到了新的历史高度。在国家总体发展理念上,从经济效率优先转向社会公平优先。在生命历程体制建构上,国家成为主导性力量,政府由福利资源的集聚者和分配权的占有者变为福利资源、公共资源的公平分配者和经营者,公民的社会权利得到彰显和制度保证。2017 年,党的十九大在"民生五有"基础上,增加"幼有所育"和"弱有所扶",形成新时代下的"民生七有"的社会建设目标,明确了中国社会政策体系的改革目标和总体路径,为中国社会福利制度的完善和发展提供了总的遵循,确保了个体生命历程各阶段的连续性、稳定性及安全性。党的二十大继续强调共同富裕是中国特色社会主义的本质要求,我们坚持把实现人民对美好生活的向往作为现代化建设的出发点和落脚点,着力维护和促进社会公平正义,着力促进全体人民共同富裕,坚决防止两极分化。

五、生态文明建设方面

为了更好地走向社会主义生态文明新时代,党的十八大报告中提出了建设美丽中国的发展战略。党的二十大报告规划美丽中国建设时,以"推动绿色发展,促进人与自然和谐共生"为题,论述了新时代生态文明建设的任务。中华人民共和国成立 70 多年来,党不断深化了保护生态环境的认识,健全了保护生态环境的制度体系,完善了保护生态环境的体制机制,增强了生态环境保护的治理能力。回顾我国环境政策的转折及变化,新中国成立以来美丽中国建设大致可以分为以下五个发展阶段,见表1-4。

表1-4　美丽中国建设中生态文明政策演进

阶段划分	政策演进	阶段特征
第一阶段: "美化全中国"的初步设想与生态环境建设奠基 (1949—1972 年)	毛泽东在 1956 年 3 月提出"绿化祖国"的口号	植树造林和防治自然灾害取得成效
	1958 年 11 月和 1959 年 3 月,毛泽东又分别提出"美化全中国"和"实行大地园林化"的想法	

续表

阶段划分	政策演进	阶段特征
第二阶段: 以污染防治为重点,环境保护步入制度化轨道(1973—1995 年)	1973 年 8 月,中国召开第一次全国环境保护会议,提出了 32 字环境保护工作方针	建立了环境保护的法制体系和标准体系
	1978 年,邓小平在十一届三中全会闭幕式上的报告中,第一次提出环境制度建设的思想	
第三阶段: 污染防治与生态保护并举,全面推进环保工作(1996—2005 年)	1996 年,第四次全国环境保护会议提出,"要坚持污染防治和生态保护并举的方针"	治理与建设并重,拓展了环境保护工作的内涵
	1996 年,环境保护部宣传教育中心成立。同年,国家颁布《全国环境宣传教育行动纲要(1996—2010)》	
	1997 年,党的十五大明确提出实施可持续发展战略	
第四阶段: 环境保护与经济增长并重,以环境保护优化经济增长(2006—2012 年)	2006 年,第六次全国环境保护大会指出了做好环保工作需要加快实现"三个转变"	把环境保护与发展经济有机结合在一起
第五阶段: 生态文明建设融入中国特色社会主义事业各方面和全过程(2013 年至今)	2015 年 9 月 11 日,中共中央政治局召开会议,审议通过了《生态文明体制改革总体方案》	强化改革创新,全面推进生态环境治理体系和治理能力现代化
	2015 年 5 月,发布了《中共中央国务院关于加快推进生态文明建设的意见》	
	2015 年 8 月 17 日,中国政府网公布中共中央办公厅、国务院办公厅印发了《党政领导干部生态环境损害责任追究办法(试行)》	
	2016 年 12 月,中共中央办公厅、国务院办公厅印发了《生态文明建设目标评价考核办法》	

第一阶段:"美化全中国"的初步设想与生态环境建设奠基(1949—1972 年)

毛泽东在 1956 年 3 月提出"绿化祖国"的口号,要求"基本上消灭荒地荒山,在一切宅旁、村旁、路旁、水旁,以及荒地上荒山上,即在一切可能的地方,均要按规格种起树来,实行绿化"①,1958 年 11 月和 1959 年 3 月,毛泽东又分别提出"美化全中国"和"实行大地园林化"的想法。他说,"美化全中国"就是"美化我国人民劳动、工作、学习和生活的环境"②。这一时期,美丽中国建设的实践突出体现在以下两个方面:一是植树造林;二是防治自然灾害。

第二阶段:以污染防治为重点,环境保护步入制度化轨道(1973—1995 年)

第一次全国环境保护会议于 1973 年 8 月顺利召开,提出了环境保护的 32 字工作方针,由此拉开我国环境保护事业的序幕。具体来说,其一为"全面规划",其二为"合理布局",其三为"综合利用",其四为"化害为利",其五为"依靠群众",其六为"大家动手",其七为"保护环境",其八为"造福人民"。邓小平在1978 年党的十一届三中全会的报告中首次提出环境保护的制度建设思想,第一次在政策制度、法律体系、管理体制等方面形成了环境保护制度的基本架构。

第三阶段:污染防治与生态保护并举,全面推进环保工作(1996—2005 年)

1996 年开展的第四次全国环境保护会议提出,"保护环境的实质就是保护生产力,要坚持污染防治和生态保护并举的方针,全面推进环保工作",并且成立了环境保护部宣传教育中心。同年,国家颁布了《全国环境宣传教育行动纲要(1996—2010)》,开始在小学、中学和大学开设了环境保护的相关课程,在行政学院和各级党校开展了生态保护的相关培训,也在全社会开展了大规模的环境警示教育和普法教育,对环境保护的先进典型进行了宣传,对环境违法行为进行了揭露和批评,这些举措有效地预防并减少了环境违法行为。1997 年,党在十五大报告中明确提出了要实施可持续发展战略,这充分显示了我国环境保护从污染治理跨越到生态建设的新阶段。污染治理与环境建设并重,进一步拓展了环保工作的内涵,标志着美丽中国建设进入新阶段。

第四阶段:环境保护与经济增长并重,以环境保护优化经济增长(2006—2012 年)

2006 年,第六次全国环境保护大会指出:"做好新形势下的环保工作,关键是要加快实现三个转变:一是从重经济增长轻环境保护转变为保护环境与经济

① 中共中央文献研究室.建国以来重要文献选编(第7册)[M].北京:中央文献出版社,1993:430.
② 中共中央文献研究室,国家林业局.毛泽东论林业(新编本)[M].北京:中央文献出版社,2003:77.

增长并重,把加强环境保护作为调整经济结构、转变经济增长方式的重要手段,在保护环境中求发展。二是从环境保护滞后于经济发展转变为环境保护和经济发展同步,做到不欠新账、多还旧账,改变先污染后治理、边治理边破坏的状况。三是从主要用行政办法保护环境转变为综合运用法律、经济、技术和必要的行政办法解决环境问题,自觉遵循经济规律和自然规律,提高环境保护工作水平。"三个转变"使中国环境保护模式和经济发展方式都发生了根本性的变化,标志着美丽中国建设从"绿色自然"到"绿色经济"的历史性飞跃。

第五阶段:生态文明建设融入中国特色社会主义事业各方面和全过程(2013年至今)

党的十八大以来,我国把生态文明建设纳入中国特色社会主义事业"五位一体"的总体布局之中,生态文明建设逐渐被提升到与政治建设、经济建设、文化建设和社会建设并重的战略高度,在环境保护方面发挥着开创性、根本性的引领作用。具体来说:其一,党和国家全面推进生态环境治理体系和治理能力现代化,强化改革创新;其二,党和国家决胜打赢污染防治攻坚战,强化部署落实;第三,党和国家严格落实党政主体环境责任,强化政治意识。

第二节 政策导向

一、经济建设方面

我国近年推出了一系列政策推动产教融合的发展,以促进人才培养满足产业需求,培养大批高素质技术技能人才服务地方经济。美丽中国经济建设政策导向见表1-5。

表 1-5　美丽中国经济建设政策导向

序号	文件	内容
1	《国务院办公厅关于深化产教融合的若干意见》(国办发〔2017〕95号)	国家第一次针对产教融合制定的国家级推进政策,赋予产教融合的结构性改革、推进晋级转型升级和培育经济发展新动能等多项职能
2	《国务院关于印发国家职业教育改革实施方案的通知》(国发〔2019〕4号)	明确了推进职业教育改革的目标任务和政策措施,并强调加强校企深度合作,完善和落实"双元育人机制",建设多元办学格局,完善技术技能人才保障政策。这一系列的政策体现出国家对产教融合的重视
3	《关于印发国家产教融合建设试点实施方案的通知》(发改社会〔2019〕1558号)	通过五年左右的努力,试点布局建设50个左右产教融合型城市,在试点城市及其所在省域内打造形成一批区域特色鲜明的产教融合型行业,在全国建设培育1万家以上的产教融合型企业,建立产教融合型企业制度和组合式激励政策体系
4	《职业教育提质培优行动计划(2020—2023年)》	健全以企业为重要主导、职业学校为重要支撑、产业关键核心技术攻关为中心任务的产教融合创新机制。围绕关键核心技术,推动公共教学资源和实训资源共建共享。支持行业组织积极参与产教融合建设试点项目
5	《关于推动现代职业教育高质量发展的意见》	健全多元办学格局。构建政府统筹管理、行业企业积极举办、社会力量深度参与的多元办学格局。鼓励上市公司、行业龙头企业举办职业教育,鼓励各类企业依法参与举办职业教育。鼓励职业学校与社会资本合作共建职业教育基础设施、实训基地,共建共享公共实训基地

在《国务院办公厅关于深化产教融合的若干意见》中明确指出,"将产教融合作为促进经济社会协调发展的重要举措,融入经济转型升级各环节,贯穿人才开发全过程,形成政府企业学校行业社会协同推进的工作格局";《国务院关于印发国家职业教育改革实施方案的通知》中指出,"在开展国家产教融合建设试点基础上,建立产教融合型企业认证制度,对进入目录的产教融合型企业给予'金融+财政+土地+信用'的组合式激励,并按规定落实相关税收政策"。《关于印发国家产教融合建设试点实施方案的通知》《职业教育提质培优行动计划(2020—2023年)》等文件也要求职业院校要积极探索产教融合教育评价体系,深入融入区域经济和产业发展。职业院校作为技术技能人才培养基地,其培养

学生的专业技能水平、价值观都影响着企业的生产经营。职业院校应坚持产教融合,聚焦区域经济产业发展的重大需求,布局产教融合大平台,推进创新链、人才链、产业链、政策链、资金链深度融合服务地方经济。

二、政治建设方面

国家在职业教育政治建设方面多次提及:要充分发挥党组织在职业院校的领导核心和政治核心作用,同时强调了思想政治教育和课程思政的重要性。美丽中国政治建设政策导向见表1-6。

表1-6 美丽中国政治建设政策导向

序号	文件	内容
1	《国家职业教育改革实施方案》	加强党对教育事业的全面领导,全面贯彻党的教育方针,落实中央教育工作领导小组各项要求,保证职业教育改革发展正确方向。要充分发挥党组织在职业院校的领导核心和政治核心作用,牢牢把握学校意识形态工作领导权,将党建工作与学校事业发展同部署、同落实、同考评。指导职业院校上好思想政治理论课,推进职业教育领域"三全育人"综合改革试点工作,使各类课程与思想政治理论课同向同行
2	《加快推进教育现代化实施方案(2018—2022年)》	全面推动习近平新时代中国特色社会主义思想进教材、进课堂、进头脑,把习近平新时代中国特色社会主义思想贯穿课程教材建设全过程,把教材体系、教学体系有效转化为学生的知识体系、价值体系
3	《中国教育现代化2035》	全面落实立德树人根本任务,广泛开展理想信念教育,厚植爱国主义情怀,加强品德修养,增长知识见识,培养奋斗精神,不断提高学生思想水平、政治觉悟、道德品质、文化素养
4	《职业教育提质培优行动计划(2020—2023年)》	加强党委对学校思想政治工作的全面领导,落实全员全过程全方位育人,引导职业学校全面统筹各领域、各环节、各方面的育人资源和育人力量,教育引导青年学生增强爱党爱国意识,听党话、跟党走。引导专业课教师加强课程思政建设,将思政教育全面融入人才培养方案和专业课程
5	《关于推动现代职业教育高质量发展的意见》	坚持立德树人、德技并修,推动思想政治教育与技术技能培养融合统一;提高思想政治理论课质量和实效,推进习近平新时代中国特色社会主义思想进教材、进课堂、进头脑

续表

序号	文件	内容
6	《中华人民共和国职业教育法》	职业教育必须坚持中国共产党的领导,坚持社会主义办学方向。实施职业教育应当弘扬社会主义核心价值观,对受教育者进行思想政治教育和职业道德教育

一是党对职业教育的全面领导。在党的领导下,中国职业教育事业应始终坚持社会主义办学方向,不断适应建党不同历史阶段的经济、政治、社会、文化、生态发展任务和现实变革需要,结合国家颁布各项有利于职业教育发展的制度和政策,如《关于加快发展现代职业教育的决定》《现代职业教育体系建设规划(2014—2020 年)》《国家职业教育改革实施方案》《中国教育现代化2035》《加快推进教育现代化实施方案(2018—2022 年)》《职业教育提质培优行动计划(2020—2023 年)》《关于推动现代职业教育高质量发展的意见》等,持续推进实践理性与理性实践融合探索与实践,加快构建现代化职业教育体系。二是职业院校继续办好思想政治理论教育,不断推进职业教育领域"三全育人"综合改革试点工作,使各类课程与思想政治理论课同向同行,持续推进课程思政的实施与改革。三是要加强教师队伍思想政治工作,《关于实施职业院校教师素质提高计划(2021—2025 年)的通知》"全面坚持思想铸魂,用习近平新时代中国特色社会主义思想武装教师头脑。定期开展教师思想政治轮训,使广大教师更好掌握马克思主义立场观点方法,认清中国和世界发展大势"。四是要加强学生思想政治教育。努力培养德智体美劳全面发展的社会主义建设者和接班人,提高思想政治理论课质量和实效,推进习近平新时代中国特色社会主义思想进教材、进课堂、进头脑。

三、文化建设方面

为进一步加强我国职业教育文化建设力度,提高职业教育受教育者文化素养,《中华人民共和国职业教育法(修订)》第四条、第三十七条、第四十七条政策中分别对职业教育实施内容、考试招生制度、教师聘请做了强调。

第四条指出,"实施职业教育应当弘扬社会主义核心价值观,对受教育者进行思想政治教育和职业道德教育,培育劳模精神、劳动精神、工匠精神,传授科学文化与专业知识,培养技术技能,进行职业指导,全面提高受教育者的素质"。可以看到,职业教育已不单是为"职业"而教育,突出强调社会主义核心价值观的培养,思想政治教育,科学文化与专业文化熏陶,要做到受教育者综合素质的全面提升。第三十七条提到,"高等职业学校可以按照国家有关规定,采取文化素质与职业技能相结合的考核方式招收学生;对有突出贡献的技术技能人才,经考核合格,可以破格录取"。由此可见,文化素质作为综合素质的重要组成部分,已成为高等职业教育招生的重要指标。第四十七条强调,"国家鼓励职业学校聘请劳动技能大师、劳动模范、能工巧匠、非物质文化遗产代表性传承人等高技能人才,通过担任专职或者兼职专业课教师、设立工作室等方式,参与人才培养、技术开发、技能传承等工作"。非遗文化进校园,使传统文化深入人心,既是为了更好地保护和传承我国的非遗文化,也是深入贯彻党的二十大精神,全面落实党的教育方针,以立德树人为根本任务,坚守中华文化立场、传承中华文化基因。

《现代职业教育体系建设规划(2014—2020 年)》明确提出:"建设开放型职业教育体系,扩大引进优质职业教育资源,加强和职业教育先进国家开展职业教育领域的合作和交流。"①这说明,职业教育内涵建设、质量提升、持续发展的先驱力是国际合作,职业教育的积极发展依托于国际合作。中国举办着世界上规模最大的职业教育,而且还以不同方式与许多国家进行着广度与深度日益加深的职业教育交流与合作,这种交流合作模式急需一条合适的中国特色职业教育文化之路。在教育部发布的《关于加强新时代教育科学研究工作的意见》指出,"加强中外教育科研交流和国际比较研究,吸收世界先进教育教学研究成果,拓展与国外教育科研机构的合作研究,注重加强与'一带一路'沿线国家地区交流合作""积极参与全球教育治理,推动中国教育成功经验的传播分享"。这表明中国职业教育在 70 年的砥砺前行中,建立了博大精深、底蕴深厚的文化根基,可以海纳百川的胸怀不断吸纳国际职业教育文化精神,培育具有超越国界文化融合力的中国职业教育文化。

在国际职业教育交流中,加强文化传播,这是时代赋予中国职业教育的文化使命。在《职业教育提质培优行动计划(2020—2023 年)》中提道,加强职业学校

---

① 张也.基于职业教育国际化背景下的中华传统文化传播[J].考试与招生,2020(3):50-52.

与境外中资企业合作,支持职业学校到国(境)外办学,培育一批"鲁班工坊",培养熟悉中华传统文化、中资企业急需的本土技术技能人才。这表明,为了让世界更好地了解中国职业教育,让中国职业教育文化惠及世界各国,我们要更加注重中华传统文化教育,重点研究中国特色职业教育文化跨文化传播的行为模式、认知模式与理解模式。

四、社会建设方面

国家不仅专门出台了社会建设的相关政策文件,同时在职业教育政策文件《教育部关于学习贯彻习近平总书记重要指示和全国职业教育工作会议精神的通知》《关于推动现代职业教育高质量发展的意见》中也多次提及"技能型社会"概念,具体表现如下:坚定不移地建设技能型社会。着眼需求,提升技能的适应性,紧盯产业链条、紧盯企业需求、紧盯社会急需、紧盯市场信号、紧盯政策框架、紧盯技术前沿,提高技能与经济社会发展的匹配度,加大现代生活和重点人群的技能供给,加快技能教育的公共基础设施和数字资源建设,提高全民技能素质,提升人民生活品质。深化改革,提高技能供给质量,进一步优化专业布局结构,进一步深化课程教材建设与教法改革,进一步实化学生实习实训环节,进一步细化"双师型"教师队伍建设举措。公平普惠,提升全社会技能水平,坚持开放包容、便捷灵活、协调发展,完善技能人才的培养、使用、评价、考核机制,提高技能人才待遇水平,向所有社会成员敞开大门,让每个人都有人生出彩的机会。发挥职业教育在提升农村基本公共服务水平的重要作用,加大涉农职业学校建设,发展面向农民就业创业的职业教育与技能培训,推进巩固拓展脱贫攻坚成果同乡村振兴有效衔接。职业教育是国民教育体系和人力资源开发的重要组成部分,肩负着培养多样化人才、传承技术技能、促进就业创业的重要职责。职业院校以习近平新时代中国特色社会主义思想为指导,深入贯彻党的二十大和二十届二中全会精神,坚持党的领导,坚持正确办学方向,坚持立德树人,优化类型定位,深入推进育人方式、办学模式、管理体制、保障机制改革,切实增强职业教育适应性,加快构建现代职业教育体系,建设技能型社会,弘扬工匠精神,培养更多高素质技术技能人才、能工巧匠、大国工匠,为全面建设社会主义现代化国家提供有力人才和技能支撑。职业院校要坚持立德树人、德技并修,推动思想政治教育与技术技能培养融合统一;坚持产教融合、校企合作,推动形成产教良性互动、校企优势互补的发展格局;坚持面向市场、促进就业,推动学校布局、专业设置、人才培养与市场需求相对接;坚持面向实践、强化能力,让更多青年凭借一技之长实现人生价值;坚持面向人人、因材施教,营造人人努力成才、人人皆可成才、人人尽展其才的良好环境。

五、生态文明建设方面

国家不仅专门出台了美丽中国建设的相关政策文件,同时在职业教育政策文件中也多次提及"绿色教育"、生态文明和可持续发展等概念(表1-7),是对职业教育服务美丽中国建设的号召和规定,具体表现在以下三个方面。

表 1-7　美丽中国生态文明建设政策导向

序号	文件	内容
1	《关于职业院校专业人才培养方案制订与实施工作的指导意见》	根据有关文件规定开设关于国家安全教育、节能减排、绿色环保、金融知识、社会责任、人口资源、海洋科学、管理等人文素养、科学素养方面的选修课程、拓展课程或专题讲座(活动),并将有关知识融入专业教学和社会实践中
2	《职业教育提质培优行动计划(2020—2023年)》	支持地市政府把握功能区定位,加强市场化资源配置,在职业教育服务城市文明、服务城市创新、服务民生需求、服务绿色发展等领域重点突破、先行示范,率先建成与城市经济和民生相适应的现代职业教育体系,开创职业教育开放办学新格局,形成一批基层首创的改革经验
3	《全面修(制)订职业教育专业目录推动专业升级和数字化改造提高职业教育适应性》	服务绿色低碳发展,设置绿色低碳技术、智能环保装备技术、水环境智能监测与保护、资源综合利用技术、生态环境修复技术等专业
4	《现代职业教育体系建设规划(2014—2020年)》	推进产业文化进教育、企业文化进校园、职业文化进课堂,将生态环保、绿色节能、清洁生产、循环经济等理念融入教育过程

其一,强调开展"绿色教育"以塑造绿色理念。资源环境问题已成为我国发展的巨大挑战。绿色发展对促进我国的经济、环境、社会等方面实现协调发展和破解我国在发展过程中的矛盾,已经成为我国各行各业的行动共识。大力提倡和推行绿色经济发展可以从根本上实现资源约束瓶颈和环境发展困境的双重突

破,从而使经济发展在新的历史方位中继续保持竞争优势。在《现代职业教育体系建设规划(2014—2020年)》中提到,要"推进产业文化进教育、企业文化进校园、职业文化进课堂,将生态环保、绿色节能、清洁生产、循环经济等理念融入到教育过程"。从政策文本可以看出,职业教育要对学生进行"绿色教育",这种教育以绿色发展理念为导向,以培养学生的绿色意识和践行绿色理念的能力为核心,重视绿色环境专业知识和绿色节能相关技能培养,更加注重塑造个体的环境价值观并形成系统绿色理念思维。涵盖生态意识和生态知识的"绿色教育"应贯穿职业教育的全过程,让每一位学生在参加工作之前都能形成绿色生产、绿色发展的理念,强化生态技术应用研究与成果转化,这不仅有利于社会、经济、环境的协调发展,为生态文明建设作出贡献,还能帮助学生健康发展并实现人生价值。

其二,强调融入教育活动以践行绿色理念。21世纪以来,绿色技术和绿色经济活动的快速发展正在逐渐重塑现有职业的岗位内容和工作任务。职业教育不同于其他类型的教育,它重在通过对学生操作技能的培养训练让学生获取从事职业所必需的知识、技能、思维、道德、标准等,旨在培养知识型技术技能人才。[1]"十三五"期间,职业教育的政策中虽然未具体提及如何让学生积极践行绿色发展理念,在职业教育自身发展规律,以及对个体的指引不难窥见其所蕴涵的具体举措。践行绿色发展理念,将关于绿色发展的理论知识内化为行动表现需要具体的项目作为载体和支撑。首先,职业教育践行绿色发展理念需要搭乘校企合作、产教融合、育训并举的"顺风车",让学生能够将绿色理念与绿色实践在工作中统一协调起来,通过具体工作任务将绿色理念内化为工作岗位实践。其次,职业教育培养绿色发展理念需要和职业培训的培训模式结合起来,即将绿色教育深度融入职业培训当中。通过着力打造新型技能实践平台、举办绿色实践技能大赛、提升企业师傅将绿色理念融入教学中的技能等,积极引入绿色企业开展合作办学,给学生提供足够的施展平台开展绿色实践。

其三,强调理念与实践并进以促进绿色循环可持续。职业教育践行绿色发展理念要在塑造学生的绿色思想意识和提升学生践行绿色发展理念的能力之上实现理念和实践的同行并进,最终实现服务绿色循环可持续的国家发展大局,这

---

① 欧阳河.试论职业教育的概念和内涵[J].教育与职业,2003(1):24-26.

是由"教育中的绿色发展不仅包括教育本身的绿色发展,也涵盖教育发展过程中所产生的多种绿色效应"的逻辑基础所决定的①。在《职业教育提质培优行动计划(2020—2023 年)》中提到"在职业教育服务城市文明、服务城市创新、服务民生需求、服务绿色发展等领域重点突破、先行示范",表明了职业教育在实现自身"绿色循环可持续"发展的同时也要服务国家对绿色发展的全局定位。通过绿色生态理念和绿色岗位、绿色生产实践行动的同向同行,能够部分抵消人类在社会生活中对资源环境的损耗浪费,这也是实现绿色可持续发展的重要举措。步入新时代到底是要优先发展经济还是着力保护环境?绿色循环可持续发展理念为我们提供了最佳解决方案,那就是"通过保护环境来发展经济"②。因为"绿色经济"通过开发新能源和倡导节能环保等举措将为大众创造更多的就业岗位,在满足人们就业需求的过程中实现资源环境可持续发展的伟大目标。

① 程斯辉,李汉学.以五大发展理念引领教育事业新发展[J].教育研究,2017,38(6):4-11.
② 任春晓.习近平"两条鱼论":发展经济与保护环境的辩证法[J].中共宁波市委党校学报,2019,41(6):38-45.

第二篇

"状"的探视

第四章　成效概览

第一节　主要经验

党的二十大报告明确表示,"中国式现代化是人与自然和谐共生的现代化",推进中国式现代化,必须牢固树立和践行"绿水青山就是金山银山"的理念,站在人与自然和谐共生的高度谋划发展,坚定不移地走生产发展、生活富裕、生态良好的文明发展道路,实现中华民族永续发展。生态环境部、中央宣传部、中央文明办、教育部、共青团中央、全国妇联等六部门发布《"美丽中国,我是行动者"提升公民生态文明意识行动计划(2021—2025 年)》,旨在引导全社会牢固树立生态文明价值理念,推动构建生态环境治理全民行动体系。教育在生态文明建设中起基础性作用。近十年来,职业教育在服务美丽中国建设的过程中,不断探索、实践和创新,形成了丰富的能够体现中国智慧的本土经验。

一、始终坚持党的领导

（一）服务经济建设方面

党的二十大报告明确提出,"推进职普融通、产教融合、科教融汇",党和国家高度重视职业院校产教融合发展。因此,职业院校服务美丽中国建设要坚持以党建为引领,着力构建党建引领下的职业院校产教融合育人模式,充分发挥学校党委的领导核心作用,全面提升职业院校人才培养质量。紧紧围绕各企业向绿色经济转型升级这一方向,满足市场对技术技能人才的需求,深化职业教育与产业的有机融合。坚持以党建为引领,将党建工作贯穿职业院校产教融合育人全过程,坚持为经济发展服务,充分发挥职业院校党委的领导核心作用和各级党组织的战斗堡垒作用,加强职业院校与企业的合作,不断探索创新产教融合育人模式,构建党建引领下的职业院校产教融合育人平台。

(二)服务政治建设方面

习近平在主持十八届中央政治局第一次集体学习时强调,"党政军民学,东西南北中,党是领导一切的""党的领导必须是全面的、系统的、整体的,必须体现到经济建设、政治建设、文化建设、社会建设、生态文明建设和国防军队、祖国统一、外交工作、党的建设等各方面"。党的领导为职业教育服务美丽中国明确了办学方向和立德树人的根本任务。始终坚持党的领导,有助于实施职业院校党委对学校工作实行全面领导,这既是理念的凝结,又是实践的升华。要求职业院校党委对学校各项工作的全覆盖、全方位、全过程的全面领导,焦聚立德树人根本问题不动摇,贯穿办学治校方方面面不放松。

(三)服务文化建设方面

中国共产党领导是中国特色社会主义最本质的特征,坚持和加强党对职业院校的全面领导是中国特色社会主义大学的本质特征。立足于新时代,各职业院校牢牢把握"培养什么人、怎样培养人、为谁培养人"这一根本问题,牢牢掌握党对职业院校的全面领导,使职业院校成为坚持党的领导的坚强阵地,加强体制机制创新,推进职业教育高质量发展,办好人民满意的职业教育,实现职业教育提质培优,为社会主义文化大发展大繁荣提供有力人才支撑。

(四)服务社会建设方面

社会建设是中国特色社会主义事业总体布局中的重要内容,中国共产党成立一百年来,始终坚定不移地领导社会建设事业,并取得重大进展。建设国家尊重技能、社会崇尚技能、人人享有技能的技能型社会,是国家全面提升经济实力、科技实力、综合国力的发展趋势和必然要求。职业教育体系是建设技能型社会的重要基础,是社会主义现代化建设的重要支撑,需要加强顶层设计。技能型社会建设是时代之需,技能型社会教育体系建设是今后教育,尤其是职业教育的重要任务和方向。构建技能型社会教育体系,加快从学历社会向技能社会的转变,需要探明概念内涵外延,明确学理基础,阐明框架设计。技能型社会教育体系框架包括基础教育的技能启蒙、职业教育的技能养成、企业内训的技能提升、社会培训的技能补给、继续教育的技能获得,贯穿全生命周期,要发挥政府和市场两个重要主体作用,建设方向应涵盖重塑劳动光荣价值观念、技能型人才培养教育、技能型人才成长的保障与激励等内容。

(五)服务生态文明建设方面

通过对各省各地职业教育服务美丽中国建设的做法进行整体分析发现,坚持党的领导是取得生态文明建设成就的重要政治保证。诚如习近平总书记所言,中国共产党领导是中国特色社会主义制度的最大优势。总体来说,党在领导美丽中国建设的过程中,高屋建瓴地创建了从党中央到地方政府的环环相扣、紧密联系的制度体系,对社会各界服务美丽中国建设进行了顶层设计,提供了行动方向。具体来说,党中央总揽职业教育服务美丽中国建设全局,出台相关政策文件,指明规划方向和发展重点;党的地方组织则负责根据地方实际情况出台更为详细的政策文件,具体落实职业教育服务美丽中国建设的行动计划。

二、始终树立系统思维

(一)服务经济建设方面

职业院校服务美丽中国建设要突破传统思维的囿制,就应吸纳教育哲学、管理哲学、文化哲学等方面的理念精髓,以先进理念和科学思维推进产教融合发展。由于产业和教育原本处于两个相互独立的空间之内,在职业院校产教融合顶层设计上各自有其运行规则,产教融合需要打造公共空间,并根据其运转需要制订新的规则,因此,需要树立产教融合的空间思维。产业与教育的融合是一个长期性过程,是一份"细水长流""静待花开"的事业,产教融合的真正实现需要校企双方付出较多的耐心,因此,需要树立产教融合的时间思维。校企双方在制订产教融合技术方案时,要遵循实用主义逻辑思路,遵守一定的技术规则和要求,强调方案的效率性和可操作性,充分考虑职业教育办学实践的复杂性和阶段性,因此,需要树立产教融合的技术思维。产教融合涉及产业制度与教育制度的系统安排,需要重塑"大职业教育"的发展观念,需要除了在宏观层面构建制度框架,还要针对具体的办学要素进行制度设计与创新,加强职业教育办学内外制度体系的整体构建,因此,需要树立产教融合的制度思维。

(二)服务政治建设方面

系统思维是自上而下全方位的整体性理念,从职业教育服务美丽中国的总体上来看,高等职业院校党委在高职院校建设发展中做好顶层设计,并制订相关制度保障各项工作落地落实。以职业院校中开展思想政治理论教育为例,职业院校在贯彻落实党中央以及教育部对思想政治理论课的总体要求的同时,由党委统一设计,结合高职院校发展目标、师生特点和专业打造开展思想政治理论教育体系。其次,除了在内容上把关,在思想政治理论课队伍的建设上,着力打造政治强、自律严、人格正的思政教师队伍,创造有利于思政教师成长的环境。在推进课程思政这项系统工程及高等职业院校党委统一协调下,课程思政建设融入高等职业院校专业课程设置和建设;以组织建设方式协调各级院部紧密合作,研究课程思政实施方案;再者,在高校管理的各项制度中贯穿课程思政建设的理念;最后,总结规律,制订标准,形成可复制可推广可借鉴的经验。

(三)服务文化建设方面

习近平总书记先后在金砖国家领导人第五次会晤、十八届中央政治局第十二次集体学习、中国文联十大、中国作协九大开幕式上对文化建设作了一系列的重要讲话,深刻体现了文化建设蕴含着丰富的系统思维,对于统筹推进经济建设、政治建设、文化建设、社会建设、生态文明建设的总体布局有深刻影响。当前,中国特色社会主义伟大实践正在阔步向前,为推动文化繁荣兴盛提供了广阔的舞台和历史机遇。系统思维既是高等职业教育服务文化发展的方法论,也是文化建设的应有之义。

(四)服务社会建设方面

社会建设是一个体量巨大、结构复杂的系统工程,职业教育参与社会建设,就必须统筹兼顾,树立系统融合理念,运用系统规划思维,科学地掌握社会建设发展规律和特性,以承前启后的中观定位为基础,拓展发展思路、明晰政策导向、厘清路径方法。职业教育界联合社会各界相互配合、同向同行,形成强大合力。从操作层面来说,职业教育服务社会建设要进行全方位整合、系统化集成,把坚持党的全面领导、政府牵头、法治保障、社会协同、全民参与、行业支持、教育承接等社会建设内容整合为一个系统;把基层党组织、企业单位、社会组织、师生员工等主体关联整合为一个系统;把党建引领、社会服务、群众参与、法律服务等社会治理业务整合为一个系统,形成问题联治、工作联动、信息联通的现代社会建设新机制,并以融通融合、开放共享等理念推动职业教育参与社会建设向"系统化"转变。

(五)服务生态文明建设方面

从大局观出发,坚持系统思维是我国职业教育服务美丽中国建设的又一宝贵经验,这为职业教育开展环境与生态文明教育做好了战略布局。总体来说,职业教育服务美丽中国建设过程中全局性的系统思维主要体现在时间上的纵向一体和空间上的横向贯穿。从职业教育参与生态文明教育的纵向布局来看,我国早在 20 世纪 70 年代末就已经印发了相应的教育大纲和实施指南,确立了涵盖学前教育、中小学教育和高等教育的全学段、一体化实施思路。这将职业教育纳入其中,为职业教育开展环境和生态文明教育提供了政策指导。从职业教育参与生态文明教育的横向布局来看,1973 年,国家出台《关于保护和改善环境的若干规定(试行草案)》,这是我国第一份对环境教育作出明确规定的文件,从此奠定了学校与社会、教育与宣传双线并行的实施思路。经过随后近 50 年的不懈努力,这种最初的构想已经逐步发展为社会全体成员和全部要素共同参与的国家行动。时至今日,这种横向贯穿、纵向一体的发展格局愈加壮大,为我国职业教育服务美丽中国建设提供了重要支撑。

三、始终注重制度建设

(一)服务经济建设方面

随着我国社会经济的转型升级,职业教育正由数量扩张向质量提升的内涵转变,产教融合、校企合作成为实现职业教育高质量发展的核心主线。2017 年 12 月发布的《国务院办公厅关于深化产教融合的若干意见》提出深化产教融合的建设目标。教育部联合发展和改革委等六个部门于 2018 年 2 月印发的《职业学校校企合作促进办法》中具体阐明了产教融合、校企合作的育人举措。2019 年 2 月,国务院印发的《国家职业教育改革实施方案》(以下简称"职教 20 条")提出,要进一步深化职业教育改革,促进产教融合、校企"双元"育人。在"职教

20 条"描绘的职业教育未来蓝图下,教育部等九部门于 2020 年 9 月发布的《职业教育提质培优行动计划(2020—2023 年)》,制定了职业教育改革发展的具体举措和行动计划,将"深化职业教育产教融合、校企合作"作为职业教育高质量发展的核心任务,成为提升职业教育育人成效、推进职业教育提质培优的关键路线。产教融合作为职业教育改革的新路径,是职业教育的本质属性,能突破教育与产业之间的约束,打通政府、行业、企业、学校多方沟通的渠道,有效整合优质资源,提高校企多方合作的深度和实效,助力社会经济的发展。制度建设是深化产教融合的重要保障,产教融合校企合作制度建设是一项基础性系统工程,是产教深度融合、校企深入合作的重要保障和核心要求。健全的制度体系将有助于促进教育链、人才链与产业链、创新链的有机衔接,解决人才培养供给侧与行业企业需求侧的矛盾,培养符合企业用人标准及社会发展需求的高素质技术技能人才,服务企业,造福社会,落实科教兴国、人才强国的发展战略。

(二)服务政治建设方面

《高等教育法》指出:国家举办的高等学校实行中国共产党高等学校基层委员会领导下的校长负责制。因此,我国大学的政治权力具有明显的中国特色,党委把握政治方向和战略取向,为学校发展提供政治保障与监督。职业院校在贯彻落实国家宏观的教育政策倡议和治理改革精神、对接当前职业教育特定阶段的任务、匹配高职院校的办学定位时,不断推进学校制度建设。一是在国家相关法律法规的要求下制定学校的章程。章程对学校办学宗旨、学校规模、专业设置等重大的、基本的问题做出全面规范,例如《学校党委领导下的校长负责制》《高等学校章程制定暂行办学》《学校教职工代表大会规定》等。二是根据章程制订学校的体制机制性制度和规范,如领导机制和决策制度、重要议事规则、有关工作条例等。三是制订学校层面的具体管理和工作制度。管理制度如资金管理制度、教学管理制度、科研管理制度、学生管理制度、人事管理制度等。工作制度如人才培养制度(专业设置制度、学分制、选修制等)、科学研究制度、社会服务制度等。四是结合工作实际制订具体的岗位职责和学校各院部的内部管理制度。

(三)服务文化建设方面

培养德、智、体、美、劳全面发展的社会主义建设者和接班人是职业教育发展的根本任务,职业院校作为文化传承与创新的重要阵地,需要有强烈的文化责任与文化担当。职业院校服务文化建设就必须坚持马克思主义在意识形态领域指导地位的根本制度;同时,职业教育的文化制度建设,要抓住精品和人才这两个重点,进一步加大对文化产业的投入,制订科学合理的职称评价体系,营造良好的制度环境,让文化创新人才彬彬济济,更好地服务于新时代文化建设。

(四)服务社会建设方面

在习近平新时代中国特色社会主义"五位一体"总体布局中,相对而言,社会建设固根基、扬优势、补短板、强弱项的任务更加艰巨繁重。新时期,做好社会建设工作,要认真学习习近平总书记关于社会建设的一系列重要论述,把我国的国家建设同社会建设基本制度的突出优势更有效地转化为社会建设成效。一是要坚持以人民为中心的发展理念;二是要准确定位保障和改善民生、加强和创新社会治理两个基点;三是坚持以党建引领、改革创新、全民参与为抓手;四是不断完善政府牵头、法治保障、社会协同、全民参与、行业支持、教育承接的社会建设体系。

(五)服务生态文明建设方面

习近平总书记指出:"只有实行最严格的制度、最严密的法治,才能为生态文明建设提供可靠保障。"在职业教育服务美丽中国建设的过程中,同样不能忽视制度和法治的重要保障作用。自从美丽中国这一伟大国家战略被提出以来,虽然国家未专门出台针对职业教育服务美丽中国建设的实施方案和政策文件,但是在1973年出台的《关于保护和改善环境的若干规定(试行草案)》、1989年出台的《中华人民共和国环境保护法》、1996年出台的《全国环境宣传教育行动纲要(1996—2010)》《国家生态文明教育基地管理办法》《全国中小学环境教育社会实践基地申报与管理办法(试行)》《中小学生环境教育专题教育大纲》等政策文件中都有指引职业教育服务美丽中国的相关规定和实施思路,是职业教育开展环境和生态文明教育的行动指南。正是注重加强职业教育服务美丽中国战略的制度建设,才使职业教育在我国环境与生态文明教育中焕发出勃勃生机,具有持续发展的充足后劲,也让职业教育服务美丽中国建设走上了制度保障下的规范化、法治化道路。

四、始终注重理念引领

(一)服务经济建设方面

《国务院办公厅关于深化产教融合的若干意见》提出深化产教融合的建设

目标,将职业教育开展产教融合作为促进经济社会协调发展的重要举措,要求将产教融合融入经济转型升级所有环节,贯穿人才培养全过程,形成政府、企业、学校、行业、社会协同推进新局面。要求职业院校面向行业及区域产业发展需求,优化专业结构,进一步加快人才培养体系的调整,促进教育与产业的"同频共振"。地方政府应通过政策引导,充分调动企业参与职业院校产教融合的积极性,通过试点项目,构建校企合作长效机制。以产教融合为主攻方向构建现代职业教育体系,发挥企业重要主体作用,促进人才培养供给侧和产业需求侧结构要素全方位融合,培养大批高素质创新人才和技术技能人才,为加快建设实体经济、科技创新、现代金融、人力资源协同发展的产业体系,增强产业核心竞争力,汇聚发展新动能提供有力支撑。

(二)服务政治建设方面

职业院校在服务政治建设过程中,国家政治方向、制度和文化对职业教育具有重要影响与促进作用。在政治方向上,习近平总书记曾提出高等教育发展水平是一个国家发展水平和发展潜力的重要标志,办好我国的高等职业教育,必须坚持党的领导,坚持办好中国特色社会主义高校。因此,职业院校办学始终坚定政治信念和政治立场,把握正确办学方向,着力培养德智体美劳全面发展的社会主义建设者和接班人。在政治制度上,国家颁布了一系列关于职业教育改革和发展的决策文件和相关法令,如《加快推进教育现代化实施方案(2018—2022年)》《国务院关于加快发展现代职业教育的决定》《职业教育提质培优行动计划(2020—2023年)》《关于推动现代职业教育高质量发展的意见》等文件和《中华人民共和国职业教育法》,这些政策法规为职业院校指明了发展方向,同时也为职业院校的发展给予了支持和保障,使职业院校的办学模式更加丰富、办学形式更加充实、人才培养质量更高。在政治文化上,习近平总书记对职业教育工作作出重要指示,强调加快构建现代职业教育体系,培养更多高素质技术技能人才、能工巧匠、大国工匠。这就要求职业教育在人才培养上注重培养学生精湛的专业技能和高尚的道德品质及精益求精、敬业守信的职业精神。

(三)服务文化建设方面

党的十八届五中全会坚持以人民为中心的发展思想,提出了创新、协调、绿色、开放、共享新发展理念,新发展理念作为我国各项事业的思想指南和实践指南。以新发展理念引领我国文化发展,既符合我国国情,也顺应时代要求。职业院校服务文化建设,以新发展理念为重要抓手,以创新发展理念激发文化发展活力,以协调发展理念平衡发展差异,以绿色发展理念净化发展环境,以开放发展理念构建发展新格局,以共享发展理念引领交流互鉴,进一步坚定职业教育文化自信,让职业教育更好地服务中国特色社会主义伟大事业。

(四)服务社会建设方面

《中共中央关于党的百年奋斗重大成就和历史经验的决议》等重要文件指出,党的十八大以来,我国全方位加强社会建设,人民生活水平得到巨大提高,社会建设科学化、法治化、专业化、智能化程度大幅提升,形成了人民安居乐业、社会安稳有序、国家安定团结的良好态势,创造了社会长期稳定的中国奇迹。一是坚持以人民为中心。中国共产党坚持立党为公、执政为民,其根本目的就是为人民创造幸福生活。社会建设做得是否有成效,重要的是看人民满意不满意。二是着力补齐民生短板。我们党始终把民生保障放在社会建设重要位置,把处理好人民群众急难愁盼问题作为社会建设的关键任务,在幼有所育、学有所教、劳有所得、病有所医、老有所养、住有所居、弱有所扶上真抓实干,加强和创新社会治理体系,使人民获得感、幸福感、安全感更加饱满。

(五)服务生态文明建设方面

理念具有引领发展、统一方向、协调主体、消除摩擦的重要作用,职业教育在服务美丽中国建设的过程中非常注重先进理念引领,为职业教育更好地开展环境与生态文明教育提供理论指导和前进方向。马克思曾指出:"文明如果是自发地发展,而不是自觉地发展,则留给自己的是荒漠。"我国职业教育服务美丽中国建设自始至终都在坚持自觉地发展取向,强调以科学理念引领实践。从新中国成立到1992年,我国主要以环境保护为目标,大力推动普通教育和职业教育开展环境教育。1992—2012年,我国开创性地提出了可持续发展的科学理念,职业教育服务环境和生态文明建设也转向了可持续发展的教育形态。2012年以来,工业文明的肆意发展使得中国乃至世界各国都遭遇了可持续发展危机,中国慎重地作出了建设人与自然和谐共生的生态文明的战略抉择。为了促进这一目标的实现,我国必须对所有人开展相应的生态文明教育,使国民具备生态文明意识和绿色生产能力。由此可知,始终坚持科学生态文明理念的正确引领,是我国职业教育服务美丽中国建设中更好地开展环境与生态文明教育实践,最终再次迈向高质量发展的又一个宝贵经验。

第二节 模式创新

一、职业教育助力经济建设

在经济社会发展的新常态下,职业教育作为与经济社会发展结合紧密的类型教育,主动融入新时代经济社会建设的主战场,为经济社会发展提供科技、文化和人才支撑,创新了职业教育服务美丽中国建设的多种模式。

(一)"产""教""融""创"升维打造地方经济新引擎

案例一:重庆工程职业技术学院

《中国制造2025》是国家实施制造强国战略的行动纲领,当下更是制造业数字化转型升级关键时期,新一代信息技术在智能制造领域的应用迅猛,特别是 AR、VR、MR 等虚拟仿真技术的应用,极大地降低了企业培训成本,优化了教学模式,提高了学习效率。

重庆工程职业技术学院在实训教学环节中的项目,如机电设备拆装、金属3D打印、工业机器人焊接、喷涂等,存在难展现、成本高、损耗大、危险性高等问题。学院联合知名现代化装备类企业,着力打造师资团队,共同建设智能装备与先进制造虚拟仿真基地,构建创新平台,将虚拟现实、混合现实融入实训过程,聚焦智能制造前沿技术,共同研发仿真实训项目,实现人才培养的提质升级,为地方经济发展提供新的支撑引擎。

1. 建设举措

(1)四重机制打造产教新生态,实现平台开放互通。

推进产教深度融合、实施创新驱动发展,通过与潍柴动力、发那科、ABB、库卡等行业知名企业共同组建"智能装备与先进制造虚拟仿真实训基地联合体",建立校企双方共建、共管、共享机制以及基地可持续发展运营机制的四重机制,实现优质虚拟仿真实训资源的多主体联合开发、多领域开放共享和持续应用。建立重庆市高校工程中心,院士工作站(图 2-1),技能大师工作室,博士、教授工作站(图 2-2)等创新载体,通过开拓性、实体化的联合创新,破除"创新孤岛",打通科技成果转化的"梗阻",探索"校企创新联合体"建设的新路径。

图 2-1　院士工作站

图 2-2　博士、教授工作站

(2)开拓布局"四创"育人新路径,突破产业技术瓶颈。

面向重庆及成渝地区智能制造行业,以智能制造行业先进技术为引领,将虚拟现实、混合现实等新一代信息技术与实训设施融合,实现技术上的新突破(图 2-3)。通过校企协同创新育人、教师创新团队育人、学生创新社团育人(图 2-4)、虚实结合实训育人(图 2-5),在校企"双导师"指导下,在真项目实践中培养学生创新意识,提高创新实践能力。

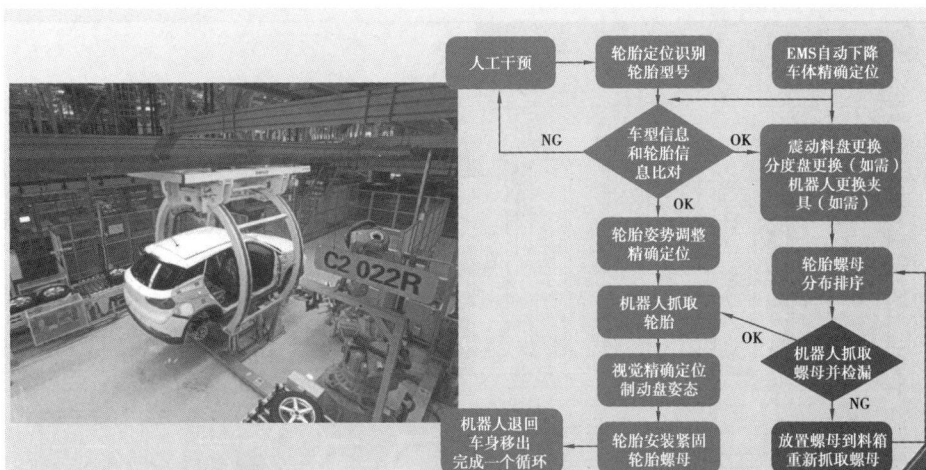

图 2-3　工业机器人安装汽车轮胎真实工作任务

图 2-4　科技社团活动

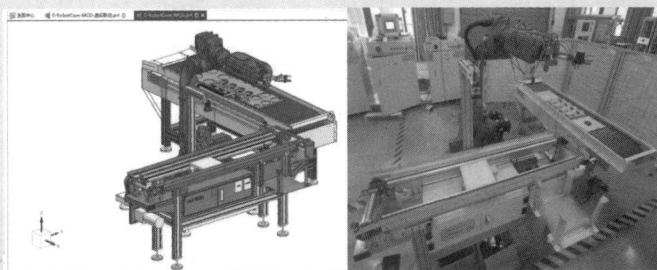

图 2-5　虚实结合的实践项目

（3）课程重构"五融"谱系新结构（图2-6），按下人才培养"快进键"。

结合"1+X"证书制度试点，与重庆机电集团、汇博机器人、天津博诺机器人等知名企业合作，按照"双高"专业群人才培养要求和智能制造高端产业培训需求，开发理论知识、虚拟仿真和实体实训教学相互融合的课程体系，打造高水平教学团队，研究开发虚拟仿真实训教学项目，探索并实施虚实交错的"一体五融四创"人才培养模式（图2-7）。

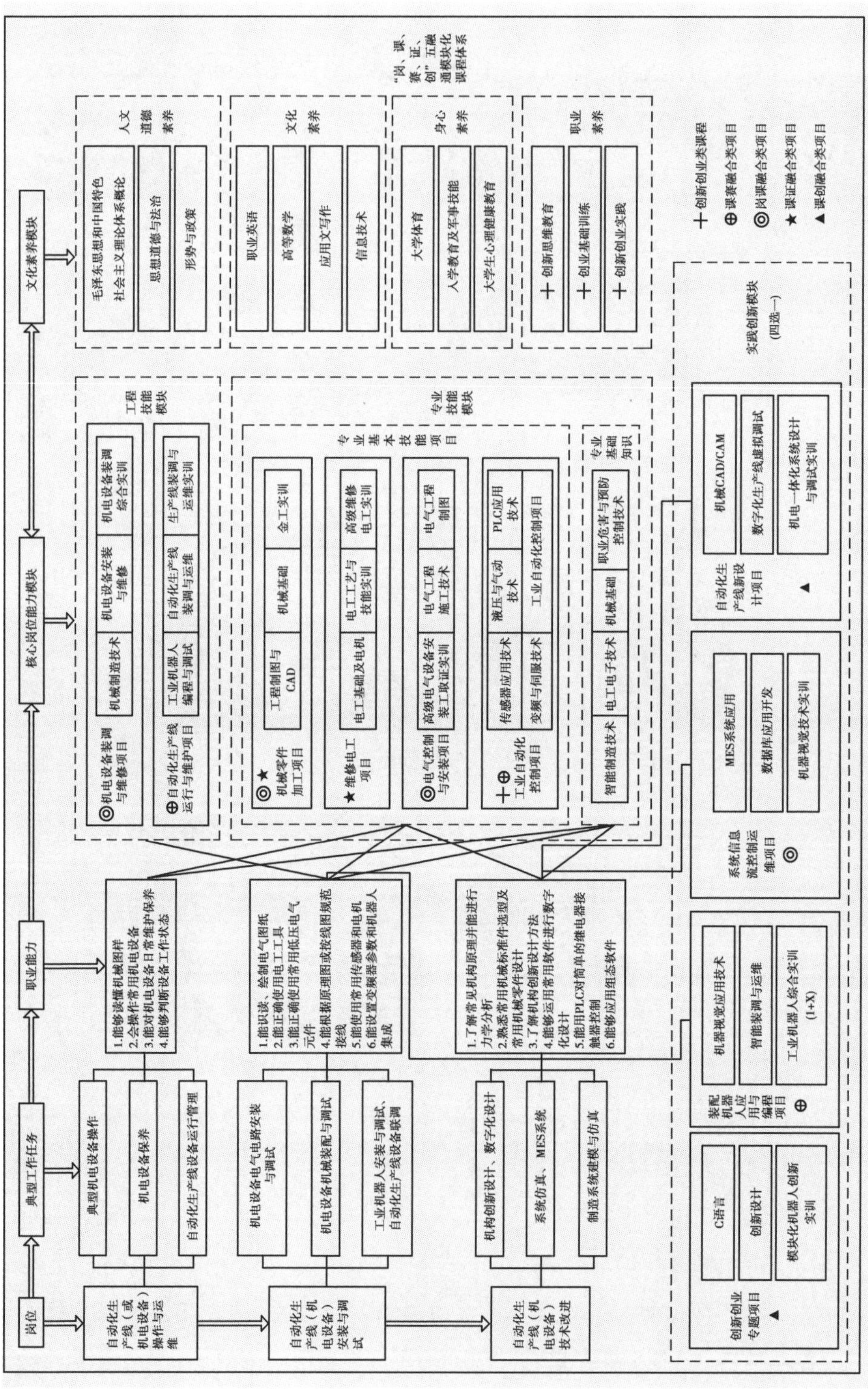

图2-6 "岗、课、赛、证、创"五融通模块化课程谱系图

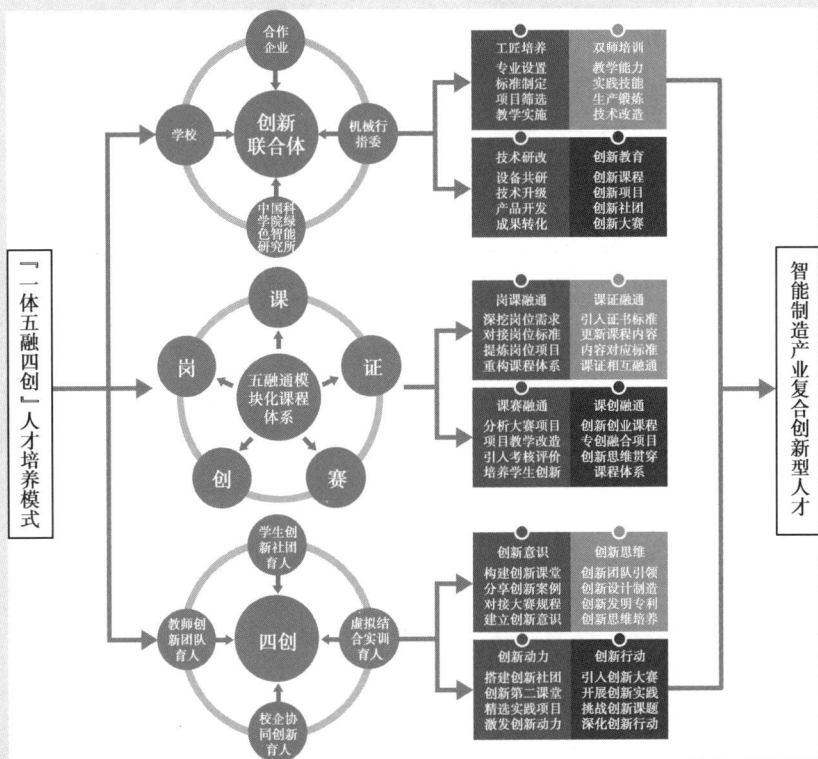

图2-7 "一体五融四创"人才培养模式

2. 建设成效

(1)对标2025,助力千人技术升级。

对接"中国制造2025"战略,服务重庆智能装备产业发展,结合周边四大工业园区的人才需求现状,构建"园校协同、虚实互补"的实践教学体系。向社会提供培训服务,增强基地的服务能力。与江津周边企业潍柴动力、重齿机械、庆铃等公司建立长期稳定的合作,为企业员工培训(图2-8)、技术更新、产品试制、系统升级等提供虚拟研发平台。完成江津区智能制造领域高技能人才培训204人,职业院校教师素质提高计划项目培训21人,为企业员工完成技能鉴定474人,新西亚铝业(集团)企业新型学徒制校企合作培训51人。

根据教育部职成司的工作安排和要求,我校牵头承担了高等职业专科机电一体化技术专业《简介》和《标准》的研制工作(图2-9),参与制定了多项"1+X"职业能力认定标准(图2-10)。

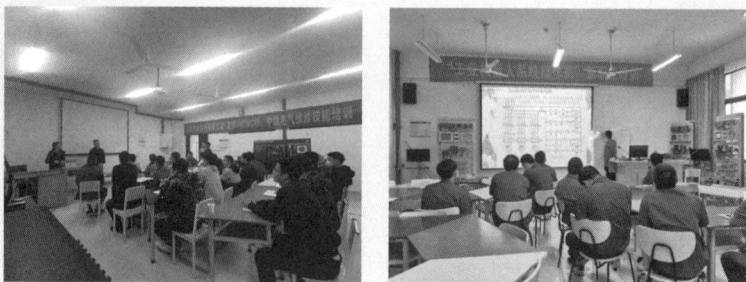

图 2-8　企业员工培训现场图

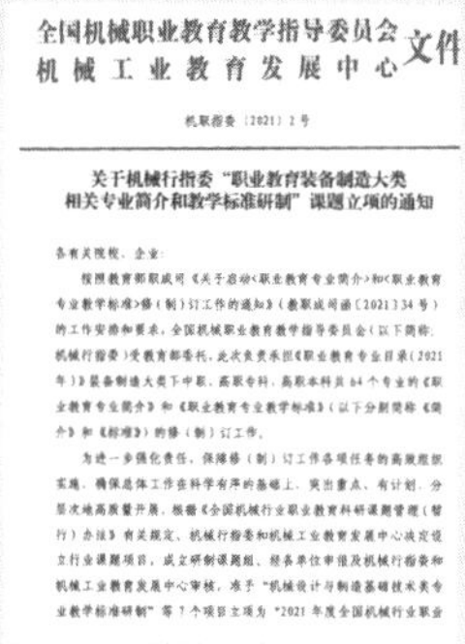

全国机械职业教育教学指导委员会
机械工业教育发展中心 文件

机职指委〔2021〕2号

关于机械行指委“职业教育装备制造大类相关专业简介和教学标准研制”课题立项的通知

各有关院校、企业：

按照教育部职成司《关于启动〈职业教育专业简介〉和〈职业教育专业教学标准〉修（制）订工作的通知》（教职成司函〔2021〕34号）的工作安排和要求，全国机械职业教育教学指导委员会（以下简称：机械行指委）受教育部委托，此次负责承担《职业教育专业目录（2021年）》装备制造大类下中职、高职专科、高职本科共64个专业的《职业教育专业简介》和《职业教育专业教学标准》（以下分别简称《简介》和《标准》）的修（制）订工作。

为进一步强化责任，保障修（制）订工作各项任务的高效组织实施，确保总体工作在科学有序的基础上，突出重点、有计划、分层次地高质量开展，根据《全国机械行业职业教育科研课题管理（暂行）办法》有关规定，机械行指委和机械工业教育发展中心决定设立行业课题项目，成立研制课题组，经各单位申报及机械行指委和机械工业教育发展中心审核，准予“机械设计与制造基础技术类专业教学标准研制”等7个项目立项为“2021年度全国机械行业职业

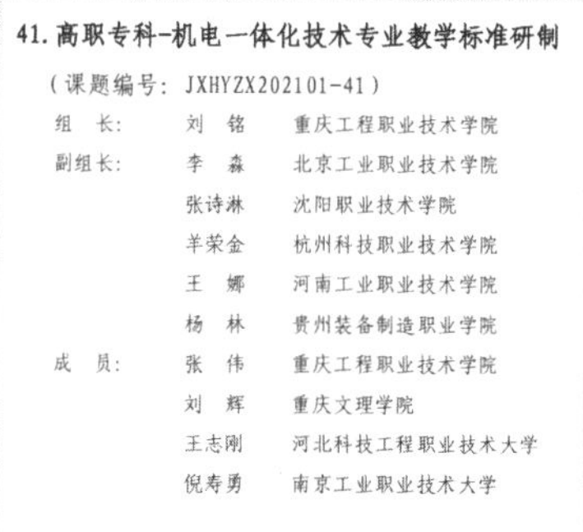

41. 高职专科-机电一体化技术专业教学标准研制

（课题编号：JXHYZX202101-41）

组　长：	刘　铭	重庆工程职业技术学院
副组长：	李　森	北京工业职业技术学院
	张诗淋	沈阳职业技术学院
	羊荣金	杭州科技职业技术学院
	王　娜	河南工业职业技术学院
	杨　林	贵州装备制造职业学院
成　员：	张　伟	重庆工程职业技术学院
	刘　辉	重庆文理学院
	王志刚	河北科技工程职业技术大学
	倪寿勇	南京工业职业技术大学

图 2-9　课题立项的通知

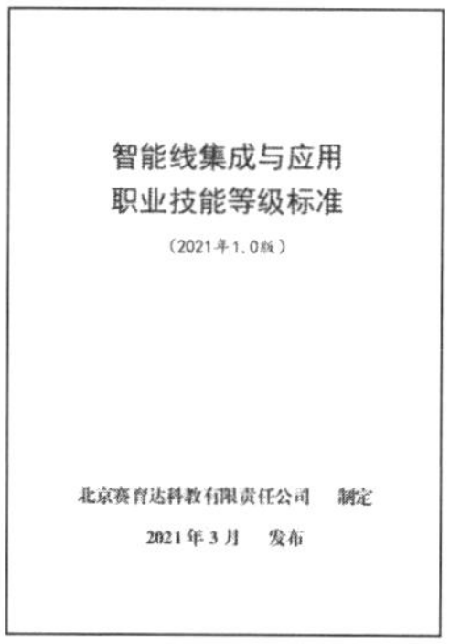

智能线集成与应用
职业技能等级标准
（2021年1.0版）

北京赛育达科教有限责任公司　制定
2021年3月　发布

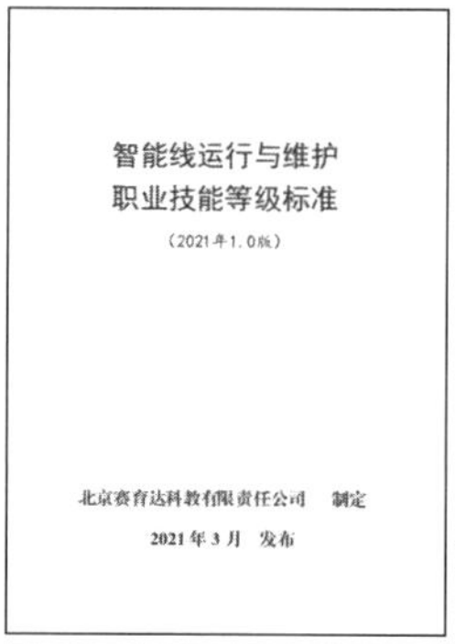

智能线运行与维护
职业技能等级标准
（2021年1.0版）

北京赛育达科教有限责任公司　制定
2021年3月　发布

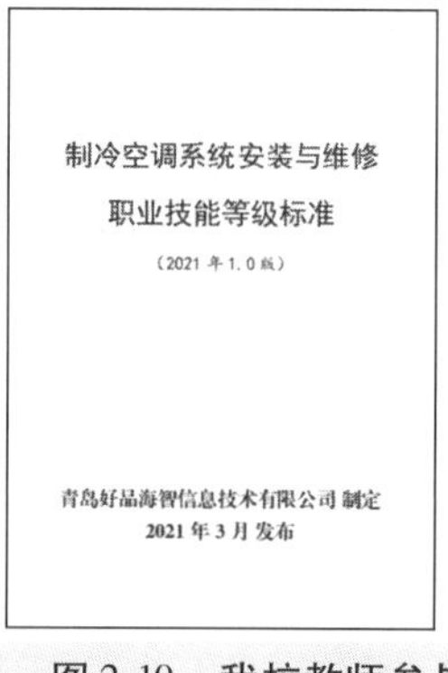

制冷空调系统安装与维修
职业技能等级标准
（2021年1.0版）

青岛好品海智信息技术有限公司 制定
2021年3月 发布

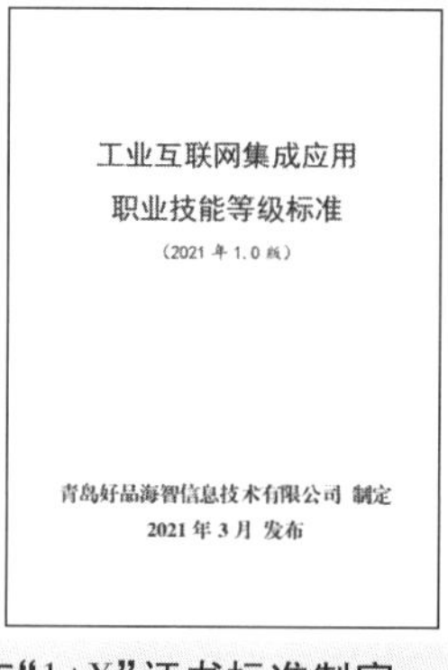

工业互联网集成应用
职业技能等级标准
（2021年1.0版）

青岛好品海智信息技术有限公司 制定
2021年3月 发布

图 2-10　我校教师参与“1+X”证书标准制定

(2)跨国联盟,打响培训"国际招牌"。

通过学校牵头组建的中泰职业教育联盟,面向"一带一路"沿线国家提供机电一体化技术专业群人才培养。依托专业群在线课程等教学资源,应用虚拟仿真技术,开展"线上+线下"教学,推动学生跨国选课、学分互认、教师交流和资源共享。为"走出去"企业和"一带一路"沿线国家培训技术人员80人次以上;培养"一带一路"沿线国家一年学制以上留学生30人次以上(图2-11)。

图2-11 留学生现场学习

(3)技术赋能,定向输送卓越人才。

针对企业岗位现实需求,开设了"潍柴工匠""益海嘉里技师""华为技师"等11个现代学徒制订单班(图2-12)。依托基地虚拟仿真技术开展实践教学,打破传统教学模式,提高学生兴趣与参与度,提升学生学习效果,为成渝经济发展、江津区周边企业的智能制造企业转型升级、数字化改造提供高素质、复合型、创新型人才。打造了"卓越工匠"班,培养城市机电与智能装备研发、设备改造和升级等方面的卓越工匠人才,每年输送20人次以上;金康新能源订单班每年培养输送人才40人次以上;海康威视订单班培养每年输送人才25人次以上。

图2-12 "重潍工匠班"在潍柴学习

资料来源:重庆工程职业技术学院"双高计划"中期绩效自评报告。

案例二：天津职业大学

天津职业大学立足区域、面向全国、放眼世界，聚焦京津冀协同发展、脱贫攻坚与乡村振兴、"一带一路"建设等重大国家战略及倡议，大力提升服务水平、服务能力和服务成效，形成了高等职业院校全方位、全链条、全要素服务国家战略的"三全"模式（图2-13）。

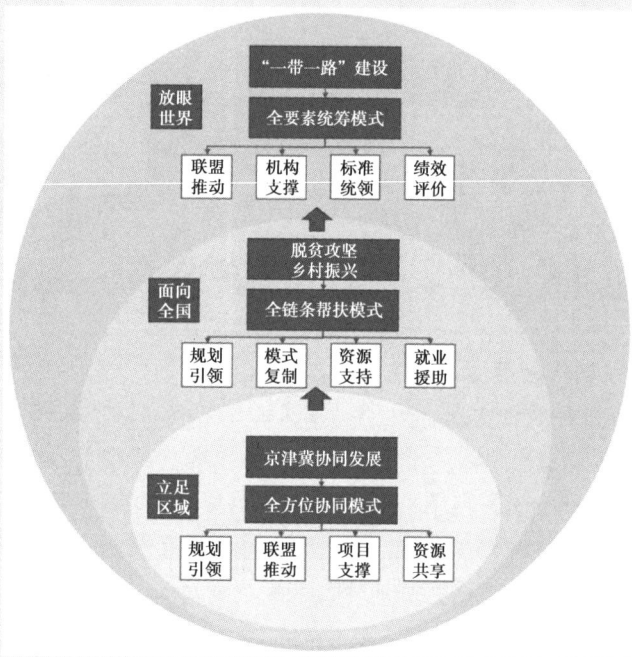

图2-13　服务国家战略的"三全"模式

1. 立足区域，全方位服务京津冀协同发展

立足区域，服务京津冀协同发展，打造"规划引领、联盟推动、项目支撑、资源共享"全方位协同模式。规划引领：为天津市、雄安新区等地研制职业教育发展规划，为京津冀职业教育协同发展提供顶层设计；联盟推动：成立京津冀"双高计划"建设联盟、京津冀眼视光技术专业职业教育集团等区域性协作组织，为校际合作搭建平台；项目支撑：实施津冀专业（群）之间"结对子"等系列项目，促进同类专业共同提高；资源共享：与京津冀兄弟院校共享各类优质教学资源，开展人才培养和师资培训。

2. 面向全国，全链条服务脱贫攻坚与乡村振兴

面向全国，服务脱贫攻坚与乡村振兴，形成"规划引领、模式复制、资源支持、就业援助"全链条帮扶模式。规划引领：研制《和田职教园区规划方案》，

助力和田地区现代职教体系构建;模式复制:将学校办学模式整体复制到和田职院,促进西部地区职业院校高质量发展;资源支持:在西部地区建基地、派师资、共享资源,助力西部地区师资水平与人才培养质量提升;就业援助:发挥校企合作优势,力促西部地区学生到津就业,实现毕业生与企业双赢。

3. 放眼世界,全要素服务"一带一路"建设

放眼世界,服务"一带一路"建设,形成"联盟推动、机构支撑、标准统领、绩效评价"全要素统筹国际化办学模式。联盟推动:成立全国鲁班工坊建设联盟,统筹各方资源,协同打造中国职教品牌;机构支撑:建设南非鲁班工坊等多个海外办学机构,为中国企业"走出去"培养本土化技术技能人才;标准统领:开发系列国际化专业教学标准和课程标准,实现中国职教模式、方案和标准的输出;绩效评价:开展鲁班工坊评价体系研究,对已建成的鲁班工坊开展效果评估和效益评价,确保其可持续发展。眼视光技术专业群作为全国验配行指委国际教育中心,承担中国视光学教育计划;包装工程技术专业群服务"一带一路"建设,主持包装工程技术专业国际化教学标准开发。

研制区域职教规划或评价报告5个,对口支援职业院校12所,覆盖7个省(自治区、直辖市),海内外36万名师生受益。学校荣获"全国脱贫攻坚先进集体""服务贡献50强"等荣誉称号,1人荣获全国职业院校脱贫攻坚先进个人,入选全国脱贫攻坚典型案例2个,在教育部相关会议、全国高职高专校长联席会等全国性平台上做典型发言10次,27所职业院校到学校访问交流,发表论文21篇。《新华网》《人民网》《天津日报》等主流媒体多次宣传报道,在社会上引起强烈反响。

资料来源:天津职业大学"双高计划"中期自评报告。

(二)服务国家重大战略模式

案例三:重庆工程职业技术学院

在国家推动高端装备制造业发展,由制造大国转向制造强国的战略布局背景下,重庆工程职业技术学院对接区域企业人才需求,创新并实践了"四双三融两贯通"人才培养模式,培养城市机电智能设备生产、集成等岗位急需的高端技术技能人才,助力成渝地区双城经济圈建设。

1. 具体措施

（1）建立职教集团，打造政府、园区、企业、学校合作生态圈。

联合西门子（中国）数字化工业集团、四川工程职业技术学院等100余家成渝企事业单位，牵头组建工业互联与智能装备职教集团，通过共享师资、共建实训基地、创新联合体、应用技术创新中心等多种模式融通人才培养链与产业链，打造政、地、校、企合作绿色生态圈。

（2）深化产教融合，推动校企双主体协同育人。

与重庆潍柴发动机有限公司、重庆机电（控股）集团公司、埃夫特智能装备股份有限公司、海康威视、益海嘉里粮油有限公司（金龙鱼）、重庆金康新能源有限公司（SERES）等企业合作，共同建设兼具教学和生产双重功能、校企双主体深度合作的技术技能人才培养基地；实施工匠培养、双师培训、技术研改、创新教育，多方协同打造"创新联合体"，共同推进"双主体"育人。

（3）重构课程体系，促进复合创新型技能人才培养。

按照"人文素养—专业技能—工程技能—实践创新"培养逻辑，重构"岗、课、赛、证、创"五位一体模块化课程体系和"专业、院、校"三级职业技能竞赛体系，将岗位技能、"1+X"证书、技能大赛、新技术等融入人才培养"谱系图"。

（4）融入"两贯通"教育，提升学生职业素养。

联合重庆轨道交通（集团）有限公司等企业，共同挖掘城市机电与智能装备制造岗位群思政元素，建设素质实践拓展基地，系统设计并实践校企协同创新育人、教师创新团队育人、学生创新社团育人、虚实结合实训育人新途径，将工匠精神教育、创新创业教育融入人才培养全过程，提升学生职业素养。

2. 成效与特色

学生培养质量得到企业的高度认可，专业群95%的学生获得至少1种职业技能证书，毕业生就业率达99.7%，专业对口率达95.3%。专业群近35%的学生受益于参加各类大赛，获得国家级大赛奖项41项、国际大赛奖12项。学生获"互联网+"大学生创新创业大赛银奖3项，2021年奖牌数量位居全国第一；获全国职业技能竞赛一等奖10项。

依托职教集团的创新联合体，学生参与企业技术改造升级项目15项，学生和教师授权专利300余项，研发创新能力提升。通过企业工程项目、技能大赛、创新创业大赛、社会实践、专利撰写等途径,提升了学生工程实践能力,受益学生近万人;依托中泰职教联盟,专业群与重庆机电(控股)集团公司、泰国联合诚信制造有限公司(UHM)等企业合作,开展了智能制造中高级管理人员培训等丝路项目3项,150余人次参加。

"四双三融两贯通"人才培养模式在国内外高职院校进行广泛推广,输出了一批国际标准和优质教学资源,中国职业教育品牌美誉度显著提升。

资料来源:重庆工程职业技术学院"双高计划"中期绩效自评报告。

案例四:酒泉职业技术学院

酒泉职业技术学院通过落实甘肃省职业教育精准扶贫"3+1"帮扶计划和酒泉市"442"十大绿色生态产业行动计划,学校乡村振兴服务能力显著提升;依托产教融合平台与中小微企业合作解决技术难题,学校成果转化和技术推广服务能力快速提升;依托德国汉斯·赛德尔基金会中国西部职业教育与发展中心、甘肃省职业师资培训基地等资源,学校师资培训和辐射带动能力稳步提升;依托现代农业技术培训基地、酒泉市鸿翔建设职业教育培训中心(校企共建)和继续教育学院,学校人才培训和终身教育服务能力全面提升。

1.服务全民终身学习能力

学校整合校内外优势资源,建成面向社会开放的培训基地5个,并以打造品牌培训项目为核心,重点开展了企业职工职业技能提升培训、农村劳动力转移就业培训、新型学徒制培训、特种作业培训和社区培训等五类培训项目。项目期内,开展培训42期累计培训8 296人,学校服务地方惠及民生作用稳步提升。

2.服务国家"西部大开发"战略能力

依托德国汉斯·赛德尔基金会中国西部职业教育与发展中心、甘肃省职业师资培训基地等资源,面向中国西部九省(区),累计培训教师344人,选派西部教师出国培训111人次;面向国家和区域经济社会发展需要,累计输送高素质技术技能人才8 692人,毕业生平均就业率达到96.5%,其中,直接服务于西北、西南等丝绸之路经济带建设5 433人,占比62.5%,为服务"西部大开发"提供了人才输出保障。

3.服务国家《中国制造2025》战略能力

学校积极响应国家"中国制造2025"行动,立足西北地区经济发展,围绕智能制造产业链,以机电一体化技术专业为核心,以电气自动化技术、工业机器人技术、机械制造与自动化、焊接技术与自动化等现有专业为重点,打造了服务西部风光电、种子机械制造、民用航空机电设备维修的智能制造专业群。并与酒泉奥凯种子机械有限公司、甘肃百立航空集团挂牌成立了智能制造产业学院和百立航空学院。以此为基础,立项建设省级骨干专业1个,获批甘肃省首批教学创新团队1个、省级名师工作室1个;开展省级教改项目3项、省级科研项目4项,取得实用新型专利8项;建成了产教融合型智能制造实训基地,为企业开展员工培训300余人次,提供技术服务80多人次。

4. 服务国家"精准扶贫"主战场能力

学校积极落实省委、市委关于深化双联精准扶贫精准脱贫的决策部署,深入瓜州县腰站子东乡族乡"两片三村"(腰站子村、草湖沟村、马家泉村)贫困户,通过实施"五位一体"扶贫模式,培育农业科技示范户79户,农业科技明白人380余人,推广新品种新技术2项;对接种植户开展了特色种植帮扶项目,对接养殖户开展了种羊繁育帮扶项目,累计开展技能培训700余人次、职业技能工种培训300余人次,进一步增强了面向农村的高素质人才供给。通过实施"助农富农"专项工作,帮助96户贫困户顺利脱贫。

5. 服务国家军民融合发展能力

根据《中共甘肃省委关于贯彻中共中央〈军民融合发展战略纲要〉的实施意见》(甘发〔2019〕13号)和《甘肃省"十三五"军民融合产业发展规划》文件精神,学校建立了"五纳入、四到位"的军民融合工作机制,与中核四〇四有限公司对接,合作培育建设了军民融合特色优势专业(群)5个,累计为中核四〇四有限公司输送技能型人才40余名,为中核甘肃核技术产业园项目建设提供了人才保障;作为甘肃省军民融合研究院的成员单位之一,坚持从技术培训、文化交流等方面服务地方军队建设,累计为酒泉十号卫星发射基地教导大队开展现代农业技术培训9期,为十号基地在重大发射任务时提供后勤保障30余次;招收退役军人学历教育50余人次,响应国家征兵号召,累计为军队输送在校大学生100余人,有力地推动了军地和谐发展,助推了酒泉市"国家军民融合创新示范区"的建设。

6. 服务国家"乡村振兴"战略能力

学校出台了《酒泉市关于加快推进乡村人才振兴的实施方案》(酒办发〔2021〕151号),成立了乡村振兴学院,积极落实酒泉市乡村振兴"七大行动",深度参与、精准服务国家乡村振兴战略。先后选聘10余名专业教师担任科技特派员赴区域内各乡镇,开展科技培训42场次近1 500人次,开展种植、养殖技术指导服务116人次,开展农村劳动力转移就业技能培训489人;协助制定区域内产业发展规划7项,主持完成《修复砂砾地生态的果实型蛋白桑组培苗栽培技术示范推广》等省市级科技项目4项,共同优化农业生产、攻克农业技术难题,为服务地方经济、促进现代农业发展探索了路径。

7. 服务国家"健康中国2030"战略能力

积极落实《关于实施康养职业技能培训计划的通知》(人社部发〔2020〕73号)精神,学校以医学类专业为基础,与域内养老机构合作,开办了护理(老年护理)、智慧健康养老服务与管理等2个专业,并成功申报"1+X"证书制度老年照护项目,累计为养老服务行业输送优秀毕业生800余人。邀请德国专家为区域内养老机构开展培训(讲座)3期(次),开展专业培训300余人次。护理(老年护理)专业被确定为首批全国职业院校养老服务类示范专业,学校被确定为全国职业院校残疾人康复人才培养改革试点单位,并入选首批全国急救教育试点学校。通过养老人才培养及从业人员培训,有效促进了养老服务事业发展,助推"健康中国2030"战略的实施。

8. 服务酒泉绿色生态产业发展能力

学校围绕"442"十大生态产业体系,以风力发电工程技术专业群为主导,联合金风科技等新能源龙头企业,建立了以服务清洁能源为主的新能源技术产教融合共享服务中心,支撑和引领了清洁能源产业发展;以现代农业技术专业群为主导,联合敦煌种业等农业产业龙头企业,建立了以服务循环农业为主的农林产教研发中心产教融合实训基地,支撑和引领了循环农业产业发展;以应用化工技术专业(群)为主导,联合甘肃省化工研究院有限责任公司,成立了产学研一体的甘肃省化工研究院酒泉分院,联合玉门博科材料科技有限公司,建立了以服务清洁生产为主的精细化工技术研究与服务中心,支撑和引领清洁生产产业发展;以环境工程技术专业(群)为主导,联合玉门天鸿化工有限公司,建立了以服务节能环保为主的研究室,支撑了节能环保产业发展。

9. 促进酒泉产业转型升级能力

以酒泉市职业教育产教融合示范区建设为契机,对接国家和区域主导产业、支柱产业和战略性新兴产业,探索构建了"产业学院+研究院+实训基地"三位一体的发展模式,建设"金风学院"等9个产业学院,组建甘肃省化工研究院等4个产业研究院,建设学前教育等产教融合实训基地13个。牵头组建了甘肃省新能源职教集团、甘肃省非遗职教集团和酒泉职业教育集团,通过实体化运行,有效推进了政、校、行、企四方资源融合和区域职业教育一体化发展,进一步助推了产业转型升级。

10. 推动中小企业技术研发和产品升级能力

学校大学科技园作为甘肃省科技企业孵化器,孵化甘肃乐滔有机生物科技有限公司已正式运营,沃壤源生物科技有限公司、金慧科技、甘肃科博科技咨询有限责任公司、甘肃丝路颐方食品有限责任公司、酒泉敦艺文化科技有限公司等5家在孵企业,一次性获批甘肃省科技型中小企业认定。其中,沃壤源生物科技有限公司与学校农林产教研发中心合作研发,投入60余万元建成生物及营养基质块生产线,产品已成功转化并投入市场。甘肃丝路颐方食品有限责任公司和旅游与烹饪学院、酒泉陇源生物技术研发中心(教师工作室)合作,研发出保健型黑木耳速溶固体饮料、洋葱多糖保健食品、清泉羊羔肉自热食品等产品,并申报发明专利3项、实用新型专利10项。酒泉敦艺文化科技有限公司依托学校敦煌彩塑传习所、王权朝文创工作室等,协同研发敦煌印象系列、河西岩画等旅游文创产品20余项,申报实用新型专利3项,并与学校产学研合作启动了敦煌岩彩矿物颜料开发项目。

资料来源:酒泉职业技术学院"双高计划"中期绩效自评报告。

案例五:重庆工业职业技术学院

重庆是西南地区的汽车城,有超过20余家整车制造厂及超过1 000家汽车零部件配套厂商。重庆工业职业技术学院以汽车及关键零部件测试服务为切入点,面向汽车前端制造企业,培养汽车及关键零部件性能检测及测试技术人员,实现精准服务。

1. 建设措施

（1）对接重庆支柱产业，做好技术技能科研平台建设。

重庆工业职业技术学院依托重庆市汽车动力系统测试工程技术研究中心，以市场为导向，以企业需求为目标，以培养相关技术人才为重点，在资金和政策方面加大对动力中心的提档升级。

（2）加强科研团队建设，增强技术技能平台科研实力。

汽车动力系统测试工程技术科研团队中现有专任科研教师31名，属于全国首批黄大年式教学团队、国家级教学团队。同时，聘请企业、行业及高校专家参与汽车动力系统测试工程中心建设规划及对外技术服务，定期邀请国内专家到学校进行项目指导。

（3）加强校企合作，共建技术技能科研平台。

加强校企合作，吸引企业在我校动力中心开展生产性测试工作，学校投入场地、设备，企业投入部分资金、技术人员，指导专业教师和学生参与产品技术测试。动力中心与企业建立了良好的合作关系，定期开展重庆市汽车动力系统测试工程技术研究中心学术委员会会议（图2-14），并成为企业的动力测试基地。

图2-14 动力中心召开学术委员会会议

（4）培养学生科技创新能力，助力重庆汽车技术研发。

在科研项目组的教师带领下，动力中心以开展的各项研究项目为载体，通过构建适合我院学生科技创新的长效机制，系统地展开对学生科技创新意识和创造能力的培养教育，培养学生的科技创新能力和实践动手技能（图2-15）。

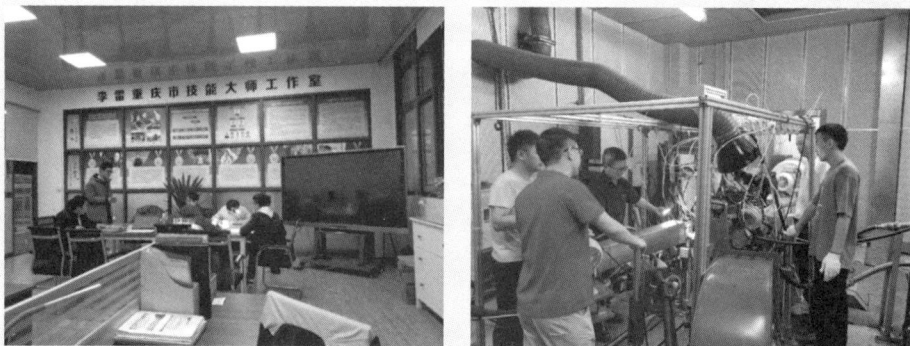

图 2-15　学生技能培训及实践锻炼

2.建设成效

(1)校企共建技术技能科研平台(图 2-16),技术服务及科研成果更丰硕

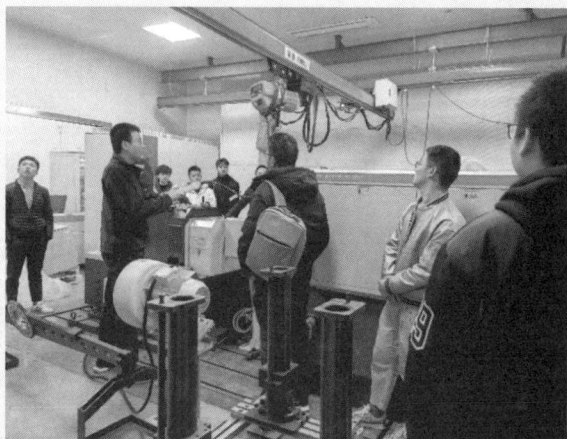

图 2-16　校企共建技术技能科研平台

依托市级工程研究中心,2019 年以来累计承接企业横向课题 20 余项,技术服务收入近 250 万元。2019 年以来共完成省部级和校级以上课题 15 项、发表科研论文 20 篇以上;申请发明专利、实用新型专利等 15 项以上,实现了技术技能积累。

(2)以平台为依托,以项目为载体,育人成效更显著

学生在动力中心实践锻炼后大多进入汽车制造厂、研究院以及专门研究院所,2019—2020 年,约 80 名学生成为汽车研究院及检测中心从事汽车检测与试验的技术骨干(图 2-17、图 2-18)。

图 2-17 动力中心承接的横向技术服务合同

图 2-18 我校毕业生在企业、研究所从事汽车动力系统测试试验

资料来源:重庆工业职业技术学院"双高计划"中期自评报告。

二、职业教育助力政治建设

在职业教育服务美丽中国建设过程中,虽然存在着种种困难和挑战,制约着服务成效的实现,但各地区、各职业院校也在不断探索中积累了很多宝贵的实践经验,形成了可资借鉴的新模式。

(一)理实一体思政教育模式

案例一:青岛职业技术学院

青岛职业技术学院深入贯彻落实习近平总书记关于深化思想政治理论课改革创新和加强"四史"教育的重要指示批示精神,积极构建理论与实践教学体系,全方位、立体式地在思政课教学中融入以党史为主的"四史"教育。

1. 突出立体教学,形成闭环式教育模式

着力构建"3+4+N"思政课程体系,即3门思政必修课,4门"四史"教育选择性必修课,围绕习近平新时代中国特色社会主义思想开设的N门公共选修课。开发四史课程,作为选择性必修课,按1学分,列入全校学生人才培养方案。将"四史"教育融入《毛泽东思想和中国特色社会主义理论体系概论》和《形势与政策》课程中。着眼"大思政"格局,构建"主课堂+拓展课堂"立体教学模式,提升"四史"教育的系统性、全方位、立体式,有效拓展教学时空,实现主课堂与拓展课堂的有机结合。

2. 突出行动导向,发挥学生自我教育功能

研究高职学生重视实践、擅于动手的认知特点和规律,设计一系列学生喜闻乐见的学习成长教学形式,以学生自我学习、自我领悟、自我教育、主动传播为学习路径。所有实践项目以学生行动学习开始,以行动传播(教育)为果。将"四史"教育的政治导向、学理阐释和价值塑造融入实践教学过程中,形成让学生教育学生,知行合一的教学体系。教学体系突出学生主体地位,突出实践在教学中的地位,学生从被动接受的禁锢中解脱出来,主动参与到课堂教学和自我学习中,参与到课外实践中,提高学生的学习兴趣,增强思政课程的教学实效,达到立德树人的目标。

3. 突出感知渠道,提升思政教学的多样性与生动性

综合调动学生的听、唱、读、讲、看、学、画、访、游、做等多种感知方式,从课

堂到课外,从理论到实践,从课程到活动,从诵读到说唱,将四史融入社团、融入生活,将实践课堂与网络课堂、人文课堂相结合。打造知行合一的"魅力课堂群",通过不同层次、不同方面的实践活动,让学生将理论知识内化于心,外化于行,达到"知行合一",使思政课程动起来、活起来、联起来。

4.突出美育目标,打造活泼有效的思政教学课堂

将"四史"教育的思政教学理性与美育的审美特质相结合,解决理论深刻性与教学生动性的矛盾,推进思政课程教学、社会实践和校园文化建设的深度融合,用音乐美、绘画美、诵读美展示思政教学的逻辑力量和理论魅力。运用第二课堂,举办"青春唱响、党史咏传"主旋律歌曲诵唱暨思政课程实践教学展示活动,组织学生进行"家乡四史传承由我"主题社会实践调查,深化思政课程实践教学。开展红色家书诵读活动、征文比赛、主题演讲比赛、党史学习教育主题活动,寓学于乐,将"四史"教育融入趣味活动。开展党史学习教育专题讲座和主题沙龙活动,成立主题宣讲团在校内院系和校外单位开展"四史"教育宣讲,承办党史为主的"四史"教育展览……将学生的思政理论素养与文化理解、审美感知、艺术表现、创意实践等核心素养的培育有机融合,提升学生的审美素养、陶冶情操、温润心灵、激发创新创造活力。

资料来源:中国高职高专教育网。

(二)"正禾"工程育人模式

案例二:杨凌职业技术学院

杨凌职业技术学院紧扣立德树人根本任务,聚焦思政课程三教改革、思政工作机制创新、耕读教育课程思政建设和品牌特色教育活动,创新实施"正禾"育人工程,为处于"拔节孕穗期"的青年大学生科学滋养、打底塑形,促进其全面发展、成长成才。

1.聚焦三教改革,搭建工程架构,让思政教育"活"起来

学校立足推进思政课程三教改革,加强顶层设计,强化高位推动,启动实施"正禾"育人工程,搭建了"目标化引领、项目化管理、活动化支撑"的工程架构,使思政教育接地气、入人心。一是梳理教学要点,确定培养目标。立足思政课程的价值观塑造功能,从大学生必修的两门思政课程中,系统地梳理出25

个教学要点,根据教学要点梳理出思政点、放大育人点,将新时代大学生培养目标确定为理想信念、爱国情怀、品德修养、知识见识、奋斗精神、行为习惯、人文素养、劳动意识、感恩之心、职业能力等10个方面。二是结合培养目标,设置育人项目。根据提出的培养目标,结合学校实际,有针对性地设置了"灯塔引航""爱国力行""德种心田""新知视野""昂扬奋进""行为养成""人文浸润""耕读修身""饮水思源""精技强能"10个项目,通过项目推动工程落地落实。三是推动入脑入心,设计支撑活动。结合25个教学要点和10个育人项目,在原有特色活动的基础上,精心设计多项主题鲜明、操作性强的活动,形成了60项支撑活动,打通"第一课堂"和"第二课堂"壁垒。其中必选活动14项,由学校各部门牵头组织进行;认领活动46项,由各二级学院党总支结合专业特色主动认领开展。在每年开展各项活动的基础上,各部门、二级学院党总支对活动内容和形式不断创新,建立"正禾"育人动态管理库,推出一批有影响的品牌活动。

2. 聚焦机制创新,推进多元参与,让正禾工程"转"起来

学校积极构建联动工作机制,努力构建"党政协同育人、党员干部带头育人、思政教师专业育人、专任教师多元育人、广大学生接力育人"的育人格局。一是赋予"正禾积分"。为每项活动合理赋予"正禾积分",学生参加各项活动获得的积分计入个人《"正禾"育人工程成绩单》,最终根据德育学分评分标准转化成学分,纳入学生德育得分和学业得分。同时,开发"正禾"育人工程积分系统,实现学生手机填报、辅导员审核、积分转化学分、计德育得分的"互联网+德育"模式。二是实施结对制度。实施思政课程教师与二级学院结对制度,从思政课程总课时中拿出部分课时,配套一定课时,由思政课程教师联合各二级学院党组织、带领师生党员共同策划各项必选和认领活动,促进思政课程教师将自身扎实的理论功底转化为高水平的活动指导,真正实现活动要素与教学要点、专业特色的深度融合。带动专任教师深挖专业课程中的"思政元素",并将其有机地融入课堂教学,推进"课程思政"建设工作。三是完善运行机制。成立了由党委书记和校长任双组长的"正禾"育人工程实施领导小组,形成"书记校长共抓、党委宣传部牵头、部门协同配合、二级学院组织实施"的工作机制。四是建立考评体系。学校党委与各部门、二级学院党总支签

订了"正禾"育人工程目标责任书,每年对工程实施情况进行考核评价,并将考核评价结果作为各单位年度目标责任考核的重要内容。

3.聚焦涉农特色,加强耕读教育,使正禾工程"实"起来

结合学校"经国本解民生尚科学"的办学理念,将弘扬"后稷文化"与推进思政教育有机融合,并渗透到"正禾"育人工程相关活动开展中,构建全方位、深层次的耕读教育体系,引导学生厚植"学农爱农、强农兴农"的家国情怀。一是挖掘"后稷文化"丰富内涵。深入分析后稷教民稼穑的过程、研究后稷对中华农耕文明的贡献,凝练出"胸怀天下、扎根大地、力耕勤读、矢志兴农、立己达人"的文化内涵,着力培养师生胸怀天下的责任担当、扎根大地的种子精神、力耕勤读的优良品质、矢志兴农的坚定理想、立己达人的价值追求,使广大师生自觉担负起新时代赋予的历史使命。二是深化学习"赵瑜精神"活动。大力宣传全国小麦育种专家、学校研究员赵瑜六十年如一日扎根麦田、育成9个小麦品种的事迹,开展全校师生向赵瑜同志学习的活动,对"赵瑜精神"进行深入研究和挖掘,先后归纳出"赵瑜精神"的10种内涵,并把挖掘、学习和实践"赵瑜精神"不断引向深入,成为学校的特色所在、文化所在和价值观所在。三是构建耕读教育课程体系。将耕读教育融入专业教学,通过了解中华农耕文化、学习后稷教稼事迹、弘扬践行劳动精神等,形成了"通识教育课(后稷文化传承课)+专业教育课(在专业教学中融入耕读教育元素)+第二课堂实践课(以劳动课、社会实践、创新创业、志愿服务为主)"的课程体系。四是拓展多渠道育人平台。通过成立"后稷书院"、课程思政研究中心,建设耕读文化馆、学生劳动教育实践基地,探索书院制通识教育实验班,构建全面覆盖、类型丰富、层次递进、相互支撑的课程思政体系,打造全省大中小学师生耕读研学基地,推进学生劳动精神教育,持续激发育人活力。学生劳动教育实践基地入选"陕西省大中小学劳动教育实践基地"。

4.聚焦见行见效,打造品牌活动,使正禾工程"亮"起来

通过"正禾"育人工程的实施,推出了话剧《共产党宣言》排演、"传承赵瑜精神 甘做奉献杨职人"活动、"中华经典晨读"教育、"二十四节气暨农耕文化"教育、"百名教授进百村"乡村振兴大调研活动、"151"关爱老教师志愿服务等23项特色鲜明、影响力大、带动性强的活动,促进了其他各项活动全面铺

开、有序推进。一是强化了党建文化育人。"党建+X"工作理念的贯穿,使基层党组织的战斗堡垒作用和党员先锋模范作用得到了充分发挥,形成了党委、党总支、党支部、党员"四级联动"育人。二是凝练了学校文化气质。"后稷文化"与人才培养的紧密结合、有效贯通,加深了师生对"后稷文化"的认同,促进了"后稷文化"的传承与创新,"后稷文化"内涵已成为全体师生的价值引领与成才目标。三是推动了"一院一品"建设。必选活动、认领活动和创新活动的设计,使得每名学生参加活动至少在10项,实现了10个育人项目全覆盖,推动了各二级学院结合专业实际开展特色育人活动,形成了"一院一品"或"一院多品"的育人局面。

资料来源:中国高职高专教育网。

(三)"三维度耦合联动,五融合立体交互"思政育人新模式

案例三:黄河水利职业技术学院

黄河水利职业技术学院构建"三维度耦合联动,五融合立体交互"思政育人新模式,实施"建设10个以上课程思政示范专业、建设100门课程思政示范课、培养1 000名课程思政教师、受惠20 000名学生"的"十百千万工程",全方位推动课程思政改革,努力实现"课程门门有思政,教师人人讲育人"。

1.构建"365""三维度耦合联动育人格局"

把"扬黄河文化、铸水利精神、精治水匠艺"融入人才培养全过程,打通第一、第二和第三课堂(网络空间)育人空间,从"课程思政、思政课程、实践育人"3个维度,构建"思想领航、价值培育、行为养成"3个体系,实施"工匠磨炼、阳光心理、榜样引领、温暖传递、素质提升、良师益友"6大工程,铸就"博大爱心、强壮体魄、吃苦精神、精湛技艺、创新意识"5种品质的"365""三维度耦合联动育人格局"。

2.实施"十百千万"课程思政工程

建设12个校级课程思政示范中心、100门课程思政示范课、培养1 000名课程思政教师,思想政治教育与专业建设、学生工作、社会实践、科学研究、网络教育相结合的"五融合立体交互"育人组织,构建思政育人新模式,打造思政教育"育人共同体"。

通过全面推动课程思政建设工作,促进了学校教育教学水平的整体提升。学校获批1个国家级课程思政教学研究示范中心和2门国家级课程思政示范课,其中《GNSS定位测量》课程作为职业教育国家课程思政示范项目代表,在教育部组织召开的课程思政建设推进会上做专题发言,分享课程思政建设情况。学校课程思政教学研究中心主任和示范课程负责人也多次受邀在教育部课程思政建设推进会和"智慧职教"网、新华网"新华思政"平台以及到省内外高校介绍学校课程思政建设经验。学校获批1个省级课程思政教学研究示范中心和5门省级课程思政示范课。学校立项建设10个校级课程思政教学研究中心和50门课程思政示范课,全面推进课程思政高质量建设,切实打通专业教育与思政教育紧密融合"最后一公里",构建各门课程与思想政治理论课同向同行、协同育人的大思政格局,持续提高人才培养质量。

资料来源:黄河水利职业技术学院"双高计划"中期自评报告。

(四)以政治建设为统领,落实立德树人根本任务

案例四:河北工业职业技术学院

1.坚持党建铸基

修订完善院系党组织会议、党政联席会议议事规则,强化党组织对专业课程开发、实训基地建设、校企深度合作等事项的政治把关。出台党建工作优质标准、建立党建思政工作月报告制度、专项调研制度和工作检查制度等近80项制度,确保党建工作科学规范。大力推进"双带头人"教师党支部书记培育,每年配套科研经费的1/4用于"双带头人"能力提升,在全省所有高校中率先实现"双带头人"全覆盖。自主开发的智慧党建平台已在省内多所院校推广使用。

2.坚持思政铸魂

形成"一主、多辅、强保障、优评价"的思政教育模式:铸牢"思政理论课+课程思政"育人主渠道;针对不同学段学生开展科研创育、实践培育、文化涵育、网络导育、心理滋育、组织共育,打造全方位育人辅渠道;健全队伍、基地、资源协同的育人保障机制,学校、学生、家长、企业等主体,借助信息化平台开展"入校培养—毕业—职业发展"不断线评价。将钢铁文化、钢铁精神全方位

融入育人过程,大力推进党建和思政工作融入学生社区建设,创新"一站式"学生社区综合管理模式。

2019—2021年度,学校建设思政理论课程群5门;建成思政理论在线课程2门,1门获河北省教育厅立项。有专职思政课程教师53人,兼职思政课程教师2人,师生比为1∶347,符合国家1∶350的标准;思政课程教师团队入选河北省职业教育思政课程教师教学创新团队,获教师教学能力比赛国赛二等奖1项。建有独立设置的马克思主义学院,统筹安排思政课程教学工作。课程思政覆盖所有课程,建成国家级课程思政示范课程3门。

资料来源:河北工业职业技术学院"双高计划"中期绩效自评报告。

(五)"五化"范式,图谱实施,创新课程思政育人

案例五:湖北职业技术学院

1. 构建课程思政育人新格局

加强组织保障。成立课程思政教育教学改革领导小组和课程思政教学研究中心,形成党委统一领导、党政齐抓共管、教务处牵头抓总、各部门紧密配合的课程思政工作格局。加强课程思政"主力军"建设,定期进行课程思政集体教研,开展课程思政专题培训,举行教师说课程思政比赛。强化引导和激励,形成"课课有思政、人人重育人"的良好局面。

2. 探索课程思政育人新范式

探索课程思政"五化"范式。一是设计标准化,将课程思政目标及要求按专业→课程→单元,逐级分解,采用表格式融入人才培养方案和课程标准。二是实施图谱化,围绕课程思政目标,完善人才培养方案、课程标准、单元教案,从思政时点、思政内容、思政方式、思政素材4个维度精心设计,绘成课程思政实施图谱,保障课程思政落地落实。三是主体多元化,组建含专业教师、思政教师、辅导员等的混编课程团队,凝聚思政合力。四是方式隐性化,做到渗透,润物无声。五是考核制度化,从课程思政设计、思政元素挖掘、教学实施、资源建设、案例凝练、教学效果等多维度,对课程思政进行制度化考核创新思政图谱工作方法。根据《高等学校课程思政建设指导纲要》和国家专业教学标准,从宏观到微观,再从微观到宏观完善培养方案、课程标准、单元教案,植入思政

元素,绘制课程思政实施图谱,形成闭环设计。

3. 形成课程思政育人新成效

涌现出"中国青年五四奖章"获得者刘钺、"全国向上向善好青年"李燕等一大批优秀学生,形成了"群星效应"。《中国教育报》等媒体对育人成效进行了多次报道。"一堂众志成城的抗疫网络思政课",观摩人数达3万多人,"'疫'不容辞担使命,'云'上育人守初心"课程思政微党课在全国高校思想政治工作网展播,观摩人数逾万人,入选《2021中国职业教育质量年度报告》"学生发展篇"优秀案例。学校课程思政教学研究中心获评省级课程思政教学研究示范中心。

资料来源:湖北职业技术学院"双高计划"中期绩效自评报告。

三、职业教育助力文化建设

习近平总书记在庆祝中国共产党成立95周年大会上的讲话中指出:文化自信,是更基础、更广泛、更深厚的自信。习近平新时代中国特色职业教育必须把积极传承、大力弘扬中华优秀传统文化作为新使命。职业教育在助力文化建设过程中也做出了积极探索,形成了可借鉴和推广的新模式。

(一)弘扬中华优秀传统文化模式

案例一:青岛职业技术学院

近年来,青岛职业技术学院将"以文化人、以文育人"作为文明校园建设"施策点",通过不断探索与实践,以"三融入"的方式传承、弘扬、创新中华优秀传统文化,将中华优秀传统文化融入高职院校立德树人实践,取得了良好的效果。

1. 中华优秀传统文化融入"青职"特色"环境+育人"模式

青岛职业技术学院党委书记王金生在谈到建设文明校园时说,多年来,青岛职业技术学院以中华优秀传统文化教育月为载体,一以贯之地加强文明校园建设,实施"大学生文明修身工程",持续推动中华优秀传统文化创造性转化、创新性发展,为学校高质量发展保驾护航,为学生成长、成才、成功筑路引路,取得了亮眼的成绩。

营建"校园环境+隐性育人"模式。青岛职业技术学院选取古圣先贤为代表,建成孔子文化广场、老子文化广场、墨子文化广场,并定期更新广场的石刻、名言标语等,同圣人交流、与先贤为伴,让师生在潜移默化中传承和弘扬中华优秀传统文化;创建"高校图书馆+尼山书院"育人模式。按"六个一"标准(一个统一标牌、一张圣贤画像、一个国学讲堂、一个道德展室或展区、一个国学经典阅览室或阅览区、一个文化体验室或活动区)建成尼山书院,借此开展经典诵读、国学普及、礼乐教化、道德实践、情趣培养"五个板块"的中华优秀传统文化活动;构建"书院制+优秀传统文化"育人模式。学校依托7个二级学院共建成7个书院,开展优秀传统文化系列活动,例如,侃如书院在书院课程体系中通过基础模块讲授优秀传统文化知识;知行书院坚持在清明、端午、中秋等传统节日举办系列庆祝和宣传活动,利用微信公众号发布宣传文章等深入挖掘传统节日文化内涵;瀚海书院华韵汉服协会以汉服为主要依托,通过汉服展示、古代礼仪展示、传统节日主题活动等,向全校师生以及社会群众弘扬、推广中华优秀传统文化。

2. 中华优秀传统文化融入"青职"特色教育教学体系

"春风和煦,化雨滋润,足以长育万物。""期待青岛职业技术学院学子传承中华优秀传统文化,在中华传统文化的沃土中,深耕厚植、成风化人,让传统文化涌起时代浪花、汇聚青春之力。"在青岛职业技术学院从教33年的"齐鲁最美教师"张薇说。

"筑牢"中华优秀文化课堂教学主渠道支撑"点"。青岛职业技术学院强化名师团队建设,组建以"齐鲁最美教师"张薇为带头人的张薇教育团队,发挥课堂教学主渠道作用,将中华优秀传统文化教育融入专业教育、通识教育和网络课程,开设名著鉴赏、中国传统文化与社会主义核心价值观等30余门系列选修课程。每学年组建"国学班",多师同课,采取经典诵读、原著研读、故事解读、问题研讨等方法按模块授课。加强兼职教师队伍建设,聘任国内传统文化名师为学校客座教授,专兼结合,立体化构建传统文化育人体系,真正让中华优秀传统文化进校园、进课堂、进教材、进学生头脑。

"连起"中华优秀传统文化实践育人联动"线"。青岛职业技术学院突出实践育人特色,将中华优秀传统文化融入服务地方、社会实践、志愿服务行动,在临沂市沂南县成立"筑梦沂蒙红色文化产业研究院",为校地双方搭建教学实训、产业研发、产品孵化的新平台。成立学生团队组织学生开展志愿服务行动,7个二级学院分赴各自与西海岸新区共建的社区学院中的社区、中小学等进行才艺展演、文化支教、乡村旅游项目开发和专业实践等活动;与蒙阴、沂南等地文化机构建立长期志愿服务项目,让青年学生在志愿服务中感受优秀传统文化的魅力。

"铺开"中华优秀传统文化课程体系建设覆盖"面"。青岛职业技术学院依托成立的中华优秀传统文化研究中心,积极开展中华优秀传统文化课程体系建设。学校构建了由诠释经典型课程、职业人文课程、人文研学型课程、隐性实践课程4部分组成的中华优秀传统文化课程体系。其中,诠释经典型课程,以国学讲堂为主,形成课程总体规划,以老子、孔子、墨子为主线,辅以孟子、庄子等诸子百家,突出和传承匠心精神;职业人文课程,围绕旅游专业群的职业发展需求,阐释、普及中华优秀传统文化,面向校园与职场生活,解读人际交往与管理之道,培养学生的公民意识与职业精神;人文研学型课程,强调在日常生活中体验中华优秀传统文化,突出山东特色,探求具体之物(景)背后的人文内涵;隐性实践课程,组建珠山书院、淑女学苑等文化社团,由学生社团负责系列讲座的组织工作,开展读书会、观影会、诗词大会等分享活动。

3. 中华优秀传统文化融入"青职"特色文化品牌建设

"中华优秀传统文化博大精深,在对大学生进行思想道德教育的过程中担负着重要的角色,我们要将传统文化结合时代精神,融入学生的学习、生活中,坚定文化自信,增强文化认同,讲好文化故事,这是时代赋予我们的重要责任。"青岛职业技术学院党委宣传部部长、"中华优秀传统文化教育月"校园文化品牌负责人田秀丽在谈及如何在学生中开展中华优秀传统文化教育时说。

青岛职业技术学院以"中华优秀传统文化教育月"主题教育品牌活动为辐射点,连续7年开展一系列高端讲座及学术沙龙,举办诗词大会、国学知识竞赛、演讲比赛、经典诵读活动等主题教育;举办家谱展、茶艺展、民间技术展等展览展示;进行传统文化项目体验、展示、实践等实践体悟等活动。主题教育月活动每年覆盖了学校所有大一、大二在校生8 000余人。

青岛职业技术学院以"青职大讲堂"中华传统文化教育公共平台为引擎点,先后邀请百家讲坛名师鲍鹏山、当代雷锋郭明义、儒学泰山学者马士远等

30 余名国内外知名专家和先锋人物来校作报告,并开辟"文化大课堂"道德讲堂等 10 余个分品牌讲堂,每年开展不少于 100 场讲座,覆盖师生达 6 000 余人。

青岛职业技术学院以拉动文化传承平台为着力点,携手青岛市慈善总会爱基金和青岛职业技术学院校友共同设立首个中华优秀传统文化传承奖励基金——"爱基金青职明德奖",每年在中华优秀传统文化教育月期间表彰、奖励在中华优秀传统文化传承发展工作中做出突出贡献的学校学生、教师及优秀团队(项目)。

青岛职业技术学院以推动传统文化创新发展转化为落脚点,启动"青职"文创市集,开展陶艺、剪纸、皮影、面塑、扎染、篆刻等文化创意体验活动,邀请非物质文化遗产传承人现场讲解相关技术,演示传统技艺,集合师生力量,在扎染、编织、版画、陶艺、首饰等门类中,制作出一批彰显我国传统文化底蕴的创意文创作品,定期在校内举办成果展,实现了专业教学拓展、传统文化创新传承、双创教育工作等方面的新突破。

青岛职业技术学院将立足高职院校学校发展特色及需求,继续从传承和创新中华优秀传统文化的价值及方式着手,积极倡导将中华优秀传统文化与高职院校学生思想政治教育有效融合,坚持中华优秀传统文化教育创造性转化、创新性发展,全面落实立德树人根本任务,努力营造独具特色、认同感强的校园文化教育氛围,切实增强学生传统文化素养,努力培养更多高素质技术技能人才。

资料来源:中国高职高专教育网。

(二)挖掘与传承地域特色文化模式

案例二:滨州职业学院

多年来,滨州职业学院以践行立德树人为根本遵循,以培育社会主义核心价值观为使命引领,以"文化兴校"为任务目标,立足办学定位、生源特征、专业特色和社会需求"四个现实",着眼红色文化、优秀传统文化、专业文化"三个维度",撷取深耕老渤海精神、校训"责任"精神、工匠精神"三种特色文化",强化文化育人功能,厚植文化校园内涵,打造了与职教类型相适应、与"双高"院校相匹配、与思政育人相契合的"文化滨职"新形象。

1. 文·城相融:传承老渤海精神,用红色文化铸就家国情怀

一是建设红色基地。与滨州市政协在校内共建全省第一家地市级政协文史馆,作为师生开展党史学习教育、思想政治教育的重要基地,累计开展党团教育、入职入学教育等专题活动60余场,思政课实践教学1 000余节,2万余名新生开展"开学第一课",被授予"滨州市爱国主义教育基地"。

二是打造红色课堂。创办形势与政策"百场讲堂",设专题向学生讲述渤海革命老区的历史与现状、老渤海革命精神的历史形成和时代价值,激励师生当好红色精神的传颂人、鼓号手。截至目前,已讲授400余场,其中,红色教育专题报告近百场。

三是强化红色体悟。依托老渤海革命纪念馆、滨城区杨柳雪镇怀周祠等红色教育基地,开辟10余个爱国主义教育基地和思政课教学基地,组织师生实地感受红色文化,感悟革命情怀。"不忘初心 礼敬国旗"主题教育等活动微视频多次登录"学习强国",1人入选山东高校大学生党史学习教育巡回报告团。

2. 文·道相合:弘扬校训"责任"精神,用优秀传统文化磨砺担当品格

一是凝练责任文化。系统回顾、总结、归纳建校以来学院历史传统、发展历程、办学特色,深入挖掘历代滨职人在开拓各项事业过程中形成的独特精神品质和文化内涵,凝练出"责任"校训、"崇德尚能"的校风、"博知敏行"的学风、"知行垂范"的教风,以此濡染师生。

二是实施普及教育。创新开办"鲁彬之"文化讲堂和学术沙龙,复旦大学资深教授葛剑雄、《孙子兵法》与中国古典兵学研究代表学者黄朴民等多名专家学者、文化名人传道授业,激发师生文化自觉的深沉力量,学术讲堂上升为滨州文化大讲堂,讲座成果《文化二十讲》结集出版。牵头主编并率先开设全省高职院校首门传统文化课《齐鲁传统文化》,开发《滨州民俗文化》等校本课程,定期举办"琴湖讲坛"青年学子讲座。

三是营造沉浸场景。孔子诞生于山东,"兵圣"孙武出生于滨州,范仲淹曾在滨州学习成长,陶行知对中国职业教育具有开拓之功,在他们身上集中体现了以天下为己任的责任担当情怀。在校园内设立孔子、孙子、范仲淹、陶行知塑像,建设孙武文化园、范公文化园、行知广场等文化园,持续唤起民族精神的共同记忆。

四是践行校训精神。大学精神,重在践行。举办纪念孔子诞辰、中华诵·经典诵读、大学生文化艺术节等活动,坚定文化自信,强化文化认同;组织学生参观市博物馆、档案馆、院校史馆,领悟大学精神,强化责任担当。涌现出服务西部计划学生志愿者、省抗击疫情优秀志愿服务组织等一批先进集体和个人。

3. 文·技相促:厚植工匠精神,用专业文化涵育卓越匠心

一是建设校内企业文化基地。校企共建黄河三角洲高技能人才实训广场和第二实训基地,引入职场规范标准,营造真实职业情境,感知职业文化、感受行业要求,获批为山东省首家职业教育公共实训基地。与魏桥纺织、瑞鑫地毯、海瓷集团等知名企业共建服装企业文化育人场馆,激励学生敬畏职业、执着专业。

二是搭建专业文化培育平台。积极打造具有丰富"专业味道"的文化品牌,士官学院以军事素养过硬为目标,组织开展"走进蓝色军营""军风军纪大比武""野外军事拉练"等系列活动,传承"正风塑形、专技比武"的兵学文化品牌;教育学院突出"爱的教育"特色,开办"鹤琴大讲堂",创作抗疫原创歌曲,传承"尊师重教、传道正德"的幼师文化;健康学院以争做"最美白衣天使"为主题,开展"护士节"授帽等活动,打造南丁格尔志愿服务品牌,传承"呵护生命、保卫健康"的南丁格尔精神。

三是培育弘扬卓越匠心文化。举办全国道德模范故事汇基层巡演进校园活动,邀请全国劳动模范、"五一劳动奖章"获得者分享坚守匠心、职业报国的事迹。邀请杰出校友讲述励志奋斗、拼搏进取的故事。常态化组织开展国家级、省级、市级、院级"四级"技能大赛,吸纳优秀学生加入技能大师工作团队学习锻炼,组织学生到现代化企业生产场景参观见习,激励学生弘扬劳模精神、劳动精神、工匠精神、担当精神。依托专业社团开展技能比拼、科技创新,组织优秀学生和作品参加全国职业教育活动周、职业教育改革创新成就展,切身感受工匠精神"硬"实力。

资料来源:中国高职高专网。

案例三:淄博职业学院

开展《稷下论丛》《稷下茶座》、稷下论坛、稷下学术沙龙、稷下故事汇、稷下课堂、稷下学社等7个以"稷"字开头的文化项目,建设一座齐文化体验馆,实施"七稷一馆"文化育人工程。

构建齐文化"1+N"课程体系,打造优秀传统文化教育师资库和教学资源库,搭建齐文化"文化育人""科学研究"实践活动平台,创设齐文化"一课两库三平台"的育人模式。

近年来,淄博职业学院着力推进中华优秀传统文化的创造性转化和创新性发展,从"匠"字发力,在"心"上用功,逐渐走出了一条以齐文化精髓打造"齐地匠心"特色校园文化品牌的实践创新之路。

1.传承发展,凝练齐地匠心文化本质

"习近平总书记关于宣传中国特色的四个'讲清楚'和建设社会主义文化强国的'两创'方针,犹如一盏明灯,又好似指南针,为我们指明了结合地域优势和文化传统打造'齐地匠心'特色校园文化品牌的实践方向。"淄博职业学院党委书记张爱民在接受淄博日报记者采访时说。

近年来,淄博职业学院一直将齐文化进校园、进课堂作为传承弘扬中华优秀传统文化的重要手段,深入挖掘齐文化中厚蕴的国工、巧工人文思想,耦合融通全面建设社会主义现代化国家新征程中涌现出的劳模精神、劳动精神和工匠精神,构建"知行合一、能力为本"的人才培养模式,打造深具"优秀匠德、优润匠治、优质匠境、优远匠行"意蕴的校园文化核心理念。

为凝聚"双高"建设共识,推动学校事业高质量发展,淄博职业学院将"齐地匠心"因子融入"崇尚实践精神,铸就技术品质;立足区域经济,培养职业人才;面向世界办学,打造教育品牌"的办学理念,在"融入区域经济发展,瞄准人才需求市场;专业锁定市场走势,培养跟踪就业岗位;把握高职发展前沿,树立质量立校观念"的办学指导思想中汇入"齐地匠心"元素,将"求真务实,拼搏创新,团队合作,争创一流"的学院精神磨砺出"齐地匠心"色彩,全方位升级包括校训、"三风"、质量方针、质量目标等在内的"齐地匠心"文化体系,打造"齐地匠心"特色校园文化品牌,并与地域文化资源形成良性互动,春风化雨、泽润校园、引领风尚。

"院长教学质量奖"获得者、化学工程系教师张含平对记者说:"在讲课过程中,我注意把'绿色化工''清洁生产''安全环保'等专业知识与'科学精神''家国情怀''社会责任''价值取向''职业素养'等文化内涵结合起来,不仅让原本枯燥单调的专业教学变得鲜活、立体了,学生的学习兴趣也被充分调动起来了。"

国家级教学名师、国务院政府特殊津贴专家、二级教授曾照香接受记者采访时,自豪地说:"淄博市文化赋能行动到处可见淄职人的身影,全市经济社会发展重大问题研究也少不了淄职人的参与,我们正蓄力为文化强省、文化强市建设贡献淄职力量。"

2. 革故鼎新,诠释优秀匠德核心内涵

改革时代孕育创新精神。在构建以优秀传统文化为根基、以社会主义先进文化为引领、以现代企业文化为标识的传承创新体系过程中,淄博职业学院坚持用新理念、新思想、新战略指导新实践,不断从"齐国故都""当代国窑"的深厚文化底蕴中汲取精神营养,诠释具有鲜明时代特征和本校特色的"优秀匠德"核心内涵,使之成为全校师生员工言行举止的基本准绳和拼搏奋斗的精神支柱。

引导学生追求精思善为、精工细作,以德为本、德技并修;激励教师崇尚精心施教、精致育人,以德立教、德技双馨;倡导行政教辅人员注重精细管理、精诚服务,敬业为旨、专注为要。对应工、商、医三个专业类别,分别树立了"工者崇精""商者重信""医者仁心"的育人理念与价值追求。工科专业推崇"精益求精、专注创新"的工匠精神,商科专业践行"诚信为本、以法为基"的经营品质,医护专业传承"悬壶济世、大医精诚"的高尚操守。

动漫艺术系学生姜雨涛说:"我入学时,上的第一课就是齐文化'礼义廉耻'四维教育,所以印象非常深刻。后来,耳濡目染、身体力行,'优秀匠德'已经成为老师和同学们共同的价值自觉与价值追求了。"

深耕内涵发展,蓄力特色品牌。淄博职业学院寓"优秀匠德"于"润物无声"中,促进师生教学相长、实现校园和谐幸福,正锻造出越来越多拥有专注敬业、严谨坚持、敬畏岗位、创新创造等职业气质的"淄职人"。

3. 精益求精,打造"优润匠治"规范体系

质量是学校发展的生命线。淄博职业学院始终秉持质量强校理念,通过实施精细化管理行动计划,多措并举,提质增效,形成了较为深厚的质量文化底蕴,持续行走在职业教育提质培优、增值赋能的第一方阵。

质量图强需要制度支撑。学校确立了"内涵发展 工匠精神 持续提升 争创一流"的质量方针以及"培养学生的就业竞争力和发展潜力"的质量目标,并形成了"质量第一,从我做起"等系列质量口号,将内涵、特色、高质量内化

为全体师生的群体意识,外化为全体师生的自觉行动。

优化流程必先规范体系。学校坚持和完善党委领导下的校长负责制,建立健全由专家指导委员会、理事会、学术委员会、教职工代表大会、学生代表大会共同构成的"1+5"治理体系,推进科学治理、民主治理、依法治理。突出抓好以学校章程为根基的制度体系建设,出台重要制度257项,建立了学院、部门、科室、岗位4级主体责任体系,明确了岗位职责、工作规范、工作流程和质量标准。创新实施学生管理"全时段覆盖工作法",做到24小时"无缝隙"覆盖管理,确保事事有人管、时时有人管,寓管理于服务中,受到学生、家长和社会的广泛好评。构建起包括部门绩效考核、教育教学部绩效考核、岗位绩效考核、高层次人才绩效考核在内的绩效管理体系,引进目标管理(MOB)、360度、平衡记分卡(BSC)、Smart原则、KPI原则等国际先进绩效理念,科学组织考核并实施奖惩,形成了良好的竞争氛围和高效的运行机制。

创新机制促进循环提升。学校以入选全国诊改试点校并通过复核为契机,不断修订、完善内部质量保证制度体系和运行机制,实现了事前目标标准明确、事中监测预警及时、事后诊断改进有效,有力地促进了各项工作质量循环提升,并以"优润匠治"规范体系的高质量创新,全力推进学校事业的高质量发展。

4. 追求卓越,营造"优质匠境"育人氛围

"蓬生麻中,不扶而直。"淄博职业学院坚持营造健康向上的人文环境,积极引导青年学生树立和践行社会主义核心价值观。校园布局规划采用组团式、森林式、数字化理念,建筑群设计彰显专业定位,突出齐文化、职业化、国际化特色。选取蕴含了德技并修、德技双馨职教理念的大型雕塑、高端原创艺术品、社会主义核心价值观和中国梦宣传教育阵地、齐文化特色校园导视系统等作为校园标识,并以"德""匠"为主题进行命名,孕育特色校园文化,展现学校独特魅力。

学校不仅将齐文化的创造精神融入专业文化建设中,注重营造工科学生求"精"、商科学生守"信"、医科学生讲"仁"、全院学生明"礼"的文化氛围,以齐文化的精髓要义打造"匠心淄职"。还将行业企业文化融入专业和专业群建设中,不仅有力助推了专业群的文化建设,也让职业精神通过职业素养教育很好地融入校园文明,提升了学生对学校、专业、职业、企业的认同感。

在听完"《考工记》与汽车文化"专题报告后,汽车工程系新能源汽车技术专业学生任衍利兴奋地说:"原来车文化最早可以追溯到春秋战国时期,古人的制车技术那时候就能做到那么精妙。中华传统文化真是太博大精深了!"

正是在与专业文化深度结合的情境下,淄博职业学院齐文化育人工作才开展得足够扎实、深入。此外,学校还通过实施全媒体传播行动计划,做强新型校园主流媒体,做优"两微一端一抖",大力推进网络思政教育。

"优质匠境"的育人氛围,让校园到处弥漫着传统文化的芬芳,让课堂始终充满着地域文化的魅力,不仅滋养了师生心灵,也提升了师生的人文素养,为扎根齐鲁大地集聚起强大向心力和凝聚力,贡献出更多智慧和力量。

5. 拼搏奉献,探索"优远匠行"培养路径

"务本、求真、致远"的校风,"修身、知新、敬业"的教风,"善思、精技、铭志"的学风,既是淄博职业学院对自身发展和师生成长的美好期许,也是淄博职业学院对师生德行修养的高度概括,更凸显了淄博职业学院要把"以文化人、培根铸魂"的精神事业做得更扎实的决心。

学校充分发挥党的好干部焦裕禄、抗日英雄马耀南故乡驻地的红色文化资源优势,在开展"四史"教育的同时,大力强化革命奉献精神培育。学校设立了"善行义举"四德榜,评选"身边好人",定期举办道德讲堂;建设了50余个实践育人基地,组建了83支志愿服务队和260支实践团队,狠抓师德师风、理想信念、廉洁自律等各类教育,积极践行社会主义核心价值观。全力服务校城融合发展,聚力新旧动能转换和产业升级,当好地方企业"人才蓄水池",为行业发展储备力量。教师积极承担行业企业委托技术开发等各类横向项目,服务驻地及周边地区百余家企事业单位。大学生以"三下乡"社会实践、学雷锋志愿服务等活动为载体,紧密结合所学专业,投身乡村建设行动,助力乡村振兴。师生全面参与驻地全国文明城市创建,积极参加无偿献血、捐款等社会公益活动。一系列举措不仅使"优远匠行"的核心文化理念内化于心、外化于行,也使"只有拼搏,才是人生价值的最好体验"这条最"鸡血"的校训得以充分彰显。

淄博职业学院以齐文化精髓打造特色校园文化品牌,为学校发展提供了强劲动力。在这样的精神指引下,学校一路拼搏创新,从由四所中专学校合并组建的地方高职学校,发展成为今天的国家示范校、国家优质校、中国特色高

水平高职学校。近年来,学校综合实力始终位居全国前列,入选国家"双高计划"建设单位,被评为国家示范校优秀建设单位、国家优质校、全国诊改试点校、教育部现代学徒制试点单位、全国职业院校数字校园建设实验校、全国职业教育先进单位、全国精神文明建设工作先进单位、全国工业文化研究中心成员单位,获得黄炎培职业教育奖,并入选全国高职院校教学资源、服务贡献、国际影响力"50强"。"齐地匠心"文化品牌也入选2020年全国职业院校中华传统美德品牌项目,先后被《中国青年报》、学习强国、中国高职高专教育网、中国教育网、齐鲁网等转载报道,并予以高度认可。

在优秀传统文化的涵育下,学校人才培养质量也得到了持续提升,不仅各届毕业生成为招聘单位争抢的对象,学校也以文化为契合点与合作企业实现了深度融合对接。学生国际大赛获奖3项,全国职业技能大赛获奖39项,省级大赛获奖600余项。毕业生总体就业率达97.82%,企业满意度达95%。正如鲁南制药集团副总经理李宝杰所言,淄博职业学院的校训与鲁南制药集团的企业精神如出一辙,学校培养出的学生也正是企业所需要的。

资料来源:中国高职高专网。

(三)挖掘和传承行业特色文化模式

案例四:湖南工艺美术职业学院

1.爱美融合,课课链接,创新育人体系

湖南工艺美术职业学院将课程育人作为培养能工巧匠、大国工匠的主战场,根据文化艺术类学校特点,提出爱美融合的育人理念,构建"一核一体两翼"的课程体系,实现课程链接;建设爱美互渗的项目包、资源库,实现课程内容链接;改革教学方式方法,实现课程教学链接;改革评价方式方法,实现课程评价链接。学校打造课课链接的课程链,创新全课程育人体系,学生思想政治、道德品质、工匠精神等核心素养长期高位保持,学校培养的人才已成为高职院校中叫得响的人才品牌。学校课程育人获湖南省职业教育教学成果一等奖。

2.师德首位,引培并举,锻造工匠之师

学校坚持师德首位,采取"强化思想教育、强化文化熏陶、强化典型示范、强化制度保障"四强化措施加强师德师风建设,确保形成良好的师德师风。坚持引培并举,采取重点引进、强化培训措施,优化教师队伍整体素质;通过开通绿色通道、建立人才特区、打造工作引擎、助圆职业梦想等措施,引进好、使用好高层次人才;通过跟着大师学、走进企业学、承担项目学、国际交流学等途径,培养培训工匠之师。近3年共引培二级教授、海外高端人才、工艺美术大师、产业导师等高层次领军人才45名。

3. 产教协同,群链融合,打响专业品牌

刺绣设计与工艺专业群坚持"融入产业、服务产业,走出一条群"链融合发展之路。一是群链融合"三聚焦"(聚焦重点产业、产业链高端人才培养、产业核心技艺),构建与地方特色产业深度对接的专业群;二是群链融合"三聚力"(聚力建设教学团队、教学资源、教学基地),建设与地方特色产业高度共享的优质资源;三是群链融合"三聚能"(聚能人才、技术、文化支撑),打造支撑地方特色产业创新发展的三大支点。学校刺绣设计与工艺专业群已打造成全省湘字号专业群标杆。

4. 聚焦非遗,对接乡村,塑造服务名片

刺绣设计与工艺专业群创新"人才培养、技艺传承、文化研究、创新研发、传播推广"五位一体的非遗保护传承模式,开创了非遗活态传承新途径,助推全省非遗保护传承开创新局面。与此同时,创新"非遗+扶贫"模式,通过开发非遗培训项目、创新设计非遗作品、为民族工艺品企业量身开发非遗产品和解决技术难题,有效助力脱贫攻坚和乡村振兴。刺绣设计与工艺专业群形成了鲜明的湖湘特色,已成为服务地方经济社会发展的亮丽名片,被省人民政府列为部省共建职教高地建设重点。

资料来源:湖南工艺美术职业学院官方网站。

四、职业教育助力社会建设

(一)实现更加充分更高质量就业

案例一:重庆工程职业技术学院

——定制化培养,多维度拓展,让学员练就职业发展真功夫

1. 案例背景

2021 年4月,习近平总书记在全国职业教育大会指出,要培养更多高素质

技术技能人才、能工巧匠、大国工匠。2020年，重庆工程职业技术学院开展"双高计划"以来，着力对职业教育改革发展进行探索，开展"一体五维三阶"职业教育人才培养工作实践，全面提升人才培养和社会服务质量，助推机电一体化"双高"专业群高质量发展，培养德智体美劳全面发展的社会主义事业合格建设者和可靠接班人。

针对行业企业人才需求多样化现状，作为"双高"建设学校，重庆工程职业技术学院主动承担责任大胆创新，机电一体化专业群与重庆潍柴公司展开深度合作，依托专业群高水平师资、先进的实训设施设备，理实一体的教学手段，采取送教上门、引企入校、学徒培养等方式，使员工在短时间内完成对岗位能力需求的训练，极大地解决了企业对人才的需求。

2. 主要举措

(1)站高立远把脉，构架系统管理体系。

学校对培训运行过程的各个环节进行监控和调节，在培训之前，遵循培训规律，遴选出教师深入企业一线，掌握企业生产组织的基本情况，参加培训员工的工作岗位、工作经历、知识能力结构等相关信息，并认真分析研究，最终制订符合企业特点与需求的培训计划，有效开展企业培训。

(2)找准培训切口，提供定制化课程。

学校精准制订培训计划，根据社会需求、学校的师资条件、实验室条件、课程种类等优势，确定培训项目、培训时间、培训场地设施等，给他们提供丰富的个性化课程大餐。

(3)丰富培养路径，让多样化需求得以满足。

①送教到企业心贴心。学校利用虚拟仿真、设备演示、实际生产等手段，采取集中讲解普适知识和问题，个性指导岗位和产品问题送教到企、送教到岗、送教到人。

②引企到校提技能。依托校企共建校内实训基地，企业员工进入学校实训场所，利用学校的ABB、库卡等工业机器人、工业4.0系统、自动产线等优质教学设施，进行系统化实践锻炼，不但可以学习相应的设备，还能更好地感受学习的氛围，提高员工的学习动力与技能。

③开辟五维成才通道。从学生入校开始，学校就立足学生的长远发展，帮

助学生认知和选择准备就业及创业、升学、参军、社会服务五维成长路径,指导帮助学生做好生涯发展规划。

④实行三阶育人不断线。对学生实施不断线的生涯规划服务,即在校期间、初入职场、职业发展3个阶段开展生涯规划教育、生涯规划抉择、生涯规划跟踪的三阶育人服务,学校开拓远程培训模式,依托本专业的精品课程、优质核心课程、网络课程等进行培训,实时跟踪学生发展、兼顾个性,并提供相应支持,成就学生多样化发展。

(4)严把培训质量,构建高效评估体系。

学校对培训实施全过程进行评估,包括授课满意度调查、员工平时表现、员工测评成绩等,同时对教师工作业绩、技能水平、培训综合能力、职业态度等方面进行评估,确保取得实效。

3.主要成效

(1)提能力:员工技能水平上台阶。

共有16人参加工业机器人系统操作员培训,按照企业的需求,其中8人参加职业技能等级考试,全部通过,其余8人与消防设施操作员一起参加考试。

(2)扩影响:学校培训效果口碑传。

在工业机器人系统操作员培训的基础上,依据企业的实际需求,校企双方继续深入培训并制订培训内容,学校对潍柴公司进行了先进控制技术应用高技能人才培训,培训效果得到好评,吸引其他单位主动前来合作。

(3)新路径:订单班走出新花样。

借助深度而友好的合作,双方又根据新型学徒制的培训方式和方法,成立了重潍工匠班。该班招生40人,采取做中教、做中学的教学模式,强化学生的岗位技能训练和职业素养培育,培养潍柴公司所需的高素质人才。

(4)新发展:学生发展涌动新活力。

学校在与企业培训合作中,无论是在师资建设、实训设备、实训环境上,还是与行业企业的合作上,都有了长足的发展,促进职业学校整体办学水平提升,为学校可持续发展注入新的活力。立一方沃土,育八方英才,学校创新实施"一体五维三阶"模式,为学生构建多元化的发展路径,让学生的人生更为精彩,涌现出了一大批生动案例。

资料来源:重庆工程职业技术学院"双高计划"中期绩效自评报告。

(二)服务区域社会发展

案例二：兰州石化职业技术学院

学校聚焦内涵建设,着力高质量发展,大力推进"双高"背景下校企深度融合的改革与实践。学校坚持以服务地方经济为重点,以服务行业发展为特色,围绕重点地区、重大工程、重大项目、重要领域,积极打造校、政、企合作共建平台,创新合作办学模式,提升社会服务能力。

1. 构建培训体系,提升服务能力

学校主动开发培训市场,积极与政府职能部门、企业、行业沟通对接,寻找社会服务的结合点,实现校企、校政、校校、校地互利共赢。采用多种培训形式,有集中面授、网上培训、线上和线下结合培训方式,拓宽了与中小企业合作的内涵,探索职业培训与地方经济发展有机结合的路径,增强了为地方经济社会发展的服务能力。学校企业员工专业技能竞赛集训模式得到了石化行业的广泛认可,树立了品牌,培训成效得到企业领导和培训学员的充分肯定,受到社会的高度评价。

2. 发挥综合优势,联合开展研发

充分发挥学校人才与专业综合性优势,围绕企业产业技术创新关键问题,联合开展技术攻关、产品研发、工艺改进等工作,提高企业生产效率。学校与宁东能源化工基地、连云港石化基地、宁波石化园区、浙江新风鸣、兰州汇丰石化等企业组建10余个校企协同技术创新平台,为产业发展、项目建设以及发展战略合作提供咨询及技术支持;2020亚洲教育论坛年会上,学校成功入选2020全国职业院校产教融合50强;在首届甘肃省黄炎培职业教育奖评选活动中,学校推选的两家企业[中核四〇四有限公司第四分公司、恒逸实业(文莱)有限公司]获得优秀校企合作企业奖。

3. 着力推进合作,拓展深度交流

(1)深化校企合作。学校高度重视校企合作办学,积极走访国家七大石化产业基地、宁夏宁东现代煤化工产业园、江浙两省精细化工和新材料园区,保持并不断深化校企合作深度和广度,以服务地方经济为重点,以服务行业发展为特色,切实推动毕业生更高质量和更充分就业。

(2)共建产业学院。学校积极围绕国家重点地区、重要领域发展战略,与重大工程、重大项目企业强强联手,签约共建产业学院。已与宁东能源化工基地、国家东中西区域合作示范区(连云港徐圩新区)、宁波市镇海区人力资源和社会保障局等地方政府部门签约共建产业学院;与万华化学、浙江石化、镇海炼化、连云港石化、盛虹石化、天水华天、浙江新凤鸣等行业重点企业或特色企业联合共建产业学院,实现专业、产业相互促进、共同发展。

(3)开创人才共育。学校依托重点产业及龙头企业,加快推进学校双师型教师队伍建设,推动企业技术人员、高技能人才和学校教师双向流动。已在万华化学、大连恒力、连云港石化、天水华天等多家企业建立兰州石化职业技术学院教师企业实践基地,为学生提供认识实习、生产性实训、顶岗实习服务,为学校教育教学改革、校企合作、工学结合搭建平台。学校已在万华化学、古雷石化、天水华天等多家企业建立校外实习实践基地。积极探索人才培养新模式,与重点企业合作开创人才共育新模式。与万华化学、浙江石化、大连恒力、恒逸(文莱)、天水华天等20余家企业开展现代学徒制人才联合培养项目,开展双元人才培养。与宁东能源化工基地、国家东中西区域合作示范区(连云港徐圩新区)、宁波市镇海区(宁波绿色石化基地产业园)等地政府探索开展"政校企1+1+1分段式"人才联合培养项目,更好地为国家重点化工园区石化产业发展提供更为坚实的人才支撑。

资料来源:兰州石化职业技术学院"双高计划"中期绩效自评报告。

(三)助力乡村振兴

案例三:重庆工程职业技术学院

——校地共建,凝心聚力促振兴

1. 案例背景

解决"三农"问题已从脱贫攻坚转向全面乡村振兴,从胜利走向新的胜利。为服务美丽中国建设,培养乡村振兴所需的技术技能人才,促进乡村融合发展,重庆工程职业技术学院与中华职教社共同组建了覆盖江津、服务渝西、辐射成渝地区双城经济圈的乡村振兴学院。

2. 主要措施

(1)多方共建新农学校,搭建服务乡村新平台。

依托乡村振兴学院整体规划布局,联合重庆市中华职教社与城口等11个区县政府及其职教中心共建新农学校,开展面向新农村、培育新农民、发展新农业、建设新农村的新型农村成人职业教育和继续教育,推进"十百千万服务"行动。聚四方合力,探索助力乡村振兴的行动路径、运行机制,全面推进职业教育服务乡村振兴。

(2)开展技能培训,助力乡村人才振兴。

实施智慧帮扶,开展村级集体经济经营管理人员培训示范班、农村致富带头人培训电商提升班等农村实用技能培训37期,服务2 030名乡村干部和农民工。

(3)开展服务活动,推动新农村建设。

①师生共绘乡村墙,美化环境展新颜。与江津区沙帽村、龙凤村等多地共同开展美丽乡村建设。累计绘制约1 000平方米,长度达200余米的彩绘壁画100余幅;制作簸箕艺术装饰300余个、艺术面具装置50余个;美化乡村道路6 000米。

②打造文化节,助力农产品热销。成功打造龙凤村小龙虾文化节和国金甜橙直播带货节,与电商企业共建农产品电商平台青果购,成立青果计划创业实训基地,助力当地果农搭建线上直通车,推动水果产销对接。

3.主要成效

(1)理论引领实践,提升服务质量。

积极开展乡村振兴理论研究,立项国家职业教育科研课题1项,省部级教育综合改革项目2项,省部级重点科研项目1项。依托青果计划创业实训基地,获得"互联网+"创新创业比赛重庆市金奖1项、银奖1项、铜奖2项。

(2)赋能乡村产业,带动经济发展。

打造的小龙虾文化节累计销售龙虾10 000斤,为农户增收32万元,同时带动其他农副产品销售9万元,当地新农村建设知名度和影响力得到显著提升;国金甜橙直播带货节增收28万元;项目打造的抖音号果青创新——代玉,吸引有效粉丝6万名。

(3)推进产教融合,贡献职教力量。

在乡村振兴战略实施和区域经济发展中,通过多种形式推进产教融合,积极发挥职业教育优势,为乡村振兴赋能,成效显著。我校24名学生成功入选第一批乡村规划师成长计划,学校当选为全国乡村振兴产教融合联盟(乡村振兴职教集团)副理事长单位。

资料来源:重庆工程职业技术学院"双高计划"中期绩效评价报告。

(四)精准扶智

案例四:无锡职业技术学院

扶贫必须先扶智,扶智教育先行。无锡职业技术学院强化使命担当,把脱贫攻坚作为学校的政治和社会责任,积极响应党中央精准扶贫和支援西部建设号召,充分发挥中国特色高水平高职学校及江苏省卓越校、高水平校的优势,在东西协作、对口帮扶、乡村振兴等方面主动作为,助力打赢脱贫攻坚战。30余年来,学校将结对帮扶、对口支援作为工作赓续、精神传承贯穿在学校办学历程中,形成了"东西协作、精准定位、结对帮扶、赋能发展"的精准扶贫工作典型经验。

发挥教师教育优势,精准聚焦职教帮扶。根据江苏省委组织部和省委教育工委关于第十批教育人才"组团式"援疆需求,无锡职业技术学院派出3名中层干部分别挂职担任伊犁丝路职业学院(筹备)院长、教务处处长和办公室副主任,整体帮扶伊犁丝路职业学院(筹备)学校建设和高职升格工作,同时进一步推进对口援疆工作,推动伊犁州教育改革发展,2020年8月,无锡职业技术学院还与伊犁丝路职业学院(筹备)结成全面对口支援伙伴,并在院校交流、专业建设、师资培训、资源共享、产学研合作、教师支教、实训基地建设、技能大赛、信息化建设、专家指导等方面开展支援共建,将合作落到实处。"课堂教学效率偏低,一节课讲不了多少内容。"发现当地教师与江苏教师在信息化水平上的短板后,伊犁丝路职业学院(筹备)院长储开峰和教务处处长曹建峰与同事们一起,"潜伏"在各个班级的在线课堂,努力解决教师们遇到的各种问题。

通过努力,在2020年自治区教师教学能力大赛中,伊犁丝路职业学院(筹备)有6个项目获奖(自治区共18项),其中一等奖2项(自治区共4项),进入国赛4项(自治区共12项)。在2020年全国职业院校技能大赛教学能力决赛上,工艺美术和急救护理两支队伍均荣获二等奖的好成绩,实现了新疆维吾尔自治区零的突破。2021年,伊犁丝路职业学院(筹备)共有14支团队参加教师教学能力大赛,无论从参赛人数还是作品质量上都较往年有很大幅度的提升。同时,在中华人民共和国第一届职业技能大赛新疆选拔赛中,在援疆团队和后方单位的支持下,2021年全国职业院校技能大赛新疆选拔赛上,伊犁丝路职业学院(筹备)共33个参赛团队参加了31个赛项的比赛,共计获得32个奖项,其中一等奖9个,二等奖14个,三等奖9个,8位指导教师获得优秀指导教师称号,其中4个赛项取得自治区一等奖第1名,获得参加国赛资格。最终,在2021年全国职业院校技能大赛上,"液压与气动系统装调与维护"赛项荣获国赛一等奖(总排名全国第2);"汽车机电维修""车身修理"2个赛项均获得国赛三等奖(总排名分别为全国第10和全国第8),实现了新疆代表队历史新突破。

发挥专业优势,助力帮扶学校人才培养。在江苏省、无锡市等省市政府主导下,无锡职业技术学院与陕西机电职业技术学院、青海高等职业技术学院、伊犁丝路职业学院(筹备)等中西部职业院校开展对口帮扶,双方签订帮扶协议,从办学理念提升与管理体系建设、专业建设、校企合作与就业等方面进行对口支援。在专业建设上,无锡职业技术学院转变传统帮扶模式,从"挂职支教"到"整体输出",联合合作企业、校友企业"组团式"精准扶贫,以整体方案输出方式,帮助陕西机电职业技术学院建成智能制造工程中心。2021年5月,为进一步发挥无锡职业技术学院国家"双高"A档院校的辐射示范引领作用,共享优质资源、促进共同发展,无锡职业技术学院与伊犁丝路学院共同揭牌成立伊犁丝路学院大国工匠——顾秋亮大师工作室;签订了共建机电类实训室协议,无锡职业技术学院捐赠了一批实训设备;签订了共建马克思主义学院协议,精准对接支援学校需求,助力人才培养和内涵提升。近三年来,无锡职业技术学院接收了陕西机电职业技术学院、伊犁丝路职业学院(筹备)、新疆昌吉职业技术学院、安徽机电职业技术学院等职业院校各类干部、专业课教师培训1 554人次,建设实验实训室43个,66名受援学校学生在省级以上技能大赛中获奖。

"志行万里者,不中道而辍足。"未来几年,无锡职业技术学院将发挥自身特色办学优势、积极作为,从深、实、细、准、效等方面,继续深挖东西部扶贫协作、对口支援的机制潜力,为落实职业教育东西扶贫协作,提供"无锡职院"方案。

资料来源:无锡职业技术学院:传承使命担当结对帮扶办学——精准帮扶对口支援工作案例,中国高职高专教育网,2021(11)(有删减)。

五、职业教育助力生态文明建设

在职业教育服务美丽中国的生态文明建设过程中,不可避免地遇到了种种困难和挑战,制约着职业教育服务美丽中国建设成效的实现,但是各地区、各职业院校在积极作为中积累了很多宝贵的实践经验,形成了一批批可资借鉴和可供参考的经典模式,能够为接下来职业教育更好地服务美丽中国建设提供理论支撑和实践经验。

(一)环保类专业建设模式

案例一:兰州石化职业技术大学

兰州石化职业技术大学准确瞄定职业教育服务美丽中国建设的主要目标,深度把握国家生态文明建设的重点任务,通过提高学校环保类专业的适应性来进一步助力美丽中国建设。

1. 高站位修订、制订专业目录

教育部积极回应经济社会发展对提高职业教育环保类专业适应性的现实需要,组织专业人员修订并印发了《职业教育专业目录(2021 年)》,对中职、高职专科和高职本科三个层次的 15 个环保类专业进行了一体化设计。整体上来看,最新修订的环保类专业目录体现了三个主要特征。其一,在教育属性上体现了职业教育的类型特征。精准对接职业岗位对环保类专业目录进行了一体化设计,并在专业名称中冠以与普通教育相区分的技术名称,使得不同层次人才培养的目标定位更加明晰,充分体现了纵向贯通、横向融通的现代职业教育体系设计。其二,在产业发展上顺应了环境保护的现实需求。紧紧围绕破解卡脖子关键技术等关键问题,对环境保护新职业场景展开系统梳理,设置了环境监测技术等相关专业,以专业目录为引领全面推进环保类职业教育的供给侧结构性改革。其三,在职业岗位上体现了数字时代的技能要求。瞄准生态环境保护领域产业升级与技术变革的现实需求,通过专业进行全面的数字化升级与改造,构建环保类职业教育专业目录体系,大大提高了职业教育适应性。

2. 高起点推进培养模式改革

职业教育类型发展定位下,环保类专业也要体现类型特色,大力推进人才培养模式改革,为职业教育更好地服务美丽中国建设提供技能支持和人才保障。

具体来说,其一,系统梳理岗位技能图谱。在推进环保类专业人才培养模式改革的过程中,要紧紧围绕生态文明建设领域发展高端产业与产业高端发展的现实要求,对职业岗位技能图谱进行系统梳理,进而在分析典型工作任务的过程中明确相应岗位的核心能力要求,有针对性地修订人才培养方案。其二,全面解构重构课程体系。在落实环保类新目录的过程中,必须对传统的学科体系和以知识逻辑传授为主的教学模式进行全面解构,并在此基础上实现以行动体系为核心的模块化教学模式的重构。其三,大力引导大赛反哺教学。职业教育在推进人才培养模式改革的过程中需要将技能大赛项目融入人才培养方案中,将技能大赛的内容转化为教育教学内容,将技能大赛标准换算为人才培养的评价标准,从根本上实现以赛促教、促学、促改和促用的目的。其四,全面推进技能等级认证。职业院校需要以职业技能等级标准为参考,重新审视人才培养方案,将环境保护的新要求融入技术技能人才培养的全过程,以更好地适应经济社会发展和就业市场变化的新需求。

3.高标准保障人才培养质量

职业教育改革发展的最终目标是更好地提高人才培养质量,提高培养人才与产业发展和社会进步需求的匹配度。为了实现这一目标,其一,要深化产教融合。职业院校要与企业开展合作搭建产教融合平台,实现企业中的生产要素向教学资源的流动和转化;而行业企业也要认识到产教融合发展对产业转型升级和技术创新方面的反哺作用,主动与职业院校开展合作,在合作交流中不断地相互促进。其二,要打造双师型队伍。职业院校需要为教师提供可以帮助其实现可持续发展和终身学习的教学环境,为教师提供企业实践的机会,通过校企共育来培养双师型教师。其三,要改革评价模式。在院校评价方面将评价重点放在办学的理念、定位、模式及成效等方面,在教师评价方面要建立符合职业教育类型特征的教师评价体系。在学生评价方面要构建以能力、品德和工匠精神为导向的评价体系。

资料来源:夏德强.增强环境保护类专业适应性从何入手[N].中国教育报,2011-11-30(6).

（二）绿色学校建设模式

案例二：浙江信息工程学校

浙江信息工程学校坐落于太湖南岸之湖州，是一所集教育教学、社会培训、技能鉴定、产学研于一体的多元化办学的全国重点中等职业学校。学校是全国首批成立了以校长、书记为组长的创建工作领导小组，把生态文明学校创建和环境教育内容纳入学校发展规划和年初工作计划，曾获全国教育系统先进集体、全国职业教育先进单位、全国职业指导先进单位、全国百所德育科研名校、全国青少年道德培养实验基地、全国职业院校"文明风采"大赛卓越组织奖等荣誉。

1. 顶层设计，制度保障

学校成立了以校长、书记为组长的创建工作领导小组，将生态文明学校创建和环境教育内容纳入学校发展规划和年初工作计划，定期召开研究、检查、总结等生态文明教育特色学校创建专题会议；建立了大气重污染应急处置机制，有学生预防大气重污染专项应急预案。2016年，学校获评浙江省节水型单位。

学校营造了每处景、每座桥、每幢楼都能"开口说话"的育人环境，创造了"一步一风景、一带一文化"的生态文明校园。校园环境建设以"骆驼文化"为核心，渗透四大教育功能：日晷、司南、八卦石等涵养国学智慧，工业文明睿方、科技发明之窗等熏陶企业文化，手模、脚模大道激励技能进步，校训石、骆驼群雕、骆驼山丘公园等凸显骆驼精神。

2. 课程渗透，实践助力

为激励教师在课内自觉进行环保教育，学校举办环保优质课、优秀环保教案和优秀环保班会课评比活动。通过主题班会、选修课程进行环保教育；建立"五位一体"学生多元评价体系，打破唯分数论，从思想品德、文化基础、人文综合、身心健康、技能水平等五个维度综合评价，生成五维雷达图成长档案。

生态文明行动着眼于学生的身心健康，包括"驼群乐学"阅读活动、"驼群健魄"阳光体育活动、"驼群拓维"科创活动、"心之驼聘"生命意义感教育和骆驼公益志愿服务活动，培养有活力、有担当的新时代青年。

学校建设了湖州职业学校第一个虚拟技术创新应用中心，目前已经与相关企业合作完成公共基础类课程资源的设计与架构，如"禁止毒品""食品安全"

"垃圾分类"等,专业课程"走进电子电工""电梯安装与维护"等,既能满足教学需要,也能满足学生安全教育、科普通识、文化历史、垃圾分类等方面有关培训的需求。学校创新研发团队近三年完成 21 项科研成果,获得国家专利 17 项,帮助多家企业实现转型升级。

3.家校联动,辐射社区

在课外生态文明教育方面,学校制订了切实可行的课外生态文明活动计划,建有环保社团,建立家、校、企共建网络。

学校团委不定期组织学生参加植绿、护绿活动,师生党团员志愿者服务队参与绿色出行文明交通维护活动、精准垃圾分类活动、节假日勤工助学"为湖城百姓送温暖"活动等,受到湖州媒体的关注与报道。

校外,有环境保护生态服务队,面向社会,以"环境日""地球日""保护苕溪母亲河"等为内容,举办生态系列竞赛活动。例如,"我们只有一个地球"手抄报比赛,"保护环境,爱我信校"演讲比赛,开展环保征文与知识竞赛、环保黑板报比赛和环保书画比赛。学校还建立了环境教育宣传阵地:主干道及教学楼东侧的宣传橱窗和校园广播站。

学生带着专业知识到化工企业实地考察废水、废气、废渣、废液的治污措施,真正感受环保的重要,受到深刻的生态环保现场教育。

资料来源:臧卫荣.将生态文明教育内化于心,外化于行:浙江信息工程学校生态文明教育纪实[J].环境教育,2021(5):79.

广西生态工程职业技术学院继续教育与培训学院的韦宁和吕宁在分析广西林业与林业高等职业教育现状和明确林业职业教育在美丽中国建设中定位的基础上,提出了林业高等职业教育参与美丽中国建设的新模式,具有新颖性和开创性。

案例三:广西林业高等职业教育

1.创新人才培养机制,深化教学改革

学校立足林业行业及区域经济发展,抢抓"双高"计划建设的关键,以自身强势学科为依托,探索新的专业增长点。加强国内外林业院校间的交流与合作,彼此借鉴经验做法,深化教材、教法、课程改革,紧抓优质课程教学资源库建设。以生产性实训平台建设为保障,丰富和发展,以学校、企(行)业两个为主体,开创线下课堂、线上课堂和企业课堂三个交互课堂,形成基本素质培养、专业技能培养、岗位技能培养、顶岗实习四个阶段递进,持有"1+X"证书的人才培养模式。不断提高复合型高技术技能人才培养质量,全面服务于国家生态文明建设和乡村振兴战略,打造新时代林业职业教育广西模式。

2. 对接行业标准,搭建科技创新平台,共创产教融合

明确课程建设在专业建设中的核心地位,深入开展校企合作,共同研究制订课程标准、人才培养模式和产学研合作。以校办企业、项目化教学基地、校企研发实验室等多样化的模式,整合校内外实践教学资源,通过建立试验示范基地、生态文明科普园地等形式,打造紧密联合的产学研一体化教育教学平台。大力推进林业生态科技创新成果有效转化和应用,通过项目、科研等形式广泛应用到实际生产过程中,引领行业走上快速且可持续发展的道路,助推生态文明建设提质增效,带动社会经济发展生态转型。

3. 提升社会服务水平,普及生态文明理念

提倡师生主动参与地方生态文明建设,为林业行业创新发展、城市生态社区建设、城市绿化建设、振兴乡村等项目提供决策参考、规划设计与技术支撑。成人学历教育和非学历培训教育是构建终身学习型社会的关键,也是生态文明、美丽中国建设的保障部分之一。林业高职院校在继续教育办学过程中,除做好传统的函授、自考等成人高等学历教育外,还要根据行业生产发展需求组织如林业有害生物防治、森林护林防火、营林造林等专业技能提升培训。利用拥有的各类教学实验林场、森林公园、花卉苗圃、实验大棚等教育资源,普及人与自然、绿色与发展和谐共存的生态文明理念,提升国民的生态文明意识和美丽中国建设理念。

4. 打造生态文明校园,培育绿色创新型人才

学校是生态文明、美丽中国建设的主要载体。建设生态文明校园是学校文化建设的一个重要方向。对学校进行科学的规划和设计,注重地面、墙面和屋顶立体化、多层次的植被覆盖和搭配,不断丰富具有内涵和标志性的自然人文景观,净化、景观化各类公共场所的环境,营造环境优美、干净整洁的校园氛围。对校园各类植物进行统一的景观标识,设置垃圾分类回收设施,推行电子政务和无纸化办公,提倡绿色环保生活等多种形式营造生态文明氛围,致力于

打造景区式智慧低碳校园。在文化传播、校企合作、人才输出、成果转换、继续教育培训等方面全方位构筑社会服务体系的同时,提升学校师生和大众的生态文明素养,促进生态文明、美丽中国建设。通过思政课程弘扬大学生社会主义核心价值观和社会生态文明理论素养。林业高等职业教育的思想政治理论课程应当结合学校特色、学生专业实际,有针对性地挖掘课程中蕴含的两山理论和生态文明、美丽中国元素,从而创造性地培养出具有生态意识情怀,掌握高技能,符合未来社会经济发展需求的绿色创新型人才。

资料来源:韦宁,吕宁.建设美丽中国背景下的林业高等职业教育研究:以广西林业高等职业教育为例[J].长江丛刊,2020(36):122,127.

(三)新农学校建设模式

案例四:重庆工程职业技术学院

为巩固拓展脱贫攻坚成果同乡村振兴有效衔接,服务乡村振兴国家战略,5月18日,我校与重庆市中华职教社、城口县职业教育中心和乡镇人民政府共建的首批新农学校在城口县高燕镇红军村正式授牌成立。我校党委书记、市中华职教社副主任易俊、市中华职教社秘书长唐勇,城口县政府副县长江成敏和城口县有关乡镇和单位负责同志参加授牌仪式。授牌仪式由城口县委教育工委专职副书记蔡芝雪主持。

我校党委书记易俊向共同参与建设服务乡村振兴新农学校的各级领导、同仁表示感谢。易俊书记对我校参与乡村振兴五个一工作进行简要总结并在讲话中指出,新农学校是未来开展服务乡村振兴工作的新载体、新平台和新机制,在市中华职教社的指导和支持下,与5个乡镇协同推进"十百千万服务"行动,努力探索聚四方合力、建新农学校、助乡村振兴的行动路径、运行机制,为职业教育服务乡村振兴和边远贫困地区全面推进乡村振兴提供城口范式。

城口县政府副县长江成敏对市中华职教社和我校表示欢迎和感谢,江成敏副县长表示,城口县正处于加快建设巩固拓展脱贫攻坚成果同乡村振兴有效衔接示范县的关键时期,迫切需要我校为城口县职业教育发展出谋划策,为乡村振兴提供强大的人才支撑。

市职教社秘书长唐勇向首批新农学校城口县高燕镇、庙坝镇、双河乡、沿河乡和高观镇授牌，市发改委帮扶集团咸宜镇驻镇工作队副队长游睿向首批新农学校校长颁发聘书。仪式后，学院党委书记、市职教社副主任易俊，城口县政府副县长江成敏等领导共同为高燕镇红军村新农学校揭牌。

据悉，服务乡村振兴新农学校是面向新农村、培育新农民、发展新农业、建设新农村的新型农村成人职业教育和继续教育学校的简称，新农学校校长由镇(乡)长担任；"十百千万服务"行动就是帮助10名左右乡村干部能力提升、10个左右农村院落整治、10家左右涉农企业发展；帮助100名左右职业院校学生消解学习困难，帮助100名左右外出务工农民工技术技能提升，帮助100名左右农村老年人生活品质改善；帮助1 000亩左右农作物改良；帮助10 000亩生态保护和文旅产业开发。我校联合市中华职教社已在城口县、万州区、巫山县、忠县、云阳县、巫溪县、开州区、黔江区、江津区、永川区和北碚区启动了建设服务乡村振兴新农学校的工作。(注：1亩＝666.67平方米)

资料来源：重庆工程职业技术学院"双高计划"中期绩效自评报告。

(四)乡村振兴学院建设模式

案例五：重庆工程职业技术学院

2021年6月1日，重庆工程职业技术学院乡村振兴学院协助江津区杜市镇合作的江津区杜市镇第三届小龙虾美食文化节活动顺利举行。

出席活动的领导和嘉宾有江津区委常委、区委宣传部部长秦敏；区政协副主席杜长志；重庆工程职业技术学院副校长兼乡村学院院长吴再生，重庆工程职业技术学院财经与旅游学院院长兼乡村学院常务副院长汤晓燕，重庆工程职业技术学院艺术设计工程学院副书记孙磊；区经信委主任江永刚；区农业农村委副主任彭天滅；区文旅委调研员刘华林；区融媒体中心副主任贺宝胜；三峡银行江津支行副行长杨晓；江津区人力资源协会会长，多赢创嘉有限公司董事长刘世会，多赢创嘉有限公司总经理郭小平，重庆市江津区傲杰生态农业专业合作社负责人朱玉杰；以及杜市镇的领导：镇党委书记江波，镇党委副书记李光才，镇党委委员、政法书记、副镇长李友明，镇党委组织委员张强，镇党委宣传、统战委员谷天仁，参加此次活动的还有来自区内部分商协会、镇级有关部门负责人、各村(社区)书记等，共计200余人。

　　首先开幕式由杜市镇党委书记江波致欢迎辞;接着举行了龙凤小龙虾美食文化节品牌 Logo 发布仪式。品牌 Logo 由我校艺术设计工程学院高飞燕老师设计,设计融合龙虾、龙、凤、虾盘元素,展示来龙凤吃龙虾的寓意。

　　最后由区委常委、区委宣传部部长秦敏宣布开幕。随后,所有参与活动人员前往傲杰生态园参加了龙虾节童趣游园会,享受小龙虾美食文化、龙虾节童趣游园以及钓龙虾、捉鱼、聆听优美的稻田音乐的美好时光。江津区杜市镇第三届小龙虾美食文化节开幕仪式取得圆满成功。

　　重庆工程职业技术学院乡村振兴学院成立一年多来,落实具体项目、举措,有效推进各项工作。2021 年,乡村振兴学院用三项举措协助打造品牌龙虾节:

　　一是打造发布品牌 Logo。龙凤村小龙虾节品牌 Logo 由我校艺术设计工程学院高飞燕老师设计,Logo 中心位置是一只小龙虾,左右两边分别是龙头凤尾,还有江津杜市的文字,整体的圆形轮廓是一个盘子,Logo 将龙虾、龙头、凤尾和虾盘元素有机结合,塑造了美食节的标志,体现美食节的主打美食、举办地点和蕴含的吃文化。

　　二是打造专业乡村振兴学院抖音号和助农达人主播,为乡村振兴服务。互联网时代,电商行业和直播行业飞速发展,通过直播销售农产品,已成为带动家乡经济发展的重要举措。为分享江津本地风土人情和特色农产品,助力家乡经济发展和乡村振兴贡献力量。

　　三是打造助农达人直播龙虾节。在举办美食节前,我校助农达人唐代玉在抖音号上分享了宣传龙凤村的乡村风貌、特色产业、乡村文明建设成果,打造杜市镇龙凤村美丽乡村形象,发出小龙虾美食节的预告。今天,助农达人在小龙虾美食节现场直播美食节的各色美食和钓龙虾等有趣活动,并介绍本届龙凤村小龙虾美食文化节活动的举办时间地点,吸引观看者询问参与,加深观众对小龙虾美食节的印象,打造杜市镇龙凤村特色产业品牌。

　　今后,乡村振兴学院还将继续对接江津区其他乡镇,以杜市镇龙凤村小龙虾美食文化节为例,筹备协助更多乡村特色品牌打造活动,助力江津区乡镇经济发展,推进乡村振兴。

资料来源:重庆工程职业技术学院"双高计划"中期绩效自评报告。

第五章　问题审视

职业教育承担着为国家建设和社会发展培养数以亿计的高素质技术技能人才的重大使命。这些人才是否具备经济建设、政治建设、文化建设、社会建设和生态文明建设方面的思想理念和生产技能决定着美丽中国建设的宏伟目标能否高质量实现。在这一行动中，职业教育服务美丽中国建设积累了很多的宝贵经验，但是也不可避免地出现了一些问题，致使职业教育服务美丽中国的服务能力和服务水平不能完全彰显。总的来说，主要表现为理念困境、制度困境和资源困境三个方面。

第一节　理念困境

理念是看法、思想、思维活动的结果，是管思想、管基础的东西，具备什么样的理念将会产生什么样的行为，正确科学的理念是实践取得理想成效的基础和关键。在职业教育服务美丽中国建设的过程中，只有具备正确的理念才能在行动中表现出更强劲的动力。具体来说，从对象角度来看，这种理念包括对生态文明建设、政治建设、经济建设、文化建设和社会建设五个方面的认识和看法；从内涵角度来看，这种理念不仅包括对五位一体格局打造在美丽中国建设中重要性的认识，更包括对职业教育在学生生态文明理念、政治素养、经济能力、文化水平和社会服务能力等方面的整体性塑造重要性的认识，既要认识到五位一体格局是美丽中国建设的重要途径,必须从五个方面同步进行,又要认识到职业教育对培养学生五个方面的能力具有重要作用。

一、服务经济建设方面

职业教育通过产教融合、校企合作等方式服务美丽中国经济建设,在融合过程中,职业院校和企业两大主体运行逻辑差异会带来利益点的错位,产教融合是由教育系统和产业系统两大系统构成。教育系统是以育人为导向,以培育人才为发展目标,重在给予一个公平的教育环境,让学生在职业教育中追求个人本位价值,获得技术技能,提高学生的职业能力。企业是以盈利为目的、向市场提供商品或服务的社会经济组织,与职业院校存在强烈的异质属性,追求自身利益最大化是企业所有经营行为的出发点和所有行动开展的首要逻辑起点。两大系统运行的基本原则不同就会导致产业和教育貌合神离,实质性良性互动难以深入,融合质量不高。在育人理念方面,职业院校则强调职业教育的公平,着重培养学生对社会的责任感和人文关怀精神,出现过度理想化而导致与企业实际需求脱节的问题;产业则关注职业教育的现实效果,侧重培养学生的实践操作能力以及给企业带来的经济效益,呈现轻理念、重技能以及社会责任感不够强的问题。在动机方面,职业院校希望利用企业真实的工作场景、案例以及人力资源来提升学生培养的质量,开展相关的科研活动;企求则期望通过产教融合,一方面满足企业自身的用人需求;另一方面,借助职业院校的科研力量解决技术难题,提高生产效率,以此提升经济效益和社会效益。职业院校和企业的理念不同,导致双方在融合中出现利益的错位,使产教融合停留在以功利化为导向的短期层面。

二、服务政治建设方面

新时代职业教育要想实现高质量、高水平发展,必须旗帜鲜明地讲政治。一是要坚持正确的政治方向,坚持党的领导,坚持社会主义办学的方向。二是贯彻落实国家教育方针、政策,全面落实立德树人根本任务,坚持为党育人,为国育才。三是构建法治体系,不断推进以章程为核心的机制体制的建立和完善。四是加强思想政治教育建设,将思想政治教育贯穿于党建、科研、管理和人才培养全过程中,夯实政治根基。在职业院校开展思想政治教育的过程中,仍存在教育理念引领不够的问题。主要表现为职业院校在培养人才时,紧贴为社会主义现代化建设培养千百万高素质技术技能人才培养目标,将重心放在突出人才职业特征、强化人才技能上,在思想政治教育过程中仍然使用传统的理论教育、政治教育、思想教育的模式,导致现阶段职业院校思想政治教育观念未完全融合职业教育的思想特征,未完全与人才培养目标相匹配。

三、服务文化建设方面

职业教育服务文化建设虽然取得了一定成果,但职业教育服务文化建设过程中仍然存在理念困境。一是高职院校文化创新的理念彰显不够,其中以人为本、能力本位、服务发展、工学结合的内涵需进一步突破;二是职业文化教育的内容需进一步统筹,做好精神文化、物质文化的顶层设计;三是职业教育的文化价值需要绿色发展理念进一步引领,把可持续发展作为绿色发展的最终目标;四是职业院校的文化教育需要进一步持续保持开放发展的理念,实现企业文化、传统文化、红色文化、技术文化、多元文化的融合;五是职业教育文化需要持续保持共享理念,积极响应国际职业教育发展趋势顺势而为,借鉴世界各国职业教育的成功经验。

四、服务社会建设方面

社会建设是美丽中国建设五位一体总体布局的重要组成部分。党的十八大以来,习近平总书记高度重视社会建设,从党和国家事业发展的高度,作出一系列重要论述和重大决策,扎实推进我国社会建设理论和实践取得一系列重大成就。但目前,在职业教育服务美丽中国社会建设方面,仍存在问题和不足,表现在过于关注专业发展,缺乏对全方面人才培养的关注;重理论知识、轻实践知识,与生产、社会和生活联系不紧密;依然以理论讲授为主,实施主体以学校为主,参与社会建设和社会实践内生动力不足。表现在许多职业院校参与社会建设和社会实践能力培育工作时未能有机地将理论与实践相结合。常常存在职业院校学生基础理论知识丰富,实践能力较低或者训练实践能力以学校环境为主体,缺乏行业企业真实生产背景。近年来,职业院校虽然在大力引进企业兼职教师入校授课,但比例仍然不高,大部分专任教师特别是新任教师,多为从学校到学校,即本科、研究生毕业就直接应聘为职业院校教师,严重缺乏行业企业实践背景,从而难以指导学生进行实践,这种现象必然会影响社会实践开展的实效性,同时还会对新时代社会建设发展产生约束。

五、服务生态文明建设方面

生态文明建设是美丽中国建设五位一体总体布局中的重要一环,承担着促进国家实现绿色发展、循环发展、低碳发展和可持续发展的重要使命,是建设更加宜居生活环境的重要方面。但是,在职业教育服务美丽中国建设的过程中,其对生态文明在美丽中国建设中的重要性和对职业教育培养学生生态文明素养的重要性尚未产生深刻的认识,导致职业教育为学生开展生态文明教育缺乏长足动力。

一方面,职业教育实施主体对生态文明建设在美丽中国建设中的重要性的认识不够深刻,最终导致对学生生态文明素养的培养泛在化。从本质上来说,只有正确认识到生态文明建设是美丽中国建设中的重要环节,具有其他内容不可替代的作用,才能真正将生态文明教育作为服务美丽中国建设的关键切入点。但在现实过程中,职业院校虽然意识到职业教育作为一种与普通教育具有同等重要地位的类型教育在服务美丽中国中不可推卸的责任和使命,但更多地将教育重心放在了职业院校学生的升学和就业上,认为培养合格的高素质技术技能人才就是在服务美丽中国建设。这就导致其在以人才培养服务美丽中国建设的过程中没有将生态文明作为重要方面单独提出来,无法将学生生态文明素养培养具体性、针对性地加以实施,最终流于泛在化。

另一方面,职业教育实施主体对职业教育在培养学生生态文明素养方面的重要性的认识不够深刻,最终导致对生态文明教育重视程度不够。目前,与其他专业学科和通识学科相比,职业院校中以环境科学为主的生态文明教育学科地位依然不高。在美丽中国建设背景下,很多职业院校尚未将学生的生态文明素养作为人才培养的重要内容,在人才培养目标中也未将这一指标纳入其中。此外,很多职业院校虽然重视对学生的生态文明教育,却把简单的生态环境知识传授作为主要任务,未能开展卓有成效的生态文明教育。总的来说,当下我国很多职业院校在开展环境与生态文明建设的过程中,由于并没有认识到职业教育对学生生态文明素养培养中的关键作用,导致其在教育过程中表现出极大的随意性,缺乏连贯性、系统性和全面性,这直接影响了职业教育服务美丽中国建设服务能力的提升。

第二节　制度困境

　　制度一词出自《易·节》：天地节，而四时成。节以制度，不伤财，不害民。用社会科学的角度来理解，制度泛指以规则或运作模式，规范个体行动的一种社会结构。这些规则蕴含着社会的价值，其运行彰显着一个社会的秩序。从本质上来说，制度是一种人们有目的建构的存在物。建制的存在都会带有价值判断，从而规范、影响建制内人们的行为。在职业教育服务美丽中国建设的过程中，相关法律制度不仅对实施主体具有规范和约束作用，同时更能发挥引领和指导价值，是提升职业教育服务美丽中国建设效率和能力的重要保障。但是，虽然国家出台的政策中已有职业教育如何从经济建设、政治建设、文化建设、社会建设和生态文明建设等五个方面服务美丽中国建设的相关规定，但是这些制度的针对性、指引性依然有待提升。

一、服务经济建设方面

　　职业教育服务美丽中国经济建设主要通过产教融合、校企合作。产教融合是实现职业教育人才培养满足产业需求的重要途径，制度创新是推动职业教育领域产教深度融合的长效机制。从 2005 年《国务院关于大力发展职业技术教育的决定》提倡产教结合，工学结合，到 2022 年《中华人民共和国职业教育法》中明确职业教育必须坚持中国共产党的领导，坚持社会主义办学方向，贯彻国家的教育方针，坚持立德树人、德技并修，坚持产教融合、校企合作，坚持面向市场、促进就业。我国职业教育领域产教关系从结合走向融合，从提倡走向依法而治，制度建设的步伐不断加快，总体呈现如下特点：一是基础建设初步完成，以《中华人民共和国职业教育法》《国务院关于加快发展现代职业教育的决定》《国务院办公厅关于深化产教融合的若干意见》《国家职业教育改革实施方案》等为代表的国家法律制度,明确了职业教育产教融合的法律地位,坚定了职业教育实施产教融合的基础;二是体系结构不断完善,基于产教融合实施的如产教融合型城市(企业),基于产教融合理念设计的职教集团、产业学院、订单班、现代学徒制、新型学徒制、"1+X"证书制度等从合作办学、合作育人、合作制定标准等不同方面促进了产教融合制度的进一步完善,明确了产教融合的实施路径和方法。总体来说,随着产教融合政策的逐步推进,职业教育在联合企业开展人才培养、课程建设、师资锻炼等方面取得了一定的成效,但是距离产教融合的预期效果还有一定的差距,特别是在校企融合机制、配套制度等方面存在一些问题。一是融合机制欠缺。目前各职业院校基于职教集团、产业学院、现代学徒制等形式在人才培养、课程开发、实习实训、师资建设等方面开展校企合作。但是缺乏长期规划,合作企业更多的是从自身角度进行校企合作,更注重的是短期利益,未站在行业发展的宏观角度建立长效合作机制。学校受限于财政投入规模和办学条件制约,教学安排和产业发展的衔接不够紧密,专业设置未根据市场的变化进行及时更新,缺乏预警机制。二是配套制度不够完善。从职业院校角度来看,职业院校对教师的绩效考核主要集中在课时量、科研、技能大赛获奖等方面,对于校企合作产教融合方面的激励制度较少,这就导致教师主动参与产教融合的积极性低;从企业角度来看,由于目前地方政府对企业参与产教融合的激励政策还不完善,而产教融合给企业带来的红利往往需要2~3年才能逐步体现,中小企业受限于资金规模、抗风险能力的不足等因素,导致其参与产教融合的积极性不高。

二、服务政治建设方面

国家在职业教育政治制度建设方面也制定了不少法律或文件制度,如《中华人民共和国高等教育法》框架下进行调整,其领导体制实行党委领导下的校长负责制,党在学校治理体系内处于核心领导地位。但从职业院校的制度实施情况上来看,一是顶层设计碎片化,思想政治教育应该从学校战略的高度,从顶层设计的总体规划视角明晰学校党委、教学管理部门和学生工作组织等各个主体的工作责任范畴。但目前仍然存在顶层设计碎片化的问题,导致职业院校内部各部门界限感强烈,各部门不会自发地承担起学生思想政治建设的主体责任。二是职业院校细化落实国家宏观政策制度不强。现行职业院校往往是根据国家层面相关文件修改制定制度。缺乏有效的、从细化的微观的执行层面和学生的成长成才的角度出发,特别是在政治建设方面,仍存在没有跳出学校只是负责教授专业技能知识的圈子,缺乏对学生的政治思想建设,所制订的相关制度没有落实落地等现象,从而导致思想政治教育工作定位偏差,直接影响思想政治教育工作在学校改革工作中的地位。三是没有从制度上充分发挥多方作用,树立学生的政治思想和政治性原则,离不开学生自己、教师和企业等多方的合作,只有通过多方协同育人,才能使得新时代的职教学生态度鲜明地抵制各种错误思潮,弘扬社会主义核心价值观。

三、服务文化建设方面

我国高职教育经历了多年的发展后,已经形成了一定体量,但目前仍存在吸引力不足的问题。有学者认为,高职教育发展与文化制度存在一定的差距,从制度角度分析,主要是高职教育在文化制度方面缺乏合法性机制。基于我国历史文化悠久、人文文化倾向特征明显、职业教育地位较低、在社会受重视程度不够等原因,应进一步从营造良好的社会环境、完善高职教育办学机制体制、提高人才培养质量等多方面发力。

四、服务社会建设方面

职业教育服务美丽中国建设在社会建设方面的效应未能充分发挥,这需要从制度方面不断督促引导。但就目前而言,第一,建立职业教育服务美丽中国建设的社会建设制度,有利于提高社会建设效能,而这方面的制度屈指可数。加上社会建设固根基、扬优势、补短板、强弱项的艰巨任务还未完成,无法将职业教育、美丽中国和社会建设三者的显著优势有效结合,无法达成更好的美丽中国建设效果。第二,职业教育服务美丽中国建设需要行业企业的参与,才能充分发挥管理效应。虽然职业教育管理体制要求政府统筹,社会参与,但我国现实的职业教育管理制度环境是:社会力量参与职业教育的积极性不高,行业企业参与职业教育的程度有限。这是因为政府对职业教育的适度干预制度和利益共同机制的不完善,使行业企业参与动力不足,且在职业教育中主体作用不能发挥,解决不了社会参与积极性不高的问题。第三,从正式制度方面来讲,职业教育法治缺乏权威性,无法保障社会建设方面拥有良好的职教法治环境。目前职业教育相关法律较为宏观,并未精确到对具体实践的规定,无法在职业教育的发展过程中发挥权威性。相关法律只是停留在产教结合层面,只是规定通过积极合作的方式促进人才培养和经济发展。

五、服务生态文明建设方面

职业教育服务美丽中国建设在生态文明方面需要重拳出击,从政策方面进行积极引导和科学规范。但是从现实情况来看,一方面,国家出台了大量生态文明建设和生态环境保护方面的政策,已经渐成体系。但是关于职业教育如何从生态文明教育方面来服务美丽中国的相关政策却只是零星可见,而且多见于职业教育政策中的简单提及,一笔带过,没有进行过专门论述和具体规定。导致职业教育在以生态文明教育服务美丽中国建设中摸不着头脑,只能浅尝辄止,效果并不显著。另一方面,职业教育现有教学体制包容性不强也是制约职业教育开展生态文明教育的一大问题。目前,职业院校为了方便教学往往简单地将学科划分为理科、工科和文科几大类,这种条块分割的学科体系不利于环境与生态学公共课程教育更好地开展跨学科、跨专业教学,导致环保类基础课程在职业院校开展难度和阻碍较大。相关现状的调查结果显示,职业院校在开展公共课程教学的过程中并没有将生态文明教育纳入必修课程中,且非生态、非生物专业所开设的环保类选修课往往也存在质量不高、数量不多、种类不丰富的问题。此外,我国职业院校现有的环保类课程中所涵盖的生态文明知识也较为陈旧,不能与时俱进,无法对学生实行有质量的生态文明教育。有专家指出,当下职业院校开展的教育中多侧重于讲解生态危机和环境恶化,较少地为学生传授保护和改善生态环境的方式方法,且在教育方法的选取上也多偏向于理性说教和理论阐释,没有开展丰富多彩的实践活动,让学生进行情感体验和技能提升。职业院校开展生态文明教育中出现的这些问题严重制约了职业教育在美丽中国建设中的功能发挥,弱化了职业教育参与国家重大战略的服务能力。

第三节　资源困境

从本质上来说,教育资源就是教育经济条件,主要包括教育过程中占用、使用和消耗的人力、物力和财力资源,即教育人力资源、物力资源和财力资源的总和。在职业教育服务美丽中国建设的过程中,不可避免地需要一定的资源支撑,符合现实需要且高质量的资源供给是决定职业教育服务美丽中国建设成效的重要方面。但是,在资源困境普遍存在的知识经济时代,职业教育在服务美丽中国建设的过程中也不可避免地遭遇了资源困境,这种资源受限表现在经济建设、政治建设、文化建设、社会建设和生态建设等五个方面。

一、服务经济建设方面

职业院校在服务美丽中国经济建设过程中,通过产教融合、校企合作助推了经济发展。但具体合作过程中,职业院校获得的资源远大于企业,通过校企合作职业院校利用企业的真实工作场景锻炼了教师、培训了学生,利用企业的技术人员弥补了校内实践教学教师的不足,通过引入企业真实案例实现了实践教学与市场新技术、新工艺的接轨,通过引企入校建立"校中厂""厂中校"弥补了实习实训基地的不足。而企业与职业院校的合作中,虽然利用职业院校的师资团队进行技术攻坚,一定程度上解决了企业本身的技术难题,也通过参与人才培养为自身的发展储备了技术人员。但是由于职业院校在专业建设、课程标准、实训设备、实践能力等资源都滞后于行业的发展,导致向企业承诺的为其提供技术革新、联合开展项目开发、对员工进行培训、科技服务等项目都成了纸上谈兵,使企业看不到预期效果。在产教融合中,校企双方利益的非均衡,未形成有效的共赢局面,这就减弱了企业参与产教融合的内在驱动力。

二、服务政治建设方面

职业教育在以政治建设教育服务美丽中国建设的过程中,其思想政治教育资源困境表现在多个方面。在教学资源方面,课程作为教育教学的重要载体形式,职业教育在各自的专业领域下设置了具体的专业课程教学目标,然而将思想政治教育与原有课程之间进行衔接和融入,却面临着许多困难。一是课程教学目标差异明显,增加了课程融入的难度;二是教学内容庞大,增加了精准挖掘思想政治资源的难度,导致实际教学过程中教师不能精准划定能够有效进行思想政治教育的内容载体,难以避免自圆其说的情况而降低说服性。在教育主体方面,教师作为职业教育服务美丽中国政治建设的主体力量,在新时期下面临着许多新的挑战和困难。一是专业的思政师资力量匮乏,思想政治教育课程作为一种理论性较强的课程,其授课需要较高的政治素养和较强的专业能力。在职业院校,受外部环境因素影响,如社会对职业院校的认可度不如本科院校高,很难吸引到高水平的思想政治教师,受内部因素影响,如高职院校对于思想政治理论课的重视程度不足,一方面导致聘任的思想政治教育老师较少;另一方面,已有思想政治教育教师授课激情受挫。二是完全驾驭课程思政的专业课教师匮乏。由于大多数专业课教师有较强的专业学科背景,未接受过系统、科学的马克思主义理论教育,因此,在挖掘思政元素及传授其相关的思想政治理论基础知识及教师对其理论驾驭能力等方面相比较专业思政教师存在明显劣势,导致专业课教师无法充分发挥思想政治教育课程的作用,也使得思想政治教育一直处于孤岛困境。二是专业课教师对思想政治教育的认知不到位,部分专业课教师将思想政治教育的价值观引领和意识形态形塑视为思政课教师的责任,对于自身的教学任务定位为知识和技能的传授,尤其是理工类专业院校,其专业课教师对该学科是否具有思想政治教育功能存在思想困惑,大多倾向于从事单纯的教学和科研活动,从而将思想政治教育理念落实和思想政治教育目标实现排除在自身工作范畴之外。

三、服务文化建设方面

习近平总书记在党的十九大报告中指出,中国特色社会主义文化,源自中华民族五千多年文明历史所孕育的中华优秀传统文化,熔铸于党领导人民在革命、建设、改革中创造的革命文化和社会主义先进文化,根植于中国特色社会主义伟大实践。当前,职业教育正在积极参与构建中国特色社会主义文化体系,虽然我们拥有历史悠久的传统文化资源、得天独厚的红色文化资源、浩如烟海的民族文化资源,但职业教育对文化资源的传承还存在明显的不足,具体体现在以下三方面。

(一)职业院校对传统文化资源传承的教育需进一步探索

职业教育落实立德树人根本任务,要求广大毕业生既要具备技术特长,也要有文化素养和文化精神,然而,在教育普及中华优秀文化过程中,普遍存在碎片化现象,使得学生难以对传统文化形成系统性认识,更谈不上把握其中的精神内核。所以,传统文化教育引领可在人才培养方案、教学方式等方面做出有效探索。

(二)职业院校对红色文化资源传承的路径需进一步完善

一方面,部分院校对红色文化的应用不够重视。未能把红色文化充分应用于当代大学生的思想政治教育,过于注重形式,而忽略了红色文化内涵的挖掘。在日常教学中对红色文化的研究还不够深刻,未能将红色文化灵活地应用到大学生思想政治教育中来。另一方面,红色文化资源的转化方式比较落后。目前,有些地方的红色文化资源没有利用好新一代信息技术,而当前大学生的学习方式多元化,这就限制了红色文化资源向教育功能的转化。

(三)职业院校对民族文化资源传承的保障需要进一步补充

近年来,党和国家都十分重视民族民间文化在职业院校里的传承,但作为民族地区高职院校,没有太多地将民族文化融入课堂学习中。总体而言,职业教育在传承民族文化资源方面存在专业建设滞后、专业设置不合理、师资不足、机制不健全等问题。

四、服务社会建设方面

职业教育在社会建设方面服务美丽中国建设的过程中,其资源困境表现在多个方面。在人才培养方面,培养满足社会发展需求的综合素质高、具有创新精神的复合型人才,学校在教学资源方面存在一定困境,例如,部分职业院校在建设智能制造类、环境类、化工类等重资产专业时,由于相关专业实习实训设备昂贵,部分技术比较先进的设备更是让很多学校望而却步,导致学生无法接触到行业企业目前最先进的技术和设备,相关技能无法很好地满足企业未来发展需求;还有一些职业院校在日常教学中忽视实习实训或者实践教学环节管理存在较大短板,导致学生严重缺乏实践能力和创新意识,缺少职业素养;双师型教师数量短缺,导致学生知识和技能融会贯通方面,生产、管理、服务知识和能力融合方面,形成良好的职业素养方面等相对滞后。在社会服务方面,如技术技能平台建设,职业院校与行业企业共建研发中心、实训基地、技能大师工作室等是技术创新与服务的重要载体,也成为职业教育社会服务能力的重要组成部分,但在技术研发平台建设上,资金投入、平台选址占地方面仍存在不小困境;亦如社会培训,高职院校教师本身就有比较繁重的教学任务,而且很多教师缺乏企业一线真实工作经历,对新工艺、新技术缺乏全面深入的了解,使得能够承担社会培训的优质师资严重不足;或受产业分布不均的影响,仍然存在一些地区某些产业薄弱,甚至没有产业的情况,或学校地理位置偏远,导致职业院校社会服务力度较弱。

五、服务生态文明建设方面

职业教育在以生态文明教育服务美丽中国建设的过程中,其资源困境表现在多个方面。具体来说,职业教育用以开展专门生态文明教育的资金支持、课程资源、教材资源、实训基地、实践场所和师资力量等严重不足,使得职业院校的生态文明教育困于资源制约而无法发挥实效。而缺乏具备生态文明教学能力的复合型教师是职业院校开展生态文明教育过程中资源受限的主要方面。这主要是由于生态科学从本质上来说属于交叉性学科,涉及生态保护、环境工程等自然科学和哲学、伦理学、管理学等人文社会科学,教师在开展生态文明教育的过程中需要将涉及的相关学科进行系统整合,这对教师的整合能力和跨学科教育能力提出了挑战。目前,职业院校承担生态文明教育的教师不仅数量严重不足,而且仅有的能够开展生态文明教育的教师由于没有接受过正规化、系统化的相关教育,因此,严重缺乏兼具人文社会科学和自然科学两方面学科背景的复合型知识结构和教育经历。当下职业院校为服务美丽中国建设而开展的环境和生态文明教育,除部分院校开设公选课之外,大多数职业院校往往通过三种方式开展生态文明教育:其一,通过环境科学或生态学等专业课程开展教学;其二,通过形势政策教育、政治学习等公共课程开展教学;其三,通过学生社团、兴趣小组等开展生态文明的实习实践活动。这些现有的教育方式和教育形式要么受到生态伦理、价值观和文化等方面的局限性,要么由于缺乏必要的生态学和环境科学等方面的系统知识和实践能力,实施效果难以有效发挥,阻碍了职业院校服务美丽中国建设服务能力的提升。

第六章 影响因素

职业院校的人才培养过程包括学生生源的输入、职业院校对学生综合素质的培养以及人才的输出三个主要环节,任何一个环节的数量、质量状况都会对职业教育服务美丽中国建设的整体效果产生影响。在这一过程中,涉及学生、院校、企业以及政府等多个主体,每个主体都不同程度地对职业教育服务美丽中国建设整体实施效果产生影响。

第一节 学生基本素质因素

一、服务经济建设方面

职业院校的学生普遍存在职业目标不明确的问题,由于学生未对自己的未来做出合理规划,很大一部分学生对自己将要从事的行业并不了解,对行业的发展前景、用人单位的规章制度、员工的要求等都没有进行必要的了解和研究,再加上实践经验的不足以及缺乏社会经验,对职业信息的获取也仅局限于毕业前的就业指导课、网络以及媒体的相关报道等。这种情况导致很多学生在就业时茫然不知所措,甚至工作岗位与所学专业严重不符,之后又频繁更换工作岗位,难以找到适合自己的工作,更别说服务美丽中国的经济建设。另外,随着社会的快速发展、企业为了生存不断升级改造,这就导致了人才竞争的加剧。在市场经济体制下,人们的价值观必然会发生改变。受利益的驱使,很多职业院校的学生在择业时往往注重的是自身的利益需求,而忽视了国家和社会的需要,不能将自身的发展与国家的利益有机结合。在选择工作时都喜欢选择经济发达的大城市和收入高的热门行业,这就导致人才分配的区域不平衡,使得经济发展相对落后的地区很难引进高素质人才。收入的高低成了学生择业的首要标准,造成了热门职业与冷门职业、大城市与偏远区域形成了鲜明的对比,严重影响了美丽中国的经济建设。

二、服务政治建设方面

就职业院校开展思想政治教育来看,作为教育主体之一的学生,在思想政治教育上存在以下两方面的问题。一方面,首先,对思想政治教育本身及其重大意义认识不够,仅停留在高中或者中职阶段将思想政治教育课作为一堂课程进行简单的记忆和背诵即可;其次,职业院校学生往往将课程分为两类,一类为专业课程,另一类为非专业课程。作为非专业课程的思想政治教育课程,常常认为其对自身实践问题的解决没有太大帮助和作用而不被学生所重视。另一方面,职业院校学生自身文化基础薄弱,学科知识积累不扎实,对思想政治理论缺乏学习动力和兴趣,学习积极性不高。

三、服务文化建设方面

《国家职业教育改革实施方案》指出,未来的职业教育将走与高等教育不同的发展道路,但现阶段职业教育与高等教育仍然有一定的差别。一方面,职业院校大部分学生普遍存在重技术、轻文化的思想观念,在学习过程中重视专业技能磨炼,忽略文化课程,文化意识薄弱;另一方面,传统文化修养不够,特别是改革开放以来,西方文化不断涌进国内,在西方享乐主义盛行的大环境诱导下,学生盲目推崇西方文化、憧憬西方的娱乐和生活方式的现象时有发生。当前职业院校的文化建设必须扎根传统文化,弘扬社会主义核心价值观和生态文明思想,才能培养出合格的社会主义建设者和接班人。

四、服务社会建设方面

一是认识站位不高。相当一部分职业院校与教师的社会建设理念存在偏差,对社会建设的重大意义认识不够。对职业院校参与社会建设,还简单地停留在培养高素质劳动力的观念上。高职教育只注重校本文化的培养,没有充分理解到当代职业教育对于服务区域社会经济建设、服务国家重大战略所起到的巨大作用。对学生职业技能、职业素养培养不够,对接新经济、新技术、新工艺、新业态的前瞻性不足,存在职业教育与社会经济发展规律相脱离的现象。

二是服务水平不高。目前大部分职业院校服务社会建设和行业企业的水平不高,主要表现在:一是教师解决企业实际生产中遇到的技术难题和工艺瓶颈的能力不够。一方面,现有的职业院校教师不仅在科研方面的造诣不高或者投入不够,且大多数没有丰富的企业实践经验,更没有企业运营的真实背景;另一方面,专任教师数量严重缺乏,多数学校生师比低于18∶1的标准,教师的日常教学任务比较繁重,没有足够的时间和精力深入行业企业。二是学生为企业创造效益的水平不够。由于学生的实践能力多为在校培养,缺乏企业真实生产环境的熏陶,对于所学专业的岗位需求和行业要求了解不多,难以在短时间内为企业创造价值。

三是合作主体不清。产教融合、校企合作目前已经成为职业教育服务社会建设的最优路径,但还是存在合作主体不清的问题。一是职业院校对产教融合、校企合作的重要性、决定性认识不到位。多数职业院校并未将深化校企合作提高到关系学院生存与发展的重要位置,对校企合作缺乏全面系统的顶层设计,经费和人力投入严重不足,体制机制严重滞后。二是企业缺乏对校企合作的战略思考。行业企业作为参与职业教育的主体之一,没有把职业教育的育人功能、服务功能融入企业价值链中,也没有充分认识到职业教育将会为行业企业带来巨大的结构性优化。校企合作双方目前均处于消极、被动的局面。

五、服务生态文明建设方面

通常情况下,与普通院校学生相比,职业院校学生的知识水平和学习能力整体偏低,这也导致职业院校学生的生态文明意识相对薄弱。职业教育重在培养动手实践的一线技术技能人才,这与我国传统的"万般皆下品,惟有读书高""学而优则仕"等人才观和价值观相冲突,职业教育与普通高等教育同等重要的类型教育的地位尚未被社会完全认可,因此,往往得不到家长和学生的青睐。职业院校的生源基本是在国家考试中分流的学生,进入职业院校很多情况下是不得已而为之的选择,生源现状使职业院校为美丽中国建设培养人才遭遇瓶颈和障碍。此外,行业企业在选拔人才中过分看重学历和文凭,人为地为职业院校学生设置求职障碍,导致学生毕业后在高端产业和产业高端就业的难度增大,学生对职业教育无法产生好感。生源上职业院校学生综合素质偏低的现实情况,使得职业教育服务美丽中国建设更加具有难度和挑战性。一方面,学生自身能力水平限制了其接受生态文明教育的积极性和实效性;另一方面,学校为了取得成绩往往更加偏向功利性,对与学生就业相关性不是很高的生态文明教育不够重视。

第二节　院校育人理念因素

一、服务经济建设方面

职业教育与美丽中国的经济建设之间存在着密切的互动关系。一方面,职业教育为企业的转型升级提供技术技能人才,区域经济的产业结构决定了职业教育的专业结构;行业的技术结构决定了职业教育的层次结构;劳动力结构决定了职业教育的人才培养规模结构。另一方面,由于职业教育被认为是企业技术工人的"蓄水池"、经济社会发展的助推器,其培养的学生毕业后立马就会前往企业一线工作,直接转换为企业的生产力,因此,对社会的经济发展影响最为直接。但目前大部分职业院校产教融合程度不够深入,职业院校在开设专业之前未充分调研区域产业现状,盲目设置目前所谓的高新尖行业的专业,专业建设没有体现本区域特色,导致这部分专业的区域人才供大于求,学生毕业后无法找到适合本专业的工作,需要进行跨专业就业,而本区域需要的但是相对不够前沿的专业又因学生数量不足导致企业用人紧张。在课程内容设置上,部分职业院校存在学问化倾向,课程内容未就职业岗位需求进行分析,教师在教材选择时选用本科教材,在讲授课程内容时为了保证知识的连贯性以知识关联需求为主线,而不是以职业需求为主线,在实践教学上,虽然安排了实践教学内容,但是由于学校的实训条件滞后于企业一线,学生接触的设备都是几年前甚至十多年前的旧设备,这就导致学生毕业后还需要一段的适应期来熟悉新技术、新设备,影响了企业的生产效率,也间接影响了美丽中国建设。

二、服务政治建设方面

职业院校在服务美丽中国建设过程中的主要任务是为国家培养德智体美劳全面发展的社会主义事业建设者和接班人。但就目前职业院校对于学生的思想政治教育建设方面来看,仍存在对思想政治教育建设不重视,对思想政治教育的保障不够到位的问题。部分职业院校忽略了对学生进行思想政治教育的重大意义,盲目地将教育的国家宏观政治目标视为思想政治教学目标,没有科学地确定学校一级教育的具体思想和政治目标,在育人理念上存在"重知识、轻德育""重技能、轻思想""只教书、不育人"等问题,导致在人才培养中思想政治教育的机制体制建设,资金、环境等投入,师资力量等方面存在不足。

三、服务文化建设方面

近年来,我国高职教育发展成效显著,形成了一定的社会影响力,现如今已经走上了谋求内涵发展、特色探索的文化建设之路。很多高职院校逐渐认识到自身文化的缺失,意识到"重技能、轻思想"的人才培养模式存在一定的流弊,逐渐开始重视文化育人的作用,高职教育理念从"重技能、轻思想"逐渐朝着以文化人、以文育人、以文培元的方向发展。在文化育人理念的引领下,很多高职院校积极响应时代发展需求,开始重视提高学生的人文素质水平,并采取了一系列措施。例如,深圳职业技术学院开展了文化育人的理论研究与实践探索,已经构建起全方位、多层次的文化育人体系;石家庄铁路职业技术学院构建了以"军魂""路魂""燕赵魂"为核心的"三魂"文化育人体系,打造结合自身和区域特色的校园文化品牌,育人效果显著。总而言之,高职教育在注重技术技能培养的同时,重视文化育人的理念转变,加强文化内涵建设,注重文化与技能同步发展,才能形成培养担当民族复兴大业的时代新人的良好育人氛围。

四、服务社会建设方面

一是社会观念有待改善。"万般皆下品,惟有读书高"的传统教育理念使得家长和学生更倾向于理论研究的工作而轻视专业技术的工作。很多家长和学生把去高职院校学习专业技术看成万般无奈之举。从现实情况来看,大多数就读于高职院校的学生都是高考时分数没有达到本科提档线而自动分流的,这就造成了高职院校普遍生源质量较差的现象。这使得高职院校在人才培养质量的进口上存在天然的短板。

二是专业设置不合理。随着社会经济和行业企业的快速发展,不少职业院校为了吸引学生,设立了很多新兴专业,如前几年比较流行的电子竞技专业。在自身师资队伍构成不够合理、教师能力有限的情况下,盲目跟风新设专业只会降低职业院校的整体办学水准。同时新兴专业教学水平的考核上,还没有建立起一套完善的评价体系,不少高职院校为了保障就业率,忽视了就业质量,没有严把出口关,一些为满足毕业条件的学生也能够顺利毕业,进一步拉低了职业院校的社会服务能力。

五、服务生态文明建设方面

虽然职业院校学生综合素质普遍偏低且生态文明意识不够,但是职业院校在人才培养中依然具备发挥积极能动作用的现实可能性,但就现实情况来看,职业院校学生在服务美丽中国建设中的生态素质和能力还远远不够。这除与职业院校专业结构不合理、教育理念陈旧、师资配备不充足、设备设施不完善、教学内容不聚焦有关系外,大部分原因在于职业院校本身在生态文明教育方面的意识较为淡薄,对生态文明教育的重视程度不够。职业院校的根本任务在于为经济社会建设和发展培养合格的高素质技术技能人才,但是由于进入新时代后我国经济的发展方式发生了重大改革,必须实现经济发展和环境保护的共同发展。因此,企业在招聘人才的过程中虽未将具备生态文明素养列为必需条件,却是人才参与竞争的加分项。在这种发展趋势下,职业院校却依旧抱持陈旧的教育理念,未从根本上重视生态文明教育,导致生态文明教育表现出极大的随意性,其课程设置和专业结构也不够合理。重庆大学黄锡生教授指出,目前,我国高校中在非环境专业中开设环保课程的仅占 10% 左右,并多为选修课。此外,由于缺乏生态文明教育意识,职业院校对生态实践活动的投入资金严重缺乏,从根本上导致了生态文明教育的缺位。总之,由于职业院校没有正确认识到生态文明教育的重要性,缺乏可持续发展的眼光和开展生态文明教育的意识,只是单方面地注重提升学生的专业能力,职业院校在服务美丽中国建设的过程中后劲不足。

第三节　企业用人制度因素

一、服务经济建设方面

随着市场经济的快速发展,企业面临的市场竞争越来越激烈,但是目前我国企业服务美丽中国经济建设的管理体系不够完善,相关制度还处于初级探索阶段,部分企业对美丽中国经济建设并不了解,更别说如果将自身价值与美丽中国经济建设目标统一,这就导致很多企业管理方式比较落后,这既不利于企业的可持续性发展,也不利于美丽中国经济建设。而一些优秀企业主要基于节能环保开展美丽中国经济建设,通过定期进行教育和培训培养员工的环保意识,在企业不断传播绿色节能、绿色经济建设的理念,最大程度地降低因员工个人素质不足而造成的资源浪费。通过传播绿色经济建设理念,在提高企业知名度,树立良好企业形象的同时,也为企业绿色、可持续发展奠定了基础。因此,对于企业而言,只有将社会责任竞争力作为企业的核心竞争力,将绿色低碳的理念完美融合至企业的整体发展战略,从管理层面到基层员工都具备绿色经济意识,在生产实践中不断践行绿色低碳理念,企业才能实现可持续性发展,美丽中国经济建设才能得到实现。

二、服务政治建设方面

一是部分用人单位未曾作为教育主体参与到人才培养中。如今职业院校,紧抓职业教育发展的历史机遇,面向学生全面发展,不断推动科教协同和产教融合,不断推进校企深度融合,不断推进供给侧结构性改革,加速适应现代社会经济发展。职业院校主动对接行业企业,邀请和聘任行业企业员工作为职业院校的学生开展讲座或授课,一方面为学生传授技能知识;另一方面培养学生爱岗敬业、精益求精等职业精神。但部分企业用人单位,未曾参与到人才培养中或对企业员工作为兼职教师积极性不高。二是在用人选择上,更多考虑的是技能与岗位的匹配度。企业单位在用人招聘中,技能与岗位的匹配度往往作为主要的选择方向,不过分强调应聘人员的思想道德品质。三是部分企业用人单位本身没有建立良好的企业文化、企业精神、企业作风和形象,对思想政治教育不够重视。

三、服务文化建设方面

人才关系着整个企业的生存和发展,而企业文化的理念是尊重人才,企业文化发展的最终目标是保证企业可持续、稳定、健康发展,这就要求职业院校的人才输出可持续供应。而职业教育作为企业的直接人才库,在服务社会发展的道路上任重道远。鉴于此,我们必须创新职业教育企业文化的发展,构建企业全程、全方位参与人才培养路径,进一步根据市场需求,建立动态合理的专业、课程体系,深化教育教学改革,加强师资队伍建设,培养一批具有家国情怀、开拓创新、学习能力、团队合作的高素质技术技能人才。

四、服务社会建设方面

一是体制机制有待创新。传统的刻板印象使得社会对高职院校参与社会建设的能力不够信任,认为高职院校的科学研究和人才培养水平都不如普通本科院校,各项地方政策也存在向普通本科院校倾斜的情况,在政府和企业进行技术研发、科研攻关合作时,高职院校的存在感非常低。这就让高职院校失去了更多社会服务的机会,也让高职院校难以积累足够的社会建设经验,在一定程度上打消了高职院校自主提升社会服务能力的参与感和积极性。

二是师资结构急需优化。体制机制的不健全导致高职院校在老师招聘时竞争力明显低于普通本科院校。很多教师把高职院校作为职业生涯的一个中间站,在教科研水平都有所提高时便会选择到普通本科院校,这使得高职院校普遍缺乏中年骨干教师。虽然年龄较大的教师在教学和科研等方面都有着丰富的经验,但行业企业的快速发展,很多专业核心课程所要求的理论知识和实训设备变化速度加快,资深老师教学理念和方法相对保守,不容易适应这种高速变化的专业教学。而年轻老师虽然有较强的适应能力,能够快速掌握新型技术和设备,但由于教学经验的不足,不能灵活地运用教学方法。这些综合因素在一定程度上也阻碍了高职院校提升社会服务的能力。

五、服务生态文明建设方面

学生在接受完职业院校的教育和培养后,其知识和能力是否能够适应岗位生产还得进入企业这一检验场所进行最终的质量鉴定,这从根本上导致了企业对人才素质结构的要求决定着职业院校的人才培养目标。但是,在工业文明占主导的生产氛围下,企业在选拔人才的过程中出现严重的功利性倾向。人类社会进入工业文明以来,科学技术的发展使得人类在对自然的开发和改造中取得了极大的成就感,与此同时,物质欲望也越发膨胀,人类中心主义自然观也逐渐形成。工业社会盛行不衰的成本外化生产模式,粗暴地让环境来承担生产和消费过程中产生的成本支出。工业社会固有的社会价值观从根本上导致现代企业往往只注重对经济利益的盲目片面追求,因此,在选拔人才的过程中也以此为考量因素,形成了一种功利性的用人制度。此外,由于企业生存的基础和价值在于经济上的盈利,虽然国家早就大力倡导企业在发展过程中进行绿色生产,但要真正实现绿色生产企业必然需要在设备购买、专家聘请、人才引进和职员培训等方面进行投资,将会增加企业的生产成本。因此,企业在环境效益和经济效益之间往往会选择后者,在人才招聘中也更看重专业知识和技能。可以看出,企业用人的标准和要求是职业院校人才培养的重要参考,而当下企业的用人制度并未将生态文明素养列为人才聘用的必需要求,这间接制约了职业教育服务美丽中国建设中整体效果的实现。

第四节 政府政策导向因素

一、服务经济建设方面

职业院校通过产教融合等方式服务美丽中国经济建设不能仅仅依靠学校和

企业,更重要的是需要政府提供制度保障,在产教融合中起到积极引导、支持及监管作用。政府不仅要构建校企间沟通交流的平台,促进校企合作,还要承担起监管重任,要根据地方经济发展需要,为校企间的合作制订制度,并做出正确引导。目前虽然国家层面出台了很多支持校企合作、产教融合的政策,但是各地方政府出台具体支持校企合作、制订区域技术技能人才发展规划等方面的制度仍有一定程度的缺失,为企业减负开展产教融合的政策也较少,这就导致企业参与校企合作的意愿不够强烈,合作的持久性得不到保障。由于地方政府的政策支持未直达痛点,交流平台及相关机制不够完善,校企合作双方的交流成本较高,也降低了双方的合作意愿。目前,大多数校企合作、产教融合项目的建立主要依赖于学校的社会影响力,由于没有平台促进校企双方进行有效的沟通,这就导致社会影响力越大的职业院校校企合作产教融合工作开展得越好,而社会影响力较小的学校虽然在某些专业上有自己的优势,却无法获得较好的校企合作机会。优质校企合作资源的过度集中也不利于美丽中国经济建设的开展。

二、服务政治建设方面

国家与政府的相关制度设计与学校管理规范是保障学生思想政治教育的关键要素。国家制度设计是从国家上位高度制定思想政治教育的宏观政策,为其提供根本性的制度保障;职业院校管理制度是从管理主体责任的维度对学生思想政治教育提供规范保障。然而,虽然国家高度重视思想政治教育的建设与发展,先后以政策形式提出要充分发挥党组织在职业院校的领导核心和政治核心作用,牢牢把握学校意识形态工作领导权,将党建工作与学校事业发展同部署、同落实、同考评,但具体到职业院校学生群体的思想政治教育相关政策等仍较少涉及,使学生对国家政策的认识过于抽象和宏观,很难体会到国家制度设计对于思想政治教育的支撑和引导作用。当前,政府相关制度设计与高校管理规范需要围绕学生思想政治教育不断丰富和完善,增强大学生思想政治教育的获得感、参与感和满足感,才能更好地引导其有序参与思想政治教育。

三、服务文化建设方面

《国家职业教育改革实施方案》中"职业教育与普通教育是两种不同教育类型,具有同等重要地位",鲜明地指出了职业教育在整个教育体系中的定位和类型意义。这是新时代国家职业教育顶层设计的起点,也是现代职业教育体系建设的根本需求。然而,当前部分地区依然存在对职业教育重视不够、带有偏见的现象。因此,要关注职业院校改进制度建设,加快制度创新步伐,打造完备的制度文化,以先行先试精神增强职业教育创新发展高地建设的文化供给。以贯彻落实《国家职业教育改革实施方案》为契机,深入破解制约职业教育改革发展的瓶颈,建立中国特色职业教育基本制度和模式。

一是加强职业教育制度文化建设,强化中国特色职业教育理论研究和积累,拓宽职业教育体系建设的文化路径,减少制度文化建设的盲点。二是完善职业教育制度体系,拓宽职业教育学校类型和办学层次,创新地方现代职业教育体系建设政策,增强职业教育吸引力①。三是营造社会平等支持不同类型人才从业和发展的制度文化环境,用文化软实力增强制度文化的竞争力②。

四、服务社会建设方面

职业教育服务美丽中国建设在社会建设方面的效应未能充分发挥,这需要从制度方面不断督促、引导。但就目前而言,政府缺少建立职业教育服务美丽中国建设的社会建设制度,同时对职业教育的适度干预制度和利益共同机制也不完善,使行业企业参与动力不足,且在职业教育中不能发挥主体作用,解决不了社会参与积极性不高的问题。目前,《新职业教育法》已经颁布实施,这对职业教育的发展和职业教育服务美丽中国社会建设具有巨大的推动作用。但是该法属于纲领性、指导性法律,如何具体实施、更好落地,则需要地方政府、各级部门和全社会共同努力。社会建设涉及方方面面,只有从政策制度上让各方参与者的权利和义务得到保障,才能将包括职业教育在内的政行企校拧成一股绳,让更多的社会力量参与社会建设。

五、服务生态文明建设方面

国家从很早就开始重视国家的生态文明建设,并出台相关政策确立了生态文明教育的重要地位。但是,目前国家出台的相关政策文件中多集中在高等教

---

① 陈衍,李阳,柳玖玲,等.地方现代职业教育体系建设政策移植与创新[J].现代教育管理,2019(2):102-107.

② 方勇.职业教育标准的建设与管理[J].职教论坛,2017(28):20-23.

育,很少聚焦到职业教育。通过对我国生态环境方面的政策梳理可以发现,我国现有的政策文件中提出职业院校要培养高素质技术技能人才,但是并没有将具备生态意识和绿色生产能力纳入人才所必需具备的能力素质中。因此,职业院校在缺乏国家相关政策的强制性规定和方向性指引下,面对职业院校之间较为复杂的竞争压力,在制订人才培养方案时很难将生态文明教育纳入考量。此外,由于教育具备的政治性属性,因此,一旦缺乏国家政策的保障和引导,职业院校不会轻易改变人才培养目标以防在人才培养中出现错误的政治倾向。但是职业院校作为我国教育系统的一个不可或缺的子系统,对服务美丽中国建设具有不可替代的作用。这种作用的发挥需要政府层面出台具体的政策文件进行规范和引导,以调动职业院校开展生态文明教育的积极性。但是目前关于职业教育开展生态文明教育、培养生态文明建设方面人才的政策文件并不完善,导致职业教育服务美丽中国建设缺乏正确引导和强劲动力。

第三篇

"行"的路径

职业教育作为一种与普通教育具有同种重要地位的教育类型,在服务我国美丽中国建设的过程中具有举足轻重的战略性地位。职业教育具体该如何服务美丽中国建设呢?首先,从本质上来说,职业教育与经济社会发展联系最为紧密,承担着为我国培养高素质技术技能人才的重任,为美丽中国建设输送合格的建设者是其发挥服务功能的底层逻辑。因此,职业教育服务美丽中国建设需要主动对接美丽中国建设过程中对高素质技术技能人才的实际需求,提高人才培养质量,使得美丽中国建设在高素质技术技能人才的支持下取得良好效果。其次,从教育属性上来说,职业教育除具有育人功能之外,还具有文化传承和文化创造功能,因此,职业教育在美丽中国建设的过程中可以将技术文化、企业文化、地理人文、工匠精神等不断发扬传承,以更好地凝聚人心,助力美丽中国建设。最后,从外在功能上来说,职业教育不仅需要做好本职工作,开展学生的教育教

学工作,还需要通过人才培训、技术服务等方式更好地发挥社会服务功能,为美丽中国建设提供更多的技术支撑和智力支持。总的来说,职业教育可以通过人才培养、文化传承和社会服务等方式全面服务美丽中国建设,使得美丽中国建设能够在职业教育的助力下取得卓越成效。

第七章 人才培养路径

随着信息技术的发展和科学技术的进步,人才逐渐在社会中占主导地位,人力成为国际竞争中最为核心的资本要素。与普通教育相比,职业教育更加注重培养人才的技术技能素质,更加注重人才的动手操作能力和现场工作能力,是一种人才培养目标更为聚焦、更为实用的教育类型。因此,美丽中国建设战略的实施离不开职业教育的助力,职业教育需要在明确美丽中国建设对技术技能人才需求的基础上制订科学的人才培养方案,为美丽中国建设中的经济建设、政治建设、文化建设、社会建设、生态文明建设提供适口对路的高素质技术技能人才。

第一节 服务经济建设的人才培养路径与实践

一、路径建构

(一)相互合作,协同育人

校企合作、产教融合的实施需要政府、职业院校、行业企业多主体共同参与,相互合作,协同育人。首先,地方政府出台具体的措施,支持国家出台的产教融合相关政策、方针的落地,根据区域经济发展规划及产业结构制定职业教育的总体发展规划,成立相应的产教融合监督委员会对产教融合开展情况进行指导和监督管理,搭建产教融合平台实现校企双方的有效沟通,制定相应的政策、文件,特别是对中小企业的经费支持提高了企业参与产教融合的积极性。其次,职业院校应结合本校的特点、优点,主动联系区域内具备条件的企业开展合作,在合作时应首先思考企业需要什么,而不是首先考虑学校需要什么,站在企业的角度来思考问题,只有解决了企业的痛点,企业才会有参与校企合作的主动性。最后,企业应充分参与到职业院校的人才培养全过程,利用自身熟悉工作岗位内容、行业标准和员工素质的优势,指导职业院校制订符合产业需求的人才培养方案,安排企业专家或技术能手对学生开展现场教学,联合学校对学生进行技能评定。

(二)工学结合,理实一体

产教融合背景下,职业院校人才培养模式的动力来源主要是培养内容的工学结合、理实一体。即在开设专业前应充分调研区域产业经济结构,专业设置应以产业链、需求链为载体,符合专业需求;课程设计时必须基于校企联合建立由企业专家和职业院校教师共同组成的专业教学团队,以市场需求为导向,结合职业岗位对知识技能的需求共同完成课程体系的设计;在具体开展教学活动过程中,应将企业真实案例引入课堂教学,通过仿真工作环境等方式构建理实一体化的实践教学情境,让学生在真实的企业环境中除学习知识、磨炼专业技能以外,还训练了学生基本技术素养和综合职业道德。职业院校在对人才培养时应体现阶梯式、循序渐进的原则,在第一阶段主要以通识课和专业基础课为主,为学生打好基础,第二阶段通过开设专业核心课、职业拓展课,训练学生的专业技能,第三阶段通过岗位实习、各类比赛等方式提升学生的综合职业素质。

(三)多元评价,统一构序

产教融合背景下,职业院校应联合行业企业结合岗位需求建立人才培养质量评价体系和标准。评价的内容不能局限于理论知识,应体现行业企业的需求并综合技术技能和职业素养等因素;评价的方式应多样化,应基于过程性评价和结果性评价、主观评价与客观评价相结合的方式;评价的主体应多元化,除学校专业教师参与评价以外,应引进行业企业专家从多维度共同参与到学生的评价中。

二、实践案例

案例一：重庆工程职业技术学院

（一）案例背景

随着新一轮科技革命和产业变革深入发展,职业教育信息化赋能制造强国、数字中国的建设,引领教学改革的作用凸显。我校依托工业互联与智能装备职教集团,充分整合学校与企业的优势资源,协同开发产学一体的在线开放课程,建设三层N维模式的教学资源库,打造虚拟仿真实训基地,有效助推重庆装备制造产业数字化智能化转型升级。

（二）具体举措

1. 协同创新,开发产学一体的在线开放课程

校企协同创新,面向先进制造技术,以需求为牵引,通过系统设计、开放式管理、先进技术支撑的方式,建设了一批在线资源丰富、类型多样、与智能制造企业生产相适应的精品在线开放课程(图3-1)。同时搭建企业职工在线培训平台,根据企业生产实际,实施工学交替。

图3-1　在线课程建设

2. 校企联动,建设三层多维的专业教学资源库

校企联动构建三层多维的安全技术与管理专业教学资源库,三层分别是建设层、机制层、应用层(图3-2),多维是从MOOC、职业培训、技能训练、学分

互认、国际交流等多个维度应用资源库,共建 6 门培训课程,开发"1+X"证书技能训练模块、国际课程等各类特色资源。

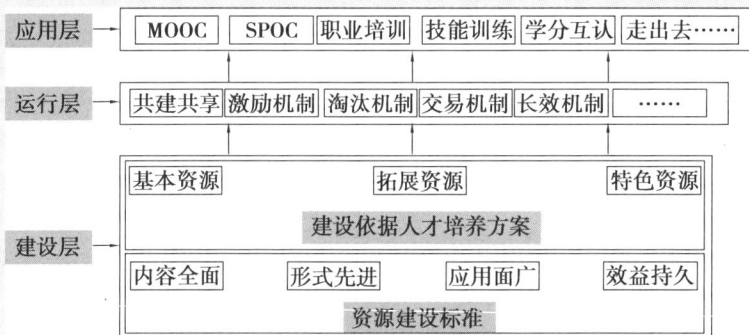

图 3-2　三层多维模型

3.双向赋能,打造基于工作过程的虚拟仿真实训基地

校企共研基于工作过程的虚拟仿真基地建设方案,将现代信息技术、先进制造技术紧密结合,分步推进高端智能装备、先进制造、智能产线、协同制造等四大虚拟仿真实训室建设,共建集教学、培训、技术服务等功能于一体的城市机电与智能装备制造虚拟仿真基地,为学校教学和企业生产双向赋能(图3-3)。

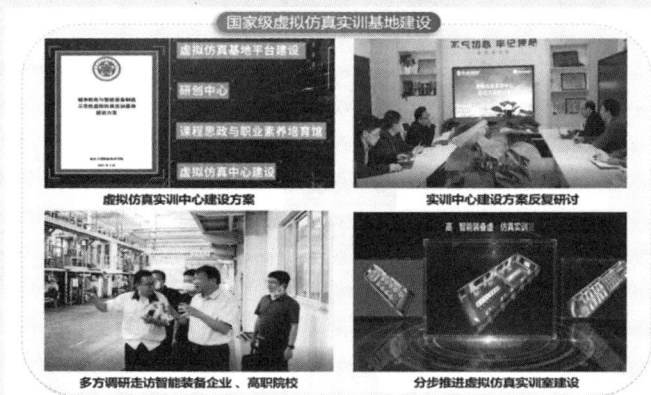

图 3-3　虚拟仿真实训基地建设

(三)主要成效

1.深化合作力,在线开放课程建以致用

专业群共建设在线开放课程 18 门。其中,联合中兴通讯校企共同开发的

《Windows 服务器配置与管理》评定为国家级精品在线开放课程,涉及高校超过 80 所,学习人数 82 335 人。建成重庆市级在线开放课程 5 门,总计 2 万余名学生、900 余名教师、5 000 余名企业职工使用,总访问量超 45 万人次(图 3-4)。

附件

2020年国家精品在线开放课程(高职)认定名单

序号	课程名称	课程负责人	课程团队其他主要成员	主要建设单位	主要开课平台
1	工业机器人实操与应用技巧	管小清	周国烛、吕世霞、冯志新	北京电子科技职业学院	爱课程(中国大学MOOC)
2	自动化生产线安装与调试	马冬宝	张赛昆、崔健、季君	北京电子科技职业学院	爱课程(中国大学MOOC)
3	现代烙画艺术鉴赏与体验	张朋军	袁利国、李建朝、李岩、刘引涛	河北工业职业技术学院	爱课程(中国大学MOOC)
4	汽车转向、行驶与制动系统故障诊断与修理	曹景升	于万海、王大鹏、冯子亮、胡倩	邢台职业技术学院	智慧职教MOOC学院
5	英语–海外旅行篇	张铁辉	张志红、韩芳、王欣彦、石红莉	河北软件职业技术学院	智慧职教MOOC学院
84	Windows服务器配置与管理	杨智勇	刘方涛、刘宇、唐宏、汪应	重庆工程职业技术学院	爱课程(中国大学MOOC)
85	房地产基础——购房宝典	付朔、李易娟	胡延坤、李真、易攀	重庆城市职业学院	爱课程(中国大学MOOC)
86	水工建筑物	张守平	邓晓、王世儒、吴明洋、程小龙	重庆水利电力职业技术学院	重庆高校在线开放课程平台

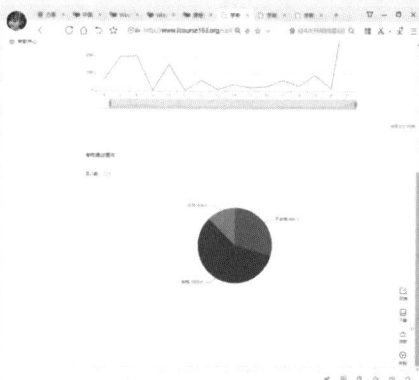

图 3-4　在线开放课程应用情况

2.引行企活资源入课堂,资源库建设与产业发展同频共振

专业群安全技术与管理专业成功立项为国家级教学资源库,有 250 余所高职院校共开设 SPOC 课程 888 门,6 门课程认定为市级精品在线课程。基于资源库,开展职业教育、技能培训、"1+X"证书培训,用户总数达 17 万余人(图3-5)。依托全国应急安全职教联盟,建立了学分银行,搭建终身学习立交桥。

附件　**国家级立项建设资源库名单**

2019年第二批立项建设资源库项目名单

编号	名称	主持单位
2019-01	影视动画	深圳职业技术学院 湖南大众传媒职业技术学院 河北软件职业技术学院
2019-02	煤化工技术	兰州石化职业技术学院 晋中职业技术学院 宁夏工商职业技术学院
2019-03	临床医学	肇庆医学高等专科学校 漯河医学高等专科学校 湖北三峡职业技术学院
2019-04	虚拟现实应用技术	重庆电子工程职业学院 湖南大众传媒职业技术学院 南京信息职业技术学院
2019-40	安全技术与管理	重庆工程职业技术学院 湖南安全技术职业学院 北京工业职业技术学院
2019-41	民族文化与传承创新子库——古建保护技艺传承与创新	浙江建设职业技术学院 上海城建职业学院 山东城市建设职业学院
2019-42	房地产经营与管理	南京工业职业技术学院 浙江建设职业技术学院 内蒙古建筑职业技术学院
2019-43	冷链物流技术与管理	山东商业职业技术学院 广西职业技术学院 黑龙江农业工程职业学院

■按媒体类型统计

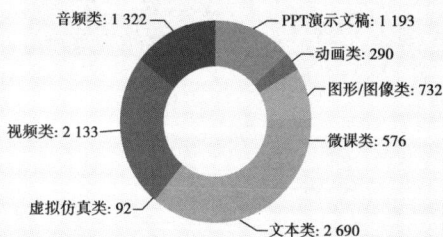

音频类: 1 322　PPT演示文稿: 1 193　动画类: 290　图形/图像类: 732　微课类: 576　视频类: 2 133　文本类: 2 690　虚拟仿真类: 92

■用户总数: 171 155位

■按身份分布

■总人数　■活跃用户数

学生 158 820 / 148 635　教师 4 154 / 3 890　企业用户 4 832 / 4 815　社会学习者 3 350 / 3 288

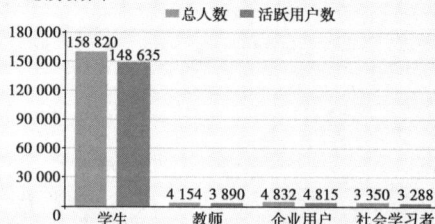

图 3-5　资源库应用情况

3.推进虚拟仿真技术赋能教学,示范引领辐射广

成功立项为国家级虚拟仿真实训基地,建成虚拟仿真共享课程 26 门,共享学校 12 所,受益学生 3 500 余名,为社会人员提供 6 批次、260 人次的培训,为企业提供 4 批次、159 人次的培训(图 3-6)。

图 3-6 虚拟仿真基地成效

资料来源:重庆工程职业技术学院"双高"中期绩效自评报告。

案例二:哈尔滨职业技术学院

哈尔滨职业技术学院对接工业强省产业升级需求,主动担当,打造区域复合型技术技能人才培养高地。在已经形成的以"产教融合、组合创下、多元共享"为特色的办学理念指导下,学院主动梳理办学模式、培养模式、课程开发、教学模式、实训条件建设、师资队伍建设、质量保障等方面的标志性成果和特色做法,建设特色强项,将局部成效串成发展主线,形成智能工场服务龙江制造鲜明特色。

学院投入近6亿元,以产教融合、校企合作为主线,建设集"智能教学工场、职业网红培训工场、智能双创工场、智能诊改工场、工匠人才培养"于一体开放共享的智能工场。与企业密切对接开展技术研发、成果转化、横向课题、员工培训等,推进成果转化;拓展社会服务深度和广度,启动乡村振兴、直播电商网红培训、继续教育等多样化社会培训项目。

1. 开展生产项目化实践教学

按照专产共生的设计理念和思想,建设多元一体化的实践育人服务平台——建设智能教学工场、AI+智慧学习人工智能学院,开展5个生产性实训项目。智能教学工场引进哈汽——董礼涛技能大师工作室、黑龙江弗林斯工业科技有限公司,将课程与企业真实项目结合,以真实生产项目为教学任务,实现产业学院实体化运营,开展新产品试制与研发,鼓励教师带学生参与实际生产,保证学生实践任务与工作岗位任务零距离对接,从需求侧入手解决供给侧的问题。

2. 开展三体型教师团队导学

三体型教师团队将教师本体、学术研究体和技术技能体三体合一。基于岗位,在真实项目教学中,教师本体解决知识层面的问题,学术研究体解决新技术应用的问题,技术技能体(大师)解决实践应用问题。学生同时收到来自三个方面的指导,有效培养了学生岗位综合能力,缩短了与岗位工作的距离。三师结合研制了实践育人课程标准、顶岗实习标准、智能实训室建设标准以及工匠人才培养标准,电子商务教学团队获批国家第二批职业教育教师教学创新团队。

3. 创新四场互通实践育人机制

智能教学工场重点培养学生的岗位实践能力,双创工场培养学生创新创业能力、职业网红培训工场培养学生社会服务能力,建立学生职业能力四维雷达诊断图和诊改平台,培养各级各类工匠人才2 531人;依托"双高计划"项目优势、全国高技能人才培训基地、国家级政府主导型双创实践育人基地等三大载体,聚焦学历教育、创新创业、社会培训,三驾马车并驾齐驱,提高人才培养质量、孵化更多创业企业,开展职业培训5万~10万人次/年。目前成为国内同类院校培养卓越工匠人才的示范高地,智能工场运行模式在全国同类院校示范推广。

资料来源:哈尔滨职业技术学院"双高计划"中期绩效自评报告。

案例三:辽宁机电职业技术学院

辽宁机电职业技术学院大力推行"三型联动、三位一体、三层并进"的校企合作办学模式。同辽宁恒力石化集团和沈飞民机等大型企业签订校企合作战略协议,校企共建产教融合实训基地,共同开展现代学徒制人才培养。建成基于校中厂生产性实训基地7个,实施订单培养企业52家,建立企业教师访问工作站29家,深度合作省级以上产教融合型企业13家;获批首批全国示范性职业教育集团1个、辽宁省特色产业学院2个,兴辽产业学院1个。

(一)区校企联动发展,产学研结合办学模式可引领

学校积极服务制造强国建设和辽宁全面振兴,发挥校区建在产业园内的办学优势,构建了学校、产业园区、园区企业共建共治的共享机制,打造了专业集群、工学结合、协同创新平台,形成了校园建在工业园内、专业建在产业链上的校区位置优势,走出了一条区校企联动发展,产、学、研联合办学的特色发展之路。学校特色发展模式被辽宁日报等官方媒体宣传报道,学校被中国科教评价研究院评为全国高职院校产教融合100强学校。

(二)引校进企共建二级产业学院模式可示范

大力推行资源共享型、合作共建型、深度融合型三型联动,合作办学、合作育人、合作就业三位一体,体制层面、课程层面、教学层面三层并进的校企合作办学模式。相继创建了黄海汽车学院、仪器仪表产业学院等4个特色产业学院和1个兴辽产业学院。学校引校进企办学模式改革获新华网、中国教育报、中国教育新闻网等国内主流媒体报道。

(三)一群一园一中心,一专多企一平台的协同育人模式可推广

以国家、省、市三级重点建设专业为骨干,组建与辽宁重点产业结构相适应、与装备制造产业链紧密结合、特色鲜明的专业群9个。推行每一个专业群对接省内一家重点产业园、设置一个教学实践与技术应用中心的专业建设范式和每一个专业同多家企业合作、构建复合型技术技能人才培养平台的协同育人模型。学校协同育人经验在行业高水平职业院校建设研讨会做主题发言,面向500余名行业企业与兄弟院校宣讲,受到一致好评;在"双高计划"高绩效发展线上论坛面向全国10万余人次宣讲,受到《光明日报》《中国教育报》等十余家官媒报道。

资料来源:辽宁机电职业技术学院"双高计划"中期绩效自评报告。

第二节　服务政治建设的人才培养路径与实践

一、路径建构

贯彻落实习近平总书记提出的关于落实立德树人根本任务的要求,将立德树人的成效作为检验学校一切工作的根本标准,把立德树人内化到学校建设和管理各领域、各方面、各环节,健全机制体制,加强教育教学和人才培养模式改革,建设立德树人视域下的人才培养体系,培养德智体美劳等全面发展的社会主义建设者和接班人。

（一）以立德树人为先导

学校党委作为贯彻学校立德树人工作的主体和关键,要保证正确的办学方向,掌握学校思想政治工作主导权。学校党委在人才培养体系理念建设中应加强政治引领、顶层设计、整体布局。首先,学校党委应旗帜鲜明地讲政治,确保人才培养的方向与以习近平同志为核心的党中央所提出新时代人才需求保持高度一致。其次,学校党委在人才培养体系建设上要加强领导和指导,再由相关院部具体实施。最后,学校党委应抓住职业教育的类型特色,将立德树人理念融入人才培养体系建设理念中。

（二）以课程思政为载体

全面推进课程思政建设是落实立德树人根本任务和高职院校教学改革的一项重要举措。根据专业课、通识课、实践类课程等特点和育人要求,充分挖掘课程思政元素,融通各门课程的思政教育资源,将思政元素教育融入课程教学,运用特定的思政话语系统激发学生的家国情怀、工匠精神、理想信念等政治素养,促使思政课程和专业课程、通识课程等产生同频共振、同向同行的育人作用,形成全过程（全方位）全员参与的育人新局面。以课程思政为载体,通过润物无声的方式培养出来的德才兼备的人才必然能作为社会主义的建设者和接班人。

（三）以三全育人为宗旨

三全育人是高职院校人才培养的创新模式,是落实立德树人根本任务的重要保障。要坚持把立德树人作为中心环节,把思想政治工作贯穿教育教学全过程,实现全程育人、全方位育人。目前全国各个省市高职院校均在实行三全育人试点院校工作,从共性做法来看,学校在党委领导下,开展了顶层工作机制设计,完善了工作制度保障建设,建立科学高效的部门协同育人机制,建立了成熟开放的校内外联动机制,促进了教育资源整合和课程思政建设,建构起全面发展人才培养体系,有力保障了高校思想政治工作的加强和改善。

二、实践案例

案例一:重庆城市管理职业技术学院

1.实施背景

为深入学习贯彻习近平新时代中国特色社会主义思想,贯彻落实全国及全市教育大会精神,学校紧盯目标导向、问题导向、需求导向、效果导向,守正创新,立德树人,学校思想政治工作质量水平不断迈上新台阶。

2.主要做法

一是坚持系统设计,筑牢立德树人主基石。构建完善大思政工作格局,党委会定期研究部署党建与思政工作,有力推动党建思政与教学科研、管理服务同频共振。实施思想政治工作质量提升工程,推进"五育并举三年行动"计划,实现以实践创新推动机制创新。

二是坚持协同融合,建强立德树人主力军。打造六要思政课教师队伍,形成"1+3"人才培养平台,队伍育人担当不断强化。建设三化辅导员队伍,支持辅导员协同开展行动研究,队伍逐步由经验型向学习型转变,建设德技同育专业教师队伍,以推进课程思政建设为契机,促进专业课教师真正走到学生身边,与党务和思政工作队伍同向同行,形成更强育人合力。

三是坚持德技并修,抓实立德树人主任务。深化全国文明校园创建行动,全面推进青马工程提质增效,增强社会主义核心价值观进教材、进课堂、进头脑实效。推进劳育融通行动计划,统筹课程劳育、校园劳育、专业教育、家庭劳育、社会劳育等五个劳育力量,建设师生共同参与、家校携手共建的劳动实践共同体,以小细胞激活大文明。

3.成果成效

学校系统构建并实践的高职思政课立体化教学模式成效不断彰显,马克思主义学院2019年获批重庆市重点思想政治理论课教学科研机构,2020年获批重庆市高校黄大年式教师团队,入选重庆市高校思政课名师工作室。先后培育孵化独具特色的社工人文精神和三位一体文化育人体系,三结合、三同步实践育人成果获全国青年志愿服务项目大赛金奖,2020年成功获评全国文明校园,2022年获批教育部高校思想政治工作创新发展中心。

资料来源:重庆城市管理职业技术学院"双高计划"中期绩效自评报告。

案例二:东莞职业技术学院

学校全面加强党的建设,落实立德树人根本任务,扎实推进"核心""铸魂""堡垒""纽带""护航"五大建设工程,坚持把立德树人作为人才培养中心环节,把思想政治工作作为党建工作的有力抓手,创新构建了党委领导、多部门联动的工作格局,打造了课程思政与思政课程协同育人体系,推动思政工作体系贯穿学校人才培养体系,形成了学校大思政协同育人新格局。

一是建强新时代马克思主义学院。深入落实《新时代高等学校思想政治理论课教师队伍建设规定》,严格按照师生比不低于1:350的比例核定专职思政课教师岗位,打造了一支信仰坚定、理论功底扎实、数量充足、结构优化的高素质教师队伍。目前,学院有专职思政教师38人,其中,教授5人、副教授7人、博士12人,高级职称教师比达31.58%。近3年,学院教师在教学能力大赛、教学科研成果等方面取得国家级标志性成果4项,省级10余项,如全国思政课教学能手、教育部人文社科思政专项等,成为粤港澳大湾区办学特色鲜明、发展势头强劲的新时代马克思主义学院。

二是构建大思政协同育人特色平台。学校在马克思主义学院基础上,新设习近平新时代中国特色社会主义思想三进研究中心和课程思政教学研究中心。通过集体备课制,将"四史"教育最新内容和党的最新理论成果融入课堂教学中,强化了思政课教学的保鲜机制。学校思政育人平台促进了教师发展。建设期内,马克思主义学院共获批科研课题60余项,其中教育部人文社科项目

2 项、省级 9 项,在同类院校中名列前茅。

三是课程思政与思政课程深度融合。强化课程体系和教材体系建设,将党的创新理论成果全面贯穿、有机融入各门课程。立足"三严三实"党史学习教育等学习教育专题,依托学校大思政协同育人平台,开展系列的课程体系和教材体系的建设工作,将党史和七一讲话重要精神融入进来。以打造金课建设为抓手,持续推动思政课改革创新,聚焦课堂质量,开展了 4 个精品的改革创新,站稳了思想政治理论课教育的主阵地。2019 年 12 月,东莞市委书记肖亚非同志进校为全校师生讲授思政课;学校思政教学质量明显提升,在广东省大中小学思政课一体化教学展示交流活动中获一等奖,获得广东省高校思政党史学习教育优质案例三等奖,战"疫"传薪火,青春志昂扬入选广东省精品党课。2021 级、2020 级学生对我校思想政治理论课的满意度分别为 94.82%、93.35%,教学满意度均在全校排名第一。

资料来源:东莞职业技术学院"双高计划"中期绩效自评报告。

案例三:武汉船舶职业技术学院

三年来,学院坚守为党育人、为国育才初心使命,聚焦立德树人根本任务,以建成引领改革、支撑发展、中国特色、世界水平高水平学校与专业群为目标,以人才培养、产教融合、技术服务为重点,以深化五项融合为根本路径,探索形成新时代行业特色"双高计划"建设发展之路。

学院通过建机制、强队伍、深改革等,扎实推进思政课程和课程思政建设,构建思政育人新格局,全面提升课程质量和育人成效。

1.建机制,构建思政育人格局

学院成立由党委书记和院长担任组长的思政课程和课程思政改革工作领导小组,形成党委领导、党政同责、部门协同、院部落实的思政育人工作格局。颁布实施《深化新时代思想政治理论课改革创新实施方案》《课程思政建设实施方案(试行)》,绘就一幅思政育人舆图。深入实施党委领导班子成员联系思政课教师、思政课教师联系二级学院双联制度,创新实施全体党委中心学习组成员与党总支同上开学第一课制度,强化了思政课程与课程思政协同育人工作制度体系。

2. 强队伍,增强教师思政育人能力

健全完善思政课教师培训体系,通过专题研修班,厚薄经典读书会等特色主题活动,暑期社会实践研修等举措,培养思政名师和教学骨干。通过思政课教师与专业课教师结对子、教学名师传帮带等方式协同深入挖掘思政元素,科学提炼课程思政育人点,精准设置融入教学切入点,不断提升思想政治教育技能。开展思政课程、课程思政教学比赛,通过以赛促教、以赛促改,进一步提升教师思政育人水平。学院教师入选教育部课程思政教学名师和团队。

3. 深改革,提升课程育人功效

以育生大德、引生大道为教学目标,以增进思政课教学政治高度、理论深度和情感温度为主线,创新推进启学、深植、拷问外化一体化,整体设计思政课教学目标、内容、方法和评价体系,提高了教学内容的适切性、教学资源的丰沛性与教学方法的有效性。修订完善课程建设规范和优质课堂评价标准,将价值引领等指标纳入精品在线课程、优质教材的遴选与课程评价中,积极引导和鼓励教师在每一门课程中有机融入思想政治教育元素。2020年,涌现出了中央电视台新闻频道两次点赞的张玉欣同学等一大批抗疫优秀典型。为支持抗疫,学院千余学子寒冬捐献近34万毫升热血,创下了2020年武汉单次进校献血人数和献血量的记录。

资料来源:武汉船舶职业技术学院"双高计划"中期绩效自评报告。

第三节　服务文化建设的人才培养路径与实践

一、路径建构

加强文化建设,将人才培养和文化传承结合起来,兼顾技能提高和综合素养提升,是建设中国特色高水平高职学校的迫切要求。高职院校需明确校园文化的发展方向,充分利用校内外的教育资源与文化资源,向学生输送积极正向的社会主流文化与优秀传统文化内容,引导学生树立科学的人生观、世界观、价值观。具体从结合办学理念,营造物质文化育人氛围;传承历史积淀,展现精神文化育人风采;物质文化和精神文化同向同行三方面来构建当前高职院校校园文化建设育人新模式。

(一)结合办学理念,营造物质文化育人氛围

首先,办学理念必须适应职业院校发展,从职业教育的视角出发,要适度吸收行业文化中的有益思想,并结合高职院校不同的办学目标营造出高职院校所特有的文化氛围,通过对校徽、校训、校花、校园地图等能传承学校精神、展现师生风貌、彰显校园文化的重要载体的释义来完善学校物质文化体系。有条件的高职院校还可以重新规划教学建筑,根据不同专业特点设计出相应风格的实训室和教学工厂,给师生营造一种具有专业特色的建筑氛围。其次,二级院系可根据不同专业特点,充分利用各自最前沿的文化标语、师生手工作品、专业资讯展板等形式,合理规划打造有层次、有美感、有教育引导意义的沉浸式校园文化走廊、文化宣传墙,让学校的每一面墙壁都能说话、能育人,使师生从中感受到专业魅力,加深文化认同感。再次,通过景观、雕塑、文体器材造型设计等独特的艺术形式表达学校的文化特色,与学校整体文化氛围相契合,起到画龙点睛的作用,从而由点到面、由局部到整体,丰富校园文化土壤,实现职业教育功能与景观功能融为一体的文化育人氛围。

(二)传承历史积淀,展现精神文化育人风采

大多数高职院校历史悠久,要植根与自身办学相适应的类型文化,在职业性、行业性、区域性上下功夫,把重塑学校的办学理念、管理模式、教职员工的精神风貌、学校的规章制度和校园环境等作为精神文化建设的切入点。通过撰写校志、弘扬优秀历史传统文化挖掘学校的人文底蕴,教师加强对学生价值观的引导,教学中大力倡导爱岗敬业、精益求精的工匠精神,发扬学校理念文化;定期修订学生守则、教师工作手册,用合理、合规、合法的制度体现制度文化;做好顶层设计,架构运行高效的组织管理模式,通过理顺体制机制来合理规范师生行为方式,实现用管理理顺关系文化;组织开展有高职院校特色、受师生欢迎的第二课堂、技能比赛和社会实践等系列活动,以校园文化艺术节、师生运动会、兴趣社团

为平台,通过微视频、海报设计、漫画、歌唱、演讲、朗诵、征文等各类活动方式,繁荣校园文化,提高师生素质,打造活动文化;通过定期开展学术成果展示比赛、召开研讨交流会、举办校友论坛等形式,增加师生荣誉感、归属感,展现文化成就。一系列精神文化组合丰富了师生的精神文化生活,凝聚和激发了师生心中的文化信仰和潜藏的文化热情,使他们肩负起传承校园文化的使命担当,从而实现精神文化育人的积极作用。

(三)物质文化和精神文化同向同行

文化不是一蹴而就的,是在人类社会历史长期发展过程中逐渐形成的,高职院校校园文化建设育人路径也应遵循此规律。一方面,先以物质文化建设育人,创造良好的校容校貌,提高学校硬件水平,为学校精神文化建设育人提供物质保障。另一方面,精神文化建设要吸收物质文化育人成果,持之以恒植根理念文化建设,辅之以制度文化、关系文化、活动文化、成就文化,最终师生要形成共同的教育信念和价值观念,让高职院校校园文化建设育人成果实现多方位融合、协调、全面发展,使学校树立起因环境而美丽,因精神而长存,因育人而传世的完整文化形象。

二、实践案例

案例一:重庆工程职业技术学院

重庆工程职业技术学院以文化强校、文化兴校战略为指导,从精神文化、物质文化、行为文化三个方面着手,对学校的精神内涵进行凝练,奠定文化建设的思想基础;丰富学校文化育人载体,营造浓郁文化氛围,强化师生对校园文化的认知和情感认同;借助校园文化建设成果,提升学校文化软实力和美誉度。通过多年循序渐进的校园文化建设,逐步推进校园文化的传承与创新,实现以文化人铸浇师生灵魂,促进学校内涵建设和未来发展。

(一)凝练精神内涵,奠基思想基础

学校领导班子提出校园文化建设要理念先行,因此在校园文化建设中推行了三项改革举措:一是将《校园文化建设规划》作为"十二五""十三五"专项规划单列,统领学校文化建设;二是依托文化建设课题《高职院校文化传承与创新案例研究》《基于能源文化内核的高职院校校园文化建设研究》,不断总结提炼文化建设经验；三是围绕寻根、铸魂、呈形建设思路，发动文化传承创新大讨论，凝练出以开拓、务实、奋斗、奉献的乌金精神为核心的学校精神，提炼砺苦谨信惟精弘毅校训，确定杜鹃花为校花，撰写了校赋，设计了校徽、校旗，为校园文化建设奠定思想基础。

(二)营造育人氛围，实现文化认同

学校不断加强校园文化育人物质载体的建设，一是借力文化公司，融入工程文化特质，完善学校理念识别(MI)、行为识别(BI)、视觉识别(VI)和环境文化规划(EI)四子系统建设，建立和完善独具特色的学校文化识别系统(SIS)；二是打造一二三四文化展示平台，加强环境文化建设，目前已经建成精神文化展示区，在学校核心区域传播展示学校校赋、校训、学校精神；三是建成芳草湖文化活动中心和工程大舞台活动中心，为学生活动提供展示平台；四是建成校史陈列馆和地质灾害科普中心两大文化阵地，集中展示校史文化和科普文化；五是建成工程中心文化长廊、工匠精神文化长廊以及机械景观雕塑，展示专业文化。通过物质载体的建设和作用发挥，促进环境、文化互融互生，营造文化育人氛围，通过视觉传播，逐渐实现将抽象的校园文化精神理念以视觉冲击的方式传达到师生的头脑中。

学校历来重视网络载体的运用与开发，加强对学校官网、校园文化建设网站、微博、微信等阵地的开发与运用，特别是对以工小程为网络虚拟代言人，以集文字、图片、视频、音频于一体的多模态话语的微信载体的运用与开发，使抽象的校园文化在师生的意识中具体化、形象化、情感化，进而强化了师生对校园文化的感知，拉近了师生与校园文化之间的距离感，提升了师生对学校文化的认同感。

学校按照依托品牌创建彰显文化特色理念，持续开展魅力工程行校园文化活动品牌、"五早四不"主题教育、我爱我家公寓文化节、百花千彩社团文化节、工程创客行创新创效创业大赛等校级文化活动，各二级学院也按照一院一特色一品牌战略创建院级品牌文化活动，营造浓厚的人文氛围，以润物细无声的方式让师生感知校园文化魅力。

(三)借助文化成果，提升学校声誉

经过多年的探索与实践，学校校园文化建设已初具规模和成效，校园文化建设科研课题立项5项，结题3项，发表中文核心期刊论文4篇；论文《论高职院校发展中的文化自信》获全国高职高专党委书记论坛2015年优秀论文评选一等奖,论文《校企文化融通 创立高职品牌》获全国第三届高职教育文化建设与可持续发展论坛优秀论文三等奖;校园文化建设调研报告《高职院校文化传承与创新的现实审视和路径选择》被专著《高职高专党建与思想政治工作研究》收录;校园文化建设案例《实施五项工程建设,创新高职文化育人模式》在2015年党委书记论坛校园文化建设分论坛交流发言;校园文化建设课题成果《项目牵线,网站搭台,交流合作,实现共赢》斩获重庆市高校网络文化建设与管理"十佳"优秀成果荣誉称号;校史陈列馆接待1万余人次,成为师生、校友、兄弟院校、社会了解学校历史的重要窗口;虚拟代言人工小程已成为师生沟通的重要平台和校园文化引领的主要媒介。

资料来源:重庆工程职业技术学院官方网站。

第四节　服务社会建设的人才培养路径与实践

一、路径建构

(一)聚焦改革创新,增强发展内生动力

改革办学模式,深化产教融合、校企合作,积极成立行业职业教育校企合作指导委员会,推动产教融合项目落地,着力打造产教良性互动、校企优势互补的发展格局。改革单一的政府投资模式,支持行业企业和社会力量参与职业教育办学,积极推进办学体制改革。

(二)聚焦类型特色,拓宽人才成长通道

大力提升中等职业教育办学质量,持续优化中职学校布局,采取撤销、合并等办法,整合弱、小、散的中职学校。推进高等职业教育提质培优和"双高"建设,把发展高等职业教育作为提升高等教育普及率、培养大国工匠的重要途径,做好高职扩招任务。稳步发展职教本科教育,高标准建设职业教育本科学校和专业,积极推动本科院校转型发展。

(三)聚焦内涵建设,提升教育教学质量

坚持立德树人、德技并修,大力加强课程思政建设,推进习近平新时代中国特色社会主义思想进教材、进课堂、进头脑;发挥红色资源优势,深入开展爱国主义教育、革命传统教育,推动思想政治教育与技术技能培养融合统一。推动全员化参与技能大赛,实现以赛代练、以赛代训、以赛促学、以赛促建,切实提高学生技能水平。

(四)聚焦优势发挥,服务经济社会发展

紧密结合新一代人工智能、生物医药、新材料、节能环保等新兴产业发展需求,大力推进职教集团建设,促进各成员单位资源共享、优势互补,推动教育链、人才链、产业链、创新链有效衔接。充分发挥职业院校主阵地作用,坚持多路并进,整合教育、人社、民政、农业、残联等多部门培训资金和资源,积极开展各类职业培训,助力巩固拓展脱贫攻坚成果,推动实现乡村全面振兴。

二、实践案例

案例一:湖南生物职业技术学院

目前,以乡村振兴战略为总抓手的"三农"工作重心正在发生历史性转移,湖南正由农业大省向农业强省加快转变,湖南现代农业一县一特、一村一品等新业态的发展,对从业人员提出更高要求,但农业人才通识知识和能力培养与现代农业发展需求不匹配,个性化职业能力培养与区域特色产业发展不相适应,农业人才沉不下、留不住。深化产教融合、校企合作,加快提质培优,增强发展适应性,大力培养本土化高素质技术技能人才,是全面推进乡村振兴、加快农业农村现代化的迫切需要。作为农业职业院校的湖南生物职业技术学院坚持以服务"三农"为己任,践行为国育才、强农兴农使命与担当,充分发挥学校的专业特色和优势,积极开展现代农业人才培养。近年来,学校提出无界办学、跨界育人的新理念,打造多学科协同,多主体跨界的育人共同体,实现跨界育人,助力职业教育服务乡村,为实现乡村振兴战略贡献生机力量。

（一）主要做法

1.打造跨界协同育人共同体，开发专业集群通识课程体系

政府引领、办学指导委员会指导，覆盖种、养、加、机、贸等领域，由地方政府、特色产业园、龙头企业、专业合作社、家庭农场、学校组成，打造跨界协同育人共同体。由政府专员、行业岗位专家、职教名师组成专家团队；由专业带头人、骨干教师、产业技术员组成结构化教师教学团队；由农村劳模、土专家、田秀才、红色领航员、辅导员组成导师团队。专家团队引领专业集群建设，按照三产融合、德才兼备原则构建通识课程体系，开发通识模块化课程，修订课程标准、考核评价办法和人才培养方案，完善专业集群通识课程共享平台，使农业人才通识知识和能力培养与现代农业发展需求相匹配。

种子专业群是该校"双高"专业群，每位新教师入职后，都根据其主攻方向在相关合作企业或实验室，完成至少半年的技能岗位实践，提升专业技能水平。面对一些复杂多样的专业课程，学校打破了一名教师教一门课程的传统模式，而是由一名骨干教师负责讲多门课程中的相关内容，实现专业核心课程的教学由多名教师协作完成。在种子专业群内先后组建了若干大大小小的教学团队41个，有的跨专业、有的跨专业类或大类，大家集中优势开发新专业、精品课程、新形态教材及教学能力竞赛等。

2.构建1355教学模式，实施一生一案人才培养

依托1个平台，建立田间课堂。通过协同育人共同体，构建涵盖湖南各区域特色产业的网格化田间课堂，由结构化教师教学团队实施一课多师模块化分工协作教学，推倒围墙，把课堂搬到田间地头，在真实环境中立地培养人才。实行3个对接，创建项目课程。对接一县一特、一乡一业、一村一品等区域产业特色项目，创建系列模块化项目课程供学生自主选择，实施一生一案人才培养，实现一生一专长。创新5有课堂，开展课堂革命。以项目为纽带、任务为载体、成果为引领，创新课前有项目、课内有任务、课后有成果、师资有融合、交流有慈爱的5有课堂，使学生由厌学变想学、主动学。实施5学模式，推动教法改革。推行项目导学、任务探学、团队研学、成果赏学、反馈评学的5学模式。把新技术搬到线上平台、新技能带到田间地头，让学生处处可学、时时能学、人人乐学。

3. 厚植大国"三农"情怀，激发乡村振兴使命担当

实施体验式、浸润式、沉浸式三式教育，导师团队引领，学生自主完成项目过程中，体验农业生产和农村生活、浸润劳模精神和农耕文化，沉浸于乡村振兴事业和个人价值实现的思考，激发学生强农、富农的使命担当。开展三讲活动，请农村劳模、土专家、田秀才、红色领航员、辅导员讲修业文化、隆平精神、"三农"故事，引导学生学农、爱农。举行技术技能、创新创业两赛，培养学生工匠精神。

学校与隆平高科共建隆平产业学校，构建校企联合招生、共同培养、双主体育人机制，培养符合行业、企业需求的高质量人才。2021年2月，校企还携手溆浦县农业农村局，共建溆浦县高素质农民田间学校。这所田间学校将通过校县、校企联合招生、联合培育，共享先进技术、共享优质师资、共享教学资源、共享实习基地，按照"标准不降、模式多元、学制灵活"的原则，采取农学结合的全日制学习形式，实行弹性学制和灵活多元教学模式，让更多农业人才活跃在本地乡村振兴大舞台上。

（二）实施成效

一是人才培养质量显著提升。近六年，学校入选国家"双高计划"、乡村振兴人才培养优质校建设单位。教师获省级以上农业职教名师9名、全国教学能力竞赛奖10项、省级44项。受益毕业生近1.8万名，获国家级竞赛奖37项、省级120项。毕业生就业率从92.5%升至97.8%，其中自主创业率从2.4%升至4.6%，用人单位满意度从91.6%升至98.5%。二是建成支撑乡村振兴的协同育人共同体。建成超级杂交水稻生产示范及人才培养基地；牵头组建中国现代农业装备职教集团、中国现代宠物职业教育联合体等全国性产教联盟体4个；签订校县合作协议17份；共建产业学校3个，合作省级以上龙头企业167家、特色产业园152家，建成协同育人共同体。对接湖南省235个特色产业项目，组建27个结构化教师教学团队、14个导师团队，年承担实训4.5万人次、培训5.8万人次。三是服务乡村振兴能力显著增强。建成国家级基地1个、省级协同创新中心5个。立项国家级科研项目9项、省级54项；主持制订省级地方标准18项；开发农业新技术27项。服务187个区域特色农业产业，师生服务"三农"年均1.57万人次、培训基层农技人员、新型职业农民等3.7万多人次，农村年增收约13.2亿元，受益农民110多万名。

资料来源：跨界协同一生一案，看湖南生物机电职院乡村振兴本土化人才培养研究与实践之路，中国高职高专教育网，2022（3）。

案例二：重庆城市管理职业学院

——打造为老志愿服务特色品牌，书写有温度的职教答卷

（一）背景

十八大以来，党和国家高度重视志愿服务事业发展。习近平总书记多次作出重要指示，充分肯定志愿服务的重要作用。重庆城市管理职业学院老年服务与管理专业群立足专业特色开展志愿服务活动，打通为老服务"最后一公里"。

（二）主要做法

1. 加强党的领导，助力志愿服务行稳致远

加强党对志愿服务工作的全面领导，把党建贯穿志愿服务全过程。第一，组好队伍，增强向心力。以师生合编支部为核心，构建支委带党员、党员带团员、团员带群众三带工作模式，成立"康养志愿服务队"银龄志愿服务队等特色志愿服务队。第二，做好表率，提升服务力。实施党员志愿服务"1+3+N"工程，党员主动亮身份、树旗帜、做表率，带领师生深入养老院、走进社区、迈入老人家里，切实成为团员、群众参与志愿服务的带动者。

2. 推进制度建设，保障志愿服务长效发展

专业群从管理制度、队伍建设制度、培训制度、奖励制度四个方面，构建四位一体的制度建设，助力志愿服务长效发展。搭建支部对接专业、党员教师对接基地、志愿者对接服务对象的三级组织架构；出台了《志愿服务记录办法》《志愿者培训实施方案》《建立健全志愿服务星级评定办法》等文件；探索志愿者分类培训管理机制、公益银行积分兑换机制，用制度持续赋能志愿服务，推动形成志愿服务的长效制度。

3. 结合专业特色，实现志愿服务精准助人

积极探索陪伴+赋能+回馈志愿服务模式，打造了"小拐杖——助老爱老志愿服务""奶奶为我做顿饭"等特色项目。通过手工作业治疗、坐式轮椅操、团体心理辅导等活动，帮助老人主动康养和回馈社会，达到陪伴赋能，激发潜能的目的。

（三）成果成效

1. 社会影响力不断扩大

志愿服务被学习强国、新华网等媒体报道70余次，被重庆市渝北区民政

局称为为老人雪中送炭,真正为老人着想的志愿服务。同时,四川、贵州地区3所高职院校学习借鉴。

2.老龄社会治理

专业群师生走进10余家养老院,30余个社区,服务13 000余人次,获得一致好评,收到53封表扬信,锦旗11面。荣获重庆市志愿青春大学生志愿服务项目大赛金奖4项。

(四)反思体会

一是充分发挥党组织的组织优势和资源优势,为志愿服务注入强劲的生命力和不竭动力,助力志愿服务行稳致远。二是专业志愿者为老人享受专业的、高质量的服务提供了保障,为师生在养老服务中增长才干、施展才能、接受教育、锻炼成长提供了平台。

资料来源:重庆城市管理职业学院"双高计划"中期绩效评价自评报告。

第五节 服务生态文明建设的人才培养路径与实践

职业教育服务美丽中国建设的底层逻辑是以具备生态环境知识和技能、政治素养、经济发展能力、较高文化水平和社会服务能力的人才培养来更好地对接美丽中国建设需求,这就对人才培养提出了新的要求,需要职业院校在生态文明教育、政治教育、经济能力培养、文化教育和社会服务能力方面进行审慎思考①。职业教育培养具备生态文明素养和绿色生产技能的人才,不仅需要重视对学生生态意识和环保能力的教育和培养,更要对教师进行对应的培养培训,使得职业院校的生态文明教育能够如同源头活水具备不竭的动力。

---

① 朱晓鹏."美丽中国"建设中生态文明观教育研究[D].长春:吉林财经大学,2020.

一、路径建构

(一)注重对职业教育教师队伍的培养培训

职业教育服务美丽中国建设离不开一支高素质的具有生态文明理念和生态文明知识能力的教师队伍,这就要求职业院校更加强化教师队伍服务生态发展的技术技能水平,以思想、师德、教学、科研、实践等方面的提升为基本标准,整体提升教师在教育教学中的生态文明教育能力。

强化思想政治素质,培养师德师风。2016年教育部印发《关于深化高校教师考核评价制度改革的指导意见》及2018年中共中央、国务院印发的《关于全面深化新时代教师队伍建设改革的意见》均强调要提高教师思想政治素质、加强师德师风建设。美丽中国建设是实现国家经济建设、政治建设、文化建设、社会建设和生态文明建设五位一体总体布局的重要环节,职业院校教师既是生态文明知识和绿色生产技能的传授者,也是学生学习和生活中模仿的榜样人物。因此,一方面,要提高职业院校教师的生态文明意识,使其对美丽中国建设形成正确的认识和理解。具体而言,可以将生态文明方面的知识渗透到职业教育教师的研修培训、集体备课和学习研讨中,鼓励并支持职业院校教师开展生态文明方面的学习和研究,进一步提高职业院校教师的生态文明素养和水平。另一方面,职业院校教师要规范自身行为,以身作则,以自身的保护环境行为对学生施加榜样的带动和教育。

提高参与生态文明教育教学水平。美丽中国建设需要高素质的人才支撑,这决定着教师队伍必须是专业的、科学的,要重视对生态文明教学过程的严格把关,着力提升教育质量。具体来说,一方面,职业院校应组建一支具备丰富的环境保护理论知识和实践教学能力的专任教师队伍,对职业院校学生开展系统的、专业的生态文明教育。另一方面,要着力提升其他教师将环境与生态文明知识渗透到专业课教学中的整合能力。这就要求职业院校教师在开展教学活动的过程中,要能够从教学实际和岗位生产实际出发,将生态文明建设的知识和专业课程知识相结合,在潜移默化中不断提高学生的生态文明素养水平。

提高生态文明践行能力。总的来说,为更好地服务美丽中国建设的伟大战略,职业院校要强化教师生态文明的教育教学能力和实践教学能力。具体来说,一方面,由于环境与生态文明的教育内容具备多样性和复杂性的典型特征,因此,要求职业院校教师具备相关的理论知识,更要能够基于课堂教学实践发现问题以开展相关的教学科研。另一方面,由于环境与生态文明的教育方式具备多变性和灵活性的典型特征,因此,职业院校教师除了具备理论知识还需要具备环境保护和生态文明的实践教学能力。总的来说,职业院校需要鼓励和支持教师定期前往对口企业参与生产实践,获取绿色生产的实践经验,从实践中不断提升开展生态文明教育教学的能力与水平。

(二)注重对职业教育学生生态文明素养的培养

丰富教育资源,促进生态文明教育均等化。普及生态文明教育和丰富学生生态文明教育资源是职业院校更好地服务美丽中国建设战略的新思路,丰富的教育资源是支撑职业院校更好地开展生态文明教育以提升学生生态文明素养水平的重要环节。因此,职业院校在开展生态文明教育的过程中要注意教育资源的合理性和丰富性,以更贴合实际需求的教育内容和更丰富的教育资源满足学生在生态文明观念养成和能力提升方面的需求。职业院校要加入生态环境建设的本源思想方面的教育资源,使学生理解生态环境建设的价值、基本思想、具体方针及政策路线;要加入生态环境建设的现状和未来方面的教育资源,使学生养成生态环境危机与责任意识;要加入生态道德教育资源,使学生明确日常行为和未来职业中的绿色生产规范底线;要加入生态消费审美教育资源,使学生明确社会生产及个人消费水准应建立在生态环境可承受的范围能力之上,规避对生态环境资源进行肆无忌惮的践踏。

完善教育体系,促进生态文明教育多元化。职业教育服务美丽中国建设中开展生态文明教育要注重构建稳固的职业教育体系,这是职业教育推进生态文明教育的前提和基础。具体来说,一方面,对于中等专业学校、职业类高中要侧重进一步完善课程教学内容,将生态文明方面的知识和理论融入课堂中,将生态文明意识不断渗透到当地的教育教学理念中;另一方面,对高等专科类院校开设生态环境类相关课程,要采取丰富的教学方式进行环境保护和生态文明知识的传授和培养,并且要善于利用主题论坛、互联网等形式建立职业院校之间的沟通网络,进一步巩固我国职业院校之间的生态联盟关系,以完善的教育体系形成在生态文明教育方面的合力,更好地服务美丽中国建设。

优化专业结构,促进生态文明教育的实效性。美丽中国建设需要具有生态文明理念和技能的人才,这需要进一步优化生态环境类专业与涉农专业的结构布局。而职业教育具有区域性、实践性、职业性和开放性特征,其与区域产业结构之间发生着密切的影响互动,因此,在美丽中国建设背景下,生态环境类专业布局必须与产业结构实现供需协调。具体来说,第一,要开展前期调研。要组建产业经济市场的调研团队,摸清对生态类专业人才的实际需求,确定专业类型和专业规模。在国家政府部门的带领和引导下,充分发挥职业院校和行业企业在生态文明建设现状调研中的作用,对接当地产业经济发展和转型升级中对具备绿色生产技能的人才在总体数量、知识结构、能力素养和资格标准等方面的需求,开展详细彻底和真实有效的调查研究,形成调研报告,为职业院校服务美丽中国建设进行专业布局提供真实的数据支撑。第二,要合理开设专业。以现有专业设置为基础进一步扩大生态环境类专业规模。根据美丽中国建设中前期的生态环境类产业、职业和技能结构的市场调研结果,职业院校要结合本校已有专业的规模和类型,合理撤销或减少非生态环境类专业,扩大本校生态环境类专业的设置规模。值得说明的是,扩大绿色生产类专业规模并不是要挤压其他专业数量,而是在对接当地产业结构实际情况的基础上科学地增加相关专业,使职业教育服务美丽中国建设获得更加长足的动力。第三,要预测新型专业。职业院校要在科学预测生态环境建设市场需求的基础上合理开设新型专业。市场发展具有一定的规律性,总是朝着一定的方向实现迭代和发展。职业教育服务美丽中国建设不能总是做市场的跟跑者,而要根据市场的变动趋势做出合理预测,抵消人才培养过程中的滞后性,通过设置新型专业更好地对接生态环境建设需求。及时更新培养目标、课程内容和科学合理开设新型绿色专业,以期保障职业教育绿色技能人才的培养质量。

二、实践案例

案例一:辽宁生态工程职业学院

辽宁生态工程职业学院非常重视生态文明建设的重要性,同时提出在教育教学改革中要将信息技术融入其中,最终以创新的思维和方式对学生进行生态文明教育和培养,实现了职业教育服务美丽中国建设的重大突破。

1.以生态文明为引领,明确培养应用型绿色人才的使命

其一,生态文明建设是重要的时代主题。从党的十八大提出将生态文明建设融入五位一体布局,到党的十八届五中全会新发展理念的提出,再到十九

大报告中绿水青山就是金山银山理念的提出,最后到党的二十大报告中推动绿色发展,促进人与自然和谐共生目标的提出,可以看出生态文明建设被置于一个重要的发展位置,已经成为一个重要的时代主题。其二,现代林业是生态文明建设的主体。2009年国家首次召开的中央林业工作会议明确了林业的四个地位和四大使命,使得现代林业在生态文明建设中逐渐居于主体地位。其三,培养绿色技术人才是职业院校的核心任务。

职业院校在培养应用型绿色技术人才方面具有突出优势,需要承担人才培养的重要使命,培养懂生态、爱林业、技术专、技能强的绿色应用型人才,更好地服务美丽中国建设。

2.以信息技术为手段,实现提升应用型绿色人才培养质量的目标

21世纪是经济全球化时代,也是数字经济迸发蓬勃生命力的时代,教育领域也日益走向信息化。从某种程度上来说,教育信息化是教育实现现代化的重要标志和强劲动力。辽宁生态工程职业学院积极对接教育信息化发展和生态文明建设的实际需要,通过信息技术赋能教学过程,探索形成了以六化为核心的职业教育教学管理模式。不仅大大提升了应用型人才培养质量,还带动130余家合作企业实现了共赢发展。六化教学模式为:

其一,专业教学资源数字化。在进行教学资源数字化建设过程中主要依托学校的相关资源库建设项目,全力打造具备共享功能和林业特色的数字化教学资源系统。

其二,课程建设模式网络化。辽宁生态工程职业学院紧紧围绕课程建设,重点打造职业教育教师教学能力培训体系,对学校教师开展阶段式和系统化的轮流培训。一是历时五年、前后分四批组织学院的300余名教师进行教师职业教育教学能力培训与测评,实现了培训与测评同步并向进行,使得学院教师的教学能力和信息化水平得到显著提升。二是深化产教融合,通过校企合作共同开展课程标准重建和数字化资源建设,累计开发了146万字的教学软资源,设计了154门项目化课程并将这些课程资源开发成了网络课程教学资源包。三是陆续开发了33门精品课程并实现了精品课程资源的共享。四是先后组织课程专家开发了288门网络课程,使学院教师突破了传统教学的时空限制,实现了通过网络教学平台进行授课。

其三,课堂教学手段现代化。学院号召教师开展教学做一体化教学,并广泛使用信息化教学手段;组织开展百家微课评选,大大激发了学校教师参与微

课创作的兴趣,推动了学校课堂教学的信息化改革;组织学生积极参加网络空间学习;组织学院教师进行教学信息化大赛,不断提升教师的信息化教学水平。

其四,生态文化育人信息化。学院依托牵头组建的全国文化育人与生态文明建设工作委员会,通过信息技术进行生态文明教育,传播绿色生产理念。一是通过开发全国文化育人与生态文明建设网站、开展生态文明论坛、举办生态文明摄影大赛,不断生成大量的生态文明建设特色资源,通过网络共享深化了绿色人才培养。二是推动生态文明教育进教材、进课堂、进头脑,同步开发配套的生态文明教育资源,促进生态文明的理念传播和能力培养。

其五,校企合作途径集约化。辽宁生态工程职业学院以集团协同发展为平台,在信息技术的加持下不断推进政、校、企、行四方育人主体广泛合作,实现集团化发展。

其六,教育管理保障方式智慧化。辽宁生态工程职业学院不断加强教学管理信息化发展的硬件建设,通过搭建共享型数据平台、增加带宽、建立数据专线,实现了网络的畅通化和便捷化。学院为建构丰富且多层级的数据服务体系,对校园教育类 App 进行了全面整合。

3. 以服务生态文明为宗旨,打造绿色人才培养体系

辽宁生态工程职业学院以职业教育服务生态文明建设为目标引领,通过广泛使用信息化手段形成了林业职业教育开展信息化教学改革的新思路、新方法。利用信息技术实现了优质教学资源的共建共享,同时促进了生态环境保护人才培养质量的提升,构建了有德成人、有技成才、有职成业的绿色技能人才培养体系。其中有德成人是指重视人才的思想品德培养和林业精神塑造,实现立德树人;有技成才是指通过教育教学创新和人才培养模式改革来不断提高绿色技能人才的技术技能水平;有职成业是指通过培养学生的创新意识、创业精神和就业创业能力促进就业创业。

资料来源:徐岩.生态文明引领下信息技术助推应用型绿色人才培养实践探索:以辽宁生态工程职业学院为例[J].数字通信世界,2021(11):261-263.

案例二:上海市环境学校

上海市环境学校创建于1974年,是上海市乃至全国唯一一所专门以培养环境治理与监测技术、生态环境保护以及环境机械设备管理与维修技术技能人才为特色的全日制中等专业学校。学校先后被上海市教委、教育部批准为

百所重点建设学校、国家级重点建设中等职业学校和上海市中等职业教育改革发展特色示范学校。学校连续22年荣获上海市文明单位称号，连续10年荣获上海市安全文明校园称号，也是上海市中小学(含中职)首批行为规范示范学校、上海市科技教育特色学校、上海市绿色学校、上海市环保科普宣传教育基地等。

1. 拓展生态文明教育广度

学校紧贴行业发展，凸显特色办学，利用专业优势和行业特色，形成了以环境为特色的校园文化。多年来，学校多措并举、扎实推进生态文明教育，有效增强了环境特色文化的辐射深度、力度和广度。学校充分立足平台，主动担起生态文明和环保科普宣传教育的社会责任，让绿色种子在孩子心中生根发芽。近年来，学校运用教博会、职业体验日等平台开展宣传教育，为前来参观的中小学生提供引导、宣讲、体验、答疑等服务，将绿色环保的种子播撒在孩子的心中，并凭借极具趣味性的体验项目和火爆的现场人气，获得第十六届上海教育博览会风采展示奖和上海市中小学职业体验活动优秀组织奖。

2. 增强生态文明教育力度

学校以环境文化进校园、环保科普进社区为主线，将生态环保知识扎根于民。一方面，以学校环保科普馆为阵地，利用上海市环保科普基地等自身资源做好科普教育工作；另一方面，学校积极开展环保教育送教上门，组织党员教师深入浦东新区六师附小、洋泾社区等地开展"PM2.5""垃圾分类""低碳生活"系列环保讲座，并结合社区各类主题活动开展环保口号征集、垃圾分类知识宣传等活动，两年间学校环保科普辐射社会达22 000人次。学校的环保志愿者也是各大公园和行业场所的常客。学校依托市容绿化行业优势，每学期组织学生志愿者开展丰富多彩的环保主题系列志愿服务活动。学校还于2015年起成立了环境爱好者协会，不仅增强了学生的生态环保意识和社会责任感，也向公众传递了公益绿色理念。

3. 深化校园垃圾分类教育

学校以校园垃圾分类减量工作为抓手，推进环境教育取得实效。自2017年起，学校就开始实行垃圾分类工作，并根据实际情况制订了具体可操作的《上海市环境学校垃圾分类减量工作实施方案》，为垃圾分类减量精细化、常态化、长效化奠定基础。在做好各类宣传的基础上，学校结合校情实施了学校垃圾箱房改造项目，为垃圾分类减量活动提供了基础设施保障。学校还组建了四支垃圾分类队伍，开展了多种独创性、有特色的垃圾分类活动和监督。近两年,学校垃圾分类青年讲师团、学生志愿者主动服务中小学、企事业单位及社区共计 29 次,服务对象 1 200 余人次;与社区、企事业单位开展党建联建,推进相关调研课题研究,将垃圾分类实践转化为可复制、可推广的经验,辐射至社区、街道和其他学校,深化环境特色校园文化内涵。

未来,学校将以新时代职业教育建设总体要求为方向,坚持立德树人根本任务,树立环境教育品牌,更好地为新时代生态文明建设培养技术技能人才!

资料来源:上海市环境学校.挖掘环境文化内涵,培育生态文明人才:上海市环境学校生态文明教育纪实[J].环境教育,2021(10):86.

第八章 文化传承路径

文化,就词的释义来说,文就是记录、表达和评述,化就是分析、理解和包容。从概念内涵来看,文化是相对于政治、经济而言的人类全部精神活动及其产品,是人类社会特有的现象。文化是由人所创造、为人所特有的。职业教育服务美丽中国建设的文化传承路径,主要是指职业教育通过传承生态方面的文化和理念、政治方面的思想和观点、经济方面的文化和模式、文化方面的知识和内容、社会方面的文化和理念对各个领域内的经典做法进行提炼和总结,最终形成一种文化理念对个体行为产生激励和促进作用。在这个过程中,职业教育同样在通过人才培养的方式服务美丽中国建设,但是更加注重依靠文化传承这一路径,即更加注重将职业教育服务美丽中国建设中形成的生态文化、政治文化、经济文化、主流文化和社会文化等进行提炼总结,形成一种系统思想和经典模式,起到文化浸润人心的作用。

第一节 服务经济建设的文化传承路径与实践

一、路径建构

习近平总书记指出,要在全社会弘扬精益求精的工匠精神,激励广大青年走技能成才、技能报国之路。职业院校培养的高素质技术技能人才肩负着民族复兴的光荣使命,因此,职业院校在进行人才培养时必须将爱国情怀、大国工匠精神融入其中,指引广大学子不仅要学好专业技能,更要有远大抱负,坚持走技能报国的道路,为全面建成社会主义现代化强国、中华民族的伟大复兴做出自己应有的贡献。

（一）正确认识工匠精神价值

工匠精神是推动我国中高端制造业发展的强大动力,职业院校必须大力培育学生的工匠精神。现在仍然有很多人未意识到职业教育对社会的重要性,认为职业教育是平民教育。受这种观念的影响,职业院校为了提高档次,从专业开设乃至课程体系结构设置都不合理,无法满足企业岗位需求。职业院校要遵守职业教育的规律,准确定位办学目标,正确认识工匠精神对职业教育的重要意义,将执着专注、精益求精、一丝不苟、追求卓越落实到人才培养的过程中,这既遵循了职业教育发展规律,又满足了时代赋予职业教育的新要求。

（二）创新校企合作模式,培育工匠精神

工匠精神融入人才培养不能简单地照本宣科,仅靠几节职业素养或就业指导课程来实现,而是必须走校企合作产教融合的道路,将工匠精神融入专业教学目标和教学内容中,优化课程体系,突出职业教育特点。依托企业提供的真实生产环境,让学生真正意识到一丝不苟、精益求精的工匠精神的重要性。通过引企入校、引入企业真实案例等多种方式,让学生真正地参与到企业生产全过程,切身体会企业追求卓越的工匠品质,把专业技能培训与工匠精神有机地融合,转化为学生的内在素质。与之对应的学生的工匠精神得到了培养、综合素质得到了提高,又会反哺到企业生产中,转化为企业生产的内动力,有助于企业的升级改造,增强市场竞争力。

（三）加强宣传教育,传承工匠精神

工匠精神弥足珍贵,但并非高不可攀,学校可以通过网站、微信公众号、微博等多种方式进行宣传,使学生耳濡目染,将工匠精神潜移默化地融入学生的一言一行。同时,通过定期开展以工匠精神为主题的教育活动,组织学生观看《大国工匠》等系列影片提升学生工匠精神理念,组织学生开展技能大赛活动锻炼学生精益求精、追求卓越的品质,也可以通过组织学生打扫教室卫生、加工小零件等活动,培养学生专心致志完美地做好每一件事,引导学生从身边的小事做起,点点滴滴积累,认真践行工匠精神。

二、实践案例

案例一:湖南工艺美术职业学院

湖南工艺美术职业学院将课程育人作为培养能工巧匠、大国工匠的主战场,根据文化艺术类学校特点,提出爱美融合的育人理念,构建一核一体两翼的课程体系,实现课程链接;建设爱美互渗的项目包、资源库,实现课程内容链接;改革教学方式方法,实现课程教学链接;改革评价方式方法,实现课程评价链接。学校打造课课链接的课程链,创新全课程育人体系,学生思想政治、道德品质、工匠精神等核心素养长期高位保持,学校培养的人才已成为高职院校中叫得响的人才品牌。学校课程育人获湖南省职业教育教学成果一等奖。

1. 师德首位,引培并举,锻造工匠之师

学校坚持师德首位,采取强化思想教育、强化文化熏陶、强化典型示范、强化制度保障四强化措施加强师德师风建设,确保形成良好师德师风。坚持引培并举,采取重点引进、强化培训措施优化教师队伍整体素质:通过开通绿色通道、建立人才特区、打造工作引擎、助圆职业梦想等措施引进好、使用好高层次人才;通过跟着"大师学""走进企业学""承担项目学"国际交流学等途径,培养培训工匠之师。近3年共引培二级教授、海外高端人才、工艺美术大师、产业导师等高层次领军人才45名。

2. 产教协同,群链融合,打响专业品牌

刺绣设计与工艺专业群坚持融入产业、服务产业,走出一条群链融合发展之路。一是群链融合三聚焦(聚焦重点产业、产业链高端人才培养、产业核心技艺),构建与地方特色产业深度对接的专业群;二是群链融合三聚力(聚力建设教学团队、教学资源、教学基地),建设与地方特色产业高度共享的优质资源;三是群链融合三聚能(聚能人才、技术、文化支撑),打造支撑地方特色产业创新发展的三大支点。学校刺绣设计与工艺专业群已打造成全省湘字号专业群标杆。

3. 聚焦非遗,对接乡村,塑造服务名片

刺绣设计与工艺专业群创新人才培养、技艺传承、文化研究、创新研发、传播推广五位一体非遗保护传承模式,开创了非遗活态传承新途径,助推全省非遗保护传承开创新局面。与此同时,创新非遗+扶贫模式,通过开发非遗培训项目、创新设计非遗作品、为民族工艺品企业量身开发非遗产品和解决技术难题,有效助力脱贫攻坚和乡村振兴。专业群形成了鲜明的湖湘特色,已成为服务地方经济社会发展的亮丽名片,被省人民政府列为部省共建职教高地建设重点。

4. 共建共享,协同攻关,提升创新能力

刺绣设计与工艺专业群与省内行业领军企业共建互培、互聘的教学团队,互需、互享的教学资源,互管、互用的教学基地,联合组建科研团队、创新团队13 支,共建校内校外基地 67 个,共享教学科研设施设备总值达 3.5 亿元,协同开展科研攻关。近 3 年,专业群获国家发明专利 3 项,研发湘绣、湘瓷新工艺 12 项,孵化产业项目 3 个。

资料来源:湖南工艺美术职业学院"双高计划"中期绩效自评报告。

案例二:北京财贸职业学院

北京财贸职业学院对标中国服务标准,聚焦新经济、新业态、新技术、新职业,形成了城教融合、育训结合、商业智库研究等多维办学格局,培养了具有家国情怀、职业素养、工匠精神的高素质、复合型技术技能财贸人才,为国家职业教育发展贡献新商科发展的财贸模式。

1. 强化高质量党建引领,打造北京财贸组织育人品牌

一是以首善标准实施政治领导力提升计划,坚持和完善党委领导下的校长负责制,制订《落实〈北京市关于加强对一把手和领导班子监督的若干措施〉的工作清单》,专项调度建设棘手问题,不断增强领导班子画句号的能力。二是强化"双高"建设项目管理和资源配置流程,建立管理台账、明晰负面清单、提高廉洁意识、保障任务落实四措并举,筑牢"双高"建设廉洁防线。三是以"北京""财贸"为两个关键词开展党建与思政工作,持续加强师德师风建设,实施双带头人领衔工程,聚集财贸星火形成育人合力。

2. 坚持人人成才、个个出彩,实施扬长教育

在学校首倡人人是胜者的职教理念指引下,以培育学生优长为突破口促进学生全面发展,实施扬长教育。一是办学有理念,两任校长先后开展扬长教育理论研究,出版专著两部,发表论文 10 余篇。改革为教师赋能,首批获得国家级教师教学创新团队一个,获教师教学能力比赛国赛一等奖。二是教学有方法,以培养学生自信、自立、自强为目标,推行智慧课堂、企业课堂、专创课堂的三个课堂改革。学生就业质量显著提升,毕业生岗位年薪平均提升 10 000元,总体晋升率提高 25%、就业满意度从 67% 增至 95%。三是改革有资源,建成学业支持与指导中心,半年服务学生2 000人次。建立课程置换通道,扩增进阶选修课400门。四是管理有张弛,形成专业报考、课程选修、学业指导等30余项柔性化教学管理制度。探索7年贯通长学制培养高端技术技能人才的特色经验得到市领导批示。扬长教育改革相关成果获教育部高校美育改革案例二等奖,已参加北京市职业教育教学成果特等奖答辩。

3.聚焦专创融合,建成三阶式双创教育新体系

一是对标人才培养方案,将双创教育融入专业课堂,根据学生不同需求,将双创教育贯穿通识教育—专业课程—实践课程,近三年双创课程覆盖率达100%,依托优势专业,试点16门专创融合校级教改立项课程,助力创新型现代服务业技术技能人才培养。二是突出技术赋能,构建双创教育信息化服务支持体系,定制研发双创课程开发、项目管理、大数据管理、赛事管理四大平台,搭建双创教学在线平台,通过数字赋能提升双创教育信息化服务水平。三是协同优化体系设计,打造双创教育升级版,学校依托师资、设施、制度和经费四大保障平台,通过思创、专创、赛创三轮驱动的融合路径,通过市场化、信息化、国际化赋能升级,形成双创教育升级版方案。

资料来源:北京财贸职业学院"双高计划"中期绩效自评报告。

三、弘扬京商文化,发挥北京商业智库品牌效应

一是协同共进,发挥智库平台技术技能积累的桥梁作用,学校连续16年举办京商论坛,特邀政府、高校和研究机构、知名企业和行业专家进行交流研讨。二是集聚优势,发挥智库平台产教协同创新功能。依托北京市高职院校首家省部级社科基地——北京国际商贸中心研究基地,提高智库服务效果。业界普遍反映智库问题聚焦、观点前瞻、思路清晰,对企业发展指导性强。三是同频共振,打造智库平台产教融合新范式。聚焦北京商业智能零售、城市副中心商业高质量发展等方向,探索数字经济时代商业变革环境下的新模式、新路径、新技术和新思想。

案例三:苏州工艺美术职业技术学院

苏州工艺美术职业技术学院依托既有的各级各类平台,以及近年获批的教育部首批中华优秀传统文化传承基地(苏绣)和中国工艺美术大师传承创新基地院校平台,积极开展传统工艺的保护与传承,面向苏州及其他地区培训企业员工、非遗传承人群、新农民、手工艺者等1万多人次,帮助开展工艺传承、

产品研发和文化传承等,扩大了传统工艺的影响,助推了传统工艺振兴计划的实施。

1. 服务精准扶贫的传统工艺贵州工作站模式

传统工艺贵州工作站模式是学校在对国家级贫困县贵州雷山县开展非遗保护,针对非遗传承创新人才的培养实践中形成的人才培养模式。该模式构建了包括多级别政府机构、多区域职业学校、多类型行业组织、多种类合作企业在内的精准扶贫共同体,形成了五维共育的、具有非遗特色的现代学徒制,以培养懂设计、精技艺、善经营、能创新的非遗传承创新人才为目标,教师、国大师、企业导师共同教学,教室与大师工作室交替,学校与产区结合,工作站与企业融合,开发对接非遗项目的课程体系;建立了大容量、开放式数字化非遗教学资源库,解决了非遗教育资源不足的问题。传统工艺贵州工作站自建成以来,对非遗传承人及贫困手工艺人群开展价值引导和专项技能培训,举办非遗传承人群、传统工艺从业人员培训班40余期,累计培训人员18 600人次。创意贵州项目荣膺全国非遗扶贫品牌,相关案例进入国家内参。在工作站指导下,形成"中国土布特色旅游小镇""中国土布交易中心""中国手工布艺城"三位一体的产业集群。学校获批教育部高等职业教育创新发展行动计划项目工艺美术传承创新示范区。

2. 服务区域文创产业的协同育人机制

充分发挥区位优势,密切关注工艺美术产业发展、人才供给和社会需求,积极开展政校行企合作,整合各方资源,推进产教深度融合,对人才培养、教育教学、科研创作和社会服务形成重要支撑。在多方合作的共同体中,政府负责宏观决策、政策引导、资金扶持;学校负责制订人员工作职责、工作考核标准、教学质量评价体系等,负责日常管理工作;企业提供校企合作、实训实习等实践平台;行业负责引导人员从业,协助制订人才质量标准,帮助推荐行业导师。现已实施苏州非遗学院、东海水晶学院、金螳螂企业学院等多主体育人试点,已有现代学徒制模式培养的毕业生服务产区。政校行企协同育人,精准对接了工艺美术人才培养和长三角地区工艺美术产业人才需求,四方合作成效显著,促进了工艺美术教育链、人才链与产业链、创新链有机衔接,实现了政府宏观管理,学校依法办学,社会有序参与,各方合力推进的良性机制,为发展具有中国特色、世界高水平的工艺美术职业技术教育提供了样本和参照。

3.引进优质资源,提升教育国际化水平

依托与法国国民教育部及其所辖的法国艺术设计高等学校长期合作,坚持"引进来,走出去",兼容并蓄、互学互鉴,提升教育国际化水平和服务能力。通过中法之间的教学研合作交流活动,我校系统研究了法国艺术设计各专业高级技师文凭BTS的人才培养模式,分析其教学内容和课程体系、管理制度和评估方式,总结出法国艺术设计高职教育的特点和优势。在此基础上,分析我国高职艺术设计类专业人才培养中存在的问题,推进和完善学校教学体系建设。以文创产业升级为契机,建立多专业协同的工作室教学模式,以项目带动跨专业团队合作,促进专业群融合发展;以能力培养为根本,构建统、分、拓层级式课程体系,健全知识、素养、能力结构,促进职业技能融通,实施多元评价机制,实现以评促教促学,推动人才质量持续提升。

在此过程中组建的跨专业教学团队于2021年获国家职业教育教师教学创新团队立项,《高职艺术设计类专业认证体系研究与实践探索》研究课题被列为江苏省高等教育教学改革立项重点课题。与此同时,法方也借鉴我校艺术设计教育成功经验,实现了从二年制BTS向三年制DNMADE(国家工艺美术和设计文凭)的转型,实现了国际互动和教学相长。

资料来源:苏州工艺美术职业技术学院"双高计划"中期绩效自评报告。

第二节 服务政治建设的文化传承路径与实践

一、路径建构

以党建引领为核心,将思想政治建设与中华优秀传统文化、红色文化、职业行业文化和生态文明观等有机融合,有利于促进学校特色发展、师生素养提升及优良文化传承。

（一）加强顶层设计

党建引领文化传承首先应健全党建引领文化传承的制度设计。一是构建高校党委领导下的文化传承监督体系，做到整体布局、有效决策、合理引导；二是完善制度体系建设，充分调动广大师生积极参与文化传承；三是构建不同院部的协调配合制度，保障交流与沟通顺畅。

（二）开展课堂教学

一是将课程思政与思政课程相结合。学校要坚守思想政治理论课主阵地，运用多样化的教学手段，讲好具有中国特色、体现中国精神、蕴藏中国智慧的中国故事，提炼具有当代价值的中国传统文化精髓，加深学生对党的方针政策、历史现状、形势任务和中华优良文化的理解。在此基础上，学校要全面推进课程思政建设，实现课程门门有思政、教师人人讲育人。二是将第一课堂与第二课堂相结合。学校要根据时代变化和新时代青年学生的特点，开展精品文化活动。比如在红色文化传承中，学校可以将地域历史文化中的红色元素作为开展思想政治工作或德育工作的有效载体，或建设红色教育基地定期开展参观交流活动，传承红色基因；在传统文化传承中，学校可以以五四青年节、国庆节、七一建党等节日为契机，开展主题教育，教育引导学生领会中华民族团结统一、自强不息、顽强拼搏的伟大精神和继承光荣传统、弘扬民族精神；或以春节、元宵节、中秋节、端午节等传统佳节开展手工艺活动，在节日气氛中感受中华优秀传统文化，树立文化自信。在生态文明观的培养过程中，也可适时地加入生态环境的现状和时事的内容，让学生通过思想政治教育更清楚、更直观地感受生态危机，或将思想政治生态思想教育融入校园文化活动和氛围当中，潜移默化地激发学生保护生态环境等意识。

（三）加强宣传推广

学校党委牵头在思想文化宣传工作中通过看得见、摸得着的方式，以贴近生活贴近学生实际的载体，充分利用党刊、党报等党建工作宣传平台或校内广播、校刊校报、校园网络宣传平台如微信、微博等，加强正面宣传引导，用科学先进的党建思想、内容和方法不断引领学校文化建设与传承，促使学生传承中华优秀传统文化、优秀文化、弘扬民族精神、时代精神。

二、实践案例

案例一：顺德职业技术学院

——一统三融四协同，构建高职文化育人新模式

扎根中国大地办教育，办出中国特色，要求提振和夯实高职教育文化自信。为解决中国高职类型教育文化建设乏力、自信不足等问题，学校不懈探索职业教育文化育人，创建了一统三融合文化育人内容体系，创设了四维协同文化育人路径，将文化育人融入人才培养全过程，显著增强了师生职教文化自信，在全国职业院校中起到了示范引领作用，产生了良好的社会影响。一统三融合提升职业教育文化品位。创建以社会主义核心价值观为统领，有机融合以墨子文化为代表的中华优秀传统文化、以顺商精神为代表的地方特色文化和以工匠精神为代表的技术技能文化，基于一统三融合丰富职业教育文化内涵，提升文化品位。并将其融入学校办学理念、管理制度、人才培养、校园环境，建成以厚乎德行、辩乎言谈、博乎道术校训为核心的精神文化，以共治、法治、善治、智治为特征的制度文化、活动为形，化成于行的行为文化和链式整合、古今融合的校园物质文化，构建起类型特色鲜明的职业院校校园文化。

探索四维协同文化育人路径。构建课堂中学习，平台中提升，实践中锻炼，环境中熏陶的四维协同文化育人路径。文化育人全面进课堂，建成187门品牌性通识课程和通识性选修课程，实现对400余门专业课的方法论培养教学改造；通过政校企合作、产学研结合机制建成广东省高职教育应用技术协同创新中心——公民素质协同培育中心等省级以上协同育人平台51个。深化知行合一，延展课堂教学平台，强化学生实践活动的育人功能，形成价值引领、活动体验、立体评价的活动育人体系。建成思想政治、创新创业、文化艺术、体育锻炼、社会实践等五种隐性课堂。建成"经典诵读与解读""青年企业家与学子面对面""墨子科技节""顺商文化大讲堂"等12项品牌性活动；强化环境中熏陶，建成品位高雅、环境优美的现代化校园，校园文化景观构成了完整的文化环境育人链。

通过建设职业教育特色鲜明的类型教育文化育人范式，极大提振了职业教育文化自信，出版专著6部，发表学术论文429篇。累计培养出包括"全国技术能手""全国五一劳动奖章""全国最美大学生""中国大学生自强之星"等在内的高素质技术技能人才5万余名。

资料来源：顺德职业技术学院"双高"中期绩效自评报告。

案例二:许昌职业技术学院

——赓续红色精神,将红色文化融入思政教育

赓续红色精神,将红色文化融入思政教育,将红色文化融入人才培养方案,在立德树人上下功夫。结合学校人才培养特点和不同专业学生思想特征,将红色文化资源融入专业课程和通识教育课程培养方案、教学大纲、教学目标、授课计划。充分发挥课堂教学育人主渠道作用,努力构建全员、全过程、全方位大思政教育教学体系。将红色文化融入实践教学,在价值引领上下功夫。充分利用地方红色资源,进行课外延伸现场体验教学,通过在本土"燕振昌纪念馆""杨水才纪念馆"等红色基地开展专题教学,增强青年学生的感性认识。通过拍摄高校微党课之红船故事、讲述红色微故事、创作红色微电影等形式不断强化青年大学生对红色文化的认同。创新红色教育活动方式,在氛围营造上下功夫。学校通过打造校园党建主题公园、党建文化馆、党建主题展览馆,传播红色文化。积极借助网络、文化活动等平台,丰富红色文化宣传教育方式,充分传承红色基因。学校借助丰富的红色文化教育资源,将其融入思政教育的各个环节,起到了良好的育人效果,荣获省级高校样板党支部 2 个,获评全国职业院校校园文化建设一校一品学校。课程思政教学创新研究中心被评为首批省级职业教育课程思政研究示范中心,5 门课程成功入选首批省级职业教育与继续教育课程思政示范课程。

资料来源:许昌职业技术学院"双高计划"中期绩效自评报告。

第三节　服务文化建设的文化传承路径与实践

2011 年,胡锦涛同志在庆祝清华大学建校百年大会上的讲话首次将文化传承创新作为高校的重要职能,并作了精辟阐述,促使高校文化传承创新研究进入一个新阶段。自此无论是官方还是民间,文化传承创新作为高校在人才培养、科

学研究、社会服务外的又一基本职能,得到了广泛而一致的认可。2015 年 7 月,教育部印发《关于深化职业教育教学改革 全面提高人才培养质量的若干意见》,首次提出要把中华优秀传统文化教育系统融入课程和教材体系,在相关课程中增加中华优秀传统文化内容比重。各地、各职业院校要充分挖掘和利用本地中华优秀传统文化教育资源,开设专题的地方课程和校本课程。

习近平总书记强调一个国家、一个民族的强盛,总是以文化兴盛为支撑的。职业院校发展,必须立足于国家民族文化兴盛支撑的基础上,积极营造良好的育人环境,打造自身的文化传承创新平台与特色文化品牌,是增强学校核心竞争力,提高学校教育教学质量,促进学校可持续发展的内在要求。

一、路径建构

(一)坚持以国家发展战略为引领

十八大以来,我国将文化建设摆在了更加突出的位置。党的十八大报告指出,要提高国家文化软实力,发挥文化引领风尚、教育人民、服务社会、推动发展的作用。相应的文化发展战略相继出台,如《国家"十二五"时期文化改革发展规划纲要》《关于推动特色文化产业发展的指导意见》,特别是随着"一带一路"的推进,文化在国家改革发展战略中扮演着越来越重要的角色。党的二十大报告进一步强调,必须坚持中国特色社会主义文化发展道路,推进文化自信自强,铸就社会主义文化新辉煌。高职院校作为文化传承的重要阵地,理应契合国家文化发展战略,将国家文化发展战略内容及要求融入专业设置、课程开发、师资建设、科学研究、社会服务,以文化引领教学改革、以文化推进育人工程。一方面,加强文化建设的自觉性,做好顶层设计,为国家实施文化发展战略培育大批优秀的专业人才;另一方面,铸造自身的教育文化品牌,形成国际竞争力。

(二)培养专业化的文化传承人

职业教育是文化传承人的重要培养基地。职业教育主要是以培养应用型人才为目标,强调人才的实用,突出职业能力,对打造专业化的文化传承人产生积极意义。优秀传统文化,尤其是非物质文化遗产传承当前正面临创新动力不足和传承人老龄化的现状,传承人往往缺乏对非物质文化遗产的认识了解,存在着后继无人的问题,而利用职业教育这一人才培养基地,可培养出能满足非物质文化遗产传承要求的实用人才。

职业院校培养专业化的文化传承人,注重技术与精神的培养,首先在技术传承方面,培养多元复合型传承人;其次,在精神传承方面,培养具有工匠精神的传承人。主要从开展多主体育人、优化专业设置、创新人才培养模式等方面着手。

1. 开展多主体育人

构建政府、学校、企业和社会团体的良好合作格局。在政府与学校合作层面,学校积极参与政府组织的国家级文化类演出活动,充分突出自己的办学水平,并共同建造高水平的文化遗产基地、展览馆、博物馆、研究所和职教中心等,推广文化建设基地,打造地方文化品牌。在校企合作层面,通过共建产品研发中心、传承基地、课程标准、人才培养方案、实习培训体系等共同培养文化传承技术技能人才。在师资队伍建设层面,学校通过组织教师参加学习培训和人才引进的方式优化师资队伍和提升师资能力,同时聘请民间传承人、手工艺等到校园讲学、担任兼职教师、建立大师工作室等方式来优化师资队伍结构。

2. 优化专业设置

职业院校围绕区域特色产业、文化产业的传承、保护与发展优化专业布局,使职业教育专业设置更加符合国情、省情、市情;通过专业设置调整与优化,加强相关专业建设,推动地区职业教育走特色发展之路。

3. 创新人才培养模式

职业院校围绕经济发展方式转变、产业结构调整,加强文化相关专业建设,更新课程内容,创新教学方式,实施对口培养,努力培养具有文化创新能力的技术技能人才,为文化的传承、创新、研究和管理提供有力的人才保障。推进教学成果进入市场,服务民族特色产业、文化产业的转型升级,提高文化产品的附加价值与国际竞争力。

二、实践案例

案例一:无锡工艺职业技术学院

——四大课堂,非遗传承

无锡工艺职业技术学院秉承立德树人文化育人的教育理念,结合学校的职教特色,聚焦中华优秀传统文化教育,以产教融合平台为依托,以非遗传承大师为引领,以双师型师资团队为智库,以网络云课堂云展厅为渠道,创新四大课堂非遗文化育人机制,推动实现中国非遗紫砂陶的活态传承、创造性转化和创新性发展。学校将陶技艺、陶文化、陶精神融入人才培养体系,致力于培养符合行业标准和产业需求的高素质高技能人才,培育非遗文化的传承人和中华文明的弘扬者。

1. 第一课堂:立足主渠道

2011年起,学校依托产教融合平台,实施双元双创双融的人才培养模式,针对非遗人才培养,创新一系列富有特色和成效的做法。一是一师一室一门类,学校建立了6个与非遗相关的大师工作室和1个江苏工匠名师工作室,涵盖紫砂、青瓷、精陶、彩陶、均陶等多个门类,大师与学生面对面授艺、研讨和交流;二是一师一徒一技艺,校内外大师和学生以技艺传承作为纽带,以一对一一对多为主要形式结成师徒关系,增强道德教育责任,实现师徒关系的现代转变;三是一专一兼一课程,专任教师和校外大师合作上好一门课,理论学习与技能实训双向并行、互为支撑。学校还将非遗文化延伸到课程思政中,让非遗活水浇灌责任田。最鲜明的例子是学校创新性地打造了三堂融陶育人模式,将陶大师、陶故事、陶实践融入思政课程,将陶精神、工匠精神培育和学生素质提升、行为习惯养成紧密融合。

2. 第二课堂:夯实辅阵地

学校在打造校园文化环境上坚持软硬结合,让学生充分浸润在陶文化中,形成对陶技艺的耳濡目染,对陶文化的深切认同,对陶精神的自觉追寻。

硬环境——育人的隐形课堂。学校依山而建,红瓦白墙,错落有致,是融山水为一体的生态型、园林式、数字化的现代江南校园。同时,学校在建筑和装饰中有机融入琉璃瓦、仿古龙窑、东坡提梁壶、紫砂壁画、陶罐陶瓶、紫砂门牌等陶元素,打造富有陶特色的硬环境。

软环境——育人的文化力量。学校通过丰富多彩的校内活动和社团活动打造特色校园文化,助推非遗文化的创造性转化。学校组建了传统紫砂技艺研习社、乐陶社、妙指生花非遗项目研习社等8个以非遗为主题的学生社团和艺术传承团队,组织开展推广非遗文化的相关活动;定期组织学生参观龙窑、陶艺作品展览,邀请工艺美术大师巡回授课,举办陶文化讲座,举办文化艺术节,开展主题艺术作品展览活动等;每年举办大学生创梦广场,鼓励学生活学活用专业课中学到的技能,创新思维,大胆突破,开发新颖别致的非遗文创产品,积极推动非遗文化的活态传承和创造性转化。

3. 第三课堂:延伸试验场

学校依托宜兴陶都丰富的紫砂资源和陶瓷产业,有意识地将文化育人与实践育人紧密结合起来,积极开展具有非遗特色的社会实践和志愿服务活动。

学校将社会实践与社会主义核心价值观教育相结合,与培养职业道德相结合,与培育工匠精神相结合,深入挖掘中国梦内涵,传承和弘扬中华优秀传统文化,激发学生强烈的历史使命感和爱国情怀。

学校组织开展"'陶冶生活,艺在指尖'手拉坯"活动、抗疫雕塑制作比赛、"釉"见非遗釉下彩绘画比赛等活动项目,通过艺术创作和赛事激发文化创新的创造活力;组织学生开展"天宝物华五色土、搏土成金人称慕——宜兴手工紫砂泥炼制工艺的调查与研究""工艺寻找工艺——探寻陶瓷'五朵金花'""文脉宜兴——寻觅宜兴陶文化起源"等社会实践活动,鼓励学生深入了解紫砂发展的历史脉络,增强对中华民族艺术瑰宝的保护意识和文化认同感;组织学生志愿者走进中小学和社区,传授非遗紫砂技艺,传播非遗紫砂文化,向更多的人传递非遗保护意识,增强文化自觉,筑牢文化自信。

4. 第四课堂:开创云空间

学校将非遗教育与互联网相结合,开创非遗云端课堂,开展网络文化育人。学校积极整合并上线非遗优质学术和教育资源。其一,以百工录——中国工艺美术非遗传承与创新项目为引领,与工艺美术大师积极合作,对传统陶瓷工艺的历史、现状、传承人谱系、名品由来等进行整理与研究,建设《传统紫砂工艺》资源库子库,为非遗传承及研究奠定基础。其二,学校建设精品资源共享课程资源库,打造在线开放课程。目前,学校已建有包括国家精品在线开放课程在内的四门与非遗文化相关的网络课程,构建了较为完善的融中华优秀传统文化教育于一体的公共艺术课程体系。其三,学校创新移动学习+线上线下的翻转课堂教学模式,拓展非遗文化学习渠道,激发学生学习兴趣,提升其学习效率和能力。

自2016年起,学校还创建网上展厅,通过应用VR、三维立体、语音同步讲解等新技术,拓展师生优秀非遗文化作品的传播空间,提升传播效果。迄今,网上展厅已连续展出五届师生的2万余件作品,受到中国江苏网、交汇点、江南晚报、无锡新传媒等媒体平台的多次报道。

文化传承,成效显著。学校培育的新一代非遗传承人将传承非遗技艺与弘扬非遗文化融为一体,让职业技能训练与道德精神涵养互为支撑,他们在技能训练中精益求精,在工作岗位上敬业尽责,在产品开发中大胆创新,在社会服务中甘于奉献,于技艺传承创新创业志愿服务国际交流等多方面颇有建树。学校培养出的吴元新、邱玉林、徐安碧、方卫明、吴鸣等一大批省级以上艺术大师用他们的专业造诣和人文精神反哺学校,持续丰富着学校的人才资源和精神宝库。此外,学校还和当地政府及行业机构联合举办了振兴乡村经济紫砂导师团公益项目,以丰富的学术和教育资源为依托,通过理论教学、学术讲座、研讨交流、现场实践等多种方式,帮助数千名乡村非遗传承人提升传承和创造能力。

资料来源:中国青年报。

第四节 服务社会建设的文化传承路径与实践

一、路径建构

(一)以社会主义核心价值观为引领,用改革创新的时代文化感召人

作为培养社会主义合格建设者和可靠接班人的职业院校,必须加强对意识形态工作的管理,必须坚持以社会主义核心价值观为引领,才能保证校园文化的健康发展,只有把社会主义核心价值观与高校发展过程中长期积淀下来的传统精神有机结合,才能形成积极向上的精神文化。以社会主义核心价值观引领校园精神文化,首先是坚持以马克思主义为指导,用马克思主义中国化的最新理论成果武装和教育师生,加强思想政治理论课程建设和马克思主义理论研究,以深入贯彻落实中央关于新形势下加强和改进高校党建宣传思想工作和思想政治理论课教学的相关文件精神,落实学习研究宣传马克思主义和培养社会主义事业接班人这两大重要任务,推动了青年大学生的理论学习和研究。

(二)以地方特色为核心,用优秀地方文化塑造人

职业教育学校以开设特色课程,把优秀传统文化和地方特色融入教学全过程。课程注重回归特色教育,重视人文素质培养的同时,重视紧贴地方特色技术技能的培养;通过校企合作,融入地方文化资源,开设具有地方特色的订单班或培训班,再形成专题研究课程系列。学院构建理论教学与实践训练互相促进的课程体系,通过日常训练+学科竞赛模式,引导学生积极参与实践。课堂教学与课外活动结合,二者互通形成合力,有效助力传统文化和地方特色文化的传承。

（三）以仁和诚朴为基点,用优秀的艺术文化浸润人

职业教育通过广泛开展丰富多彩的艺术主题教育和学生社团活动,促进学校与文化、繁荣与发展的互动与融通,在活动中激发学生的社会责任感和文化自信。比如开展慰问演出、经验交流、赛事评审、作品展演等各类社会服务工作,参与高雅艺术进校园、农村文化礼堂建设等重要文化项目,带领和引导师生广泛参与公共文化服务。

二、实践案例

案例一:顺德职业技术学院

学校以教育扶贫为主线,以党建、教育、医疗卫生服务等为载体,形式多样的持续服务国家精准扶贫与乡村振兴战略,成效显著。2019—2020 学年度,学校顺德厨师学院共开展粤菜师傅工程培训班 36 期、培训 1 694 人次。学校顺德厨师学院请进来与送出去相结合,已累计面向广东、四川等地贫困青年开展免费厨师培训 17 600 余人次,成功探索了学校与区域融合发展、教育与产业同频共振的发展之路,被央媒称为小切口推动大变革,受到中央电视台《焦点访谈》、《新闻直播间》、学习强国、《中国之声》、《南方日报》等几十家主流媒体的深度报道,以凉山班学员为原型的公益微电影《木嘎是块料》,上线五天后,点击量破 1 亿、微博话题超 5 000 万,社会影响广泛。2020 年 10 月,我校《顺德厨师学院一人学厨,全家脱贫工作纪实》获教育部第三届省属高校精准扶贫精准脱贫典型项目,30 所获选的高校中高职院校仅 3 所,我校是广东省唯一获评高职院校。

（一）校企对接联合打造粤菜人才培养基地

学校整合区域粤菜餐饮名店、名师等民间优质教学资源,聘请罗福南、吴南驹等 20 余名中国烹饪大师担任顺德厨师学院的兼职教授,定期开班授课,亲传厨艺技能。同时积极探索精准扶贫新模式,2019 年 5 月,协同碧桂园集团、国强公益基金会、广东省扶贫基金会、龙江镇饮食协会等,共同启动了碧桂园—粤菜师傅培训班项目,与市场、与企业直接对接,产教融合资助学员完成学业,不断扩大教育精准扶贫范围,培养有文化、有传承的新一代凤厨,将顺德打造成知名的粤菜人才培养基地。

（二）顺德名厨凉山献厨艺，助力乡村振兴

孔庆聪，顺德名厨，我校顺德厨师学院教师，在世界美食之都掌勺 30 多年。2019 年 3 月以来，先后七次到四川省凉山金阳县、美姑县、雷波县、昭觉县等地，上门手把手地教授当地彝族厨师厨艺，学员已超千人。通过顺德厨艺+凉山食材的法子，他把顺德粗料精制的精髓与当地生态食材融合起来，研发了七彩鱼柳、高山野韭菜炒腊肉、苦荞土豆丝薄饼等 30 多个创新菜式。如今，金阳县丙底乙村学员俄底洛则已经开了一间索玛彝苑餐厅，菜式融合粤菜和川菜的特色，收入与以前打工相比，翻了好几倍，实现了一人学厨，全家脱贫。

（三）东西部职教协作，架起粤菜美食传播桥梁

2020 年 3 月，顺德名厨麦盛洪老师加入广东省援疆工作队，来到新疆伽师县中等职业技术学校开展为期一年半的支教。他依托自己丰富的餐饮行业经历和精湛的中餐粤菜技艺，到岗后角色转变快、成效显著。从规划建设中餐烹饪实训基地，到传帮带师徒结对培养中餐烹饪实操教师团队，再到深入课堂教学、举行粤菜制作公开课，完美实现了一名厨师走向讲堂的华丽转变，架起了东西部职教协作和粤菜美食传播的桥梁。

（四）力促东西协作，互惠共赢谋发展

学校全面落实《职业教育东西协作行动计划》(2016—2020 年)，与黑龙江职业学院、双鸭山职教集团等 8 所院校建立了对口合作关系，在骨干教师联合培养、管理干部互派、实训基地共建、教学资源共享方面形成了定期会商、深度合作、运转高效的工作机制，合力推动解决职业教育发展中的突出问题。

在全面落实国家职教 20 条，推进"双高"建设的大背景下，2020 年 5 月，我校牵头，联合罗定职业技术学院、黑龙江职业学院、黑龙江能源职业学院、甘肃省山丹培黎学校等协作院校共同开展了以推进三教改革共促协同发展为主题的清华大学—顺德职业技术学院协作院校骨干教师高级研修班，五所协作院校的 150 名骨干教师参加了培训。研修班采用学习导读+在线直播+云论坛+团队学习+任务驱动的培养形式，集中与分散相结合、理论与实践相结合，切实提升了教师的师德修养、业务能力和教学技能，促进了协作院校之间的交流合作。

（五）定点结对帮扶，上郎村貌焕新颜

学校自 2016 年起，开始对湛江雷州市纪家镇上郎村实施定点结对帮扶。4 年来，学校通过选派骨干教师全年定点驻村、中层干部一对一结对帮扶、党政领导每年带队慰问、各部门自主帮扶等多样化形式，捐赠资金与物资着力帮扶贫困生读书、完善乡村基础设施、助力贫困户改善居所，一步步帮助上郎村村容村貌焕新颜。2019 年 8 月，我校设计学院师生赴雷州市纪家镇上郎村开展我为美丽乡村绘蓝图志愿活动，用专业所长为上郎村规划设计了美丽乡村建设蓝图，作品参加广东省南粤美丽乡村规划比赛获三等奖，是唯一获奖的高职院校参赛队伍。2020 年，学校通过网络直播带货、以购代捐等形式，帮助上郎村销售特色农产品，为上郎村村民创收近 20 余万元；全校教职工 630 人捐款 35 万元定向资助上郎村小学建设顺德学院路；学校驻雷州纪家镇上郎村工作队获湛江市 2019 年脱贫攻坚先进集体称号。

2020 年 5 月 4 日，我校携手共青团顺德区委员会、佛山市顺德区田园歌农林有限公司，举行了助力扶贫，奉献爱心特色农产品义卖活动。我校校长夏伟化身精准扶贫代言人，网络直播带货雷州市上郎村金香芋头，为广大网友介绍了雷州市纪家镇上郎村独特的地理环境、金香芋头的种植过程和优良品质，以及活动对于精准扶贫的意义，号召大家踊跃购买。在短短半小时的直播时间里，金香芋头成交量达 4 250 斤，为上郎村村民创造了近 3 万元的经济收入，不仅帮助贫困村解决了农产品销售问题，更让消费者接触更多的无公害、原生态农产品，为传统农业销售提供了新思路。

（六）支援顺德村改，助力区域高质量发展

村级工业园升级改造是助推乡村振兴建设的一项重要工作。2020 年 1 月，我校响应政府号召，选派了 5 位青年骨干分赴龙江、北滘、勒流、大良、陈村等地支援当地村改工作。在近一年的时间里，5 位教师以顺德村改人闻鸡起舞、日夜兼程、风雨无阻的奋斗姿态投入村改工作中，并在抗击疫情、协助新园区建设运营与项目引进中发挥了重要作用。

疫情期间，我校 5 位参与村改的教师放弃春节假期，在高速公路、客运站、港口、国道等地执勤，协助公安部门做好车辆和人员登记、体温检测、交通指引等工作，无论狂风暴雨还是低温寒冷，他们始终就就业业、任劳任怨，发挥了党员先锋模范作用,冲到抗疫一线。如林跃宏老师与居委会、社区民警一起,走遍大良街道各个居委会,有针对性地上门为疫区返回大良的群众、密切接触者进行体温测量,核实人员身份、出行轨迹登记,了解居家环境,将防控措施落实到户、到人,劝导隔离并接送至隔离点的相关人员超200人。随着疫情防控重点变为外防输入,他又加入了排查境外回国人员的队伍中,每天奔波在居委会、隔离点、机场、核酸检测点之间。为减少对家人的影响,在疫情最严重的时期,他选择一个人在外租房子住,独自承担防控工作带来的风险。

(七)服务粤港澳大湾区国家战略

1.协同港澳高校,共建湾区合作平台

学校不断推进与香港、澳门的教育合作,服务于粤港澳融合发展。本学年,与香港公开大学合作办学工商管理硕士(MBA)项目,共有22名学生完成学业并取得香港公开大学工商管理硕士学位证书,同年新招学生90余人;与澳门大学达成合作共识,拟签订协议启动葡萄牙语言培训中心合作项目,培养面向葡萄牙语国家的商贸及技术人才;与澳门科技大学签订校际合作协议,共建大湾区烹饪与旅游交流平台;与澳门旅游学院在旅游管理与烹饪专业合作、职业资格考证、人才培养等方面达成合作意向。

2.佛港澳粤菜师傅同台竞技,深化佛港澳三地交流合作

2019年9月,由佛山市人力资源和社会保障局、顺德区人民政府联合主办的2019年佛港澳粤菜师傅技能竞赛暨职业技能提升三年行动计划启动仪式在我校举行。来自香港、澳门及佛山五区近百名餐饮名厨同台竞技,一决高下。本次竞赛按中式烹调师国家职业技能高级工标准,重点考核选手现场烹饪能力。

3.美食文化载体,促进湾区文化融合

2019年11月,学校与顺德区侨、粤港澳大湾区青少年文化交流协会联合举办了首届粤港澳大湾区青年滋味湾区美食文化比赛,吸引了湾区各城市近300名青年参加。粤港澳大湾区粤菜美食文化系列活动的开展促进了港澳青年对大湾区文化共源的认同感,加速了粤港澳大湾区文化的大融合。

2019年11月30日,首届粤港澳大湾区青年滋味湾区美食文化比赛活动在顺德职业技术学院举办。活动以"源·滋味"为主题的演讲比赛、以"粤·

滋味"为主题的厨艺比赛,以及滋味湾区美食文化研学之旅三大主题活动组成,吸引了大湾区各城市近 300 名青年参加。滋味湾区美食文化活动旨在将粤港澳大湾区城市群的美食及其背后的文化故事呈现给大湾区青年,让青年心怀感恩,饮水思源,加深湾区饮食文化的认识和理解,提高湾区青年文化认同感、家乡归属感,让新一代青年在充满人文关怀的环境下融合交流。

资料来源:顺德职业技术学院 2021 年度质量年报。

第五节　服务生态文明建设的文化传承路径与实践

一、路径建构

从生态文明建设方面来说,职业教育服务美丽中国建设采取文化传承的路径,可以通过多种方式实现。

向学生传授生态文明和环境保护方面的知识和技能,其教育过程本身就是一种针对性、系统性的文化传承过程。这种对生态文明和环境保护知识的传播和传承,能够加深受教育者对生态文明和绿色生产方面的正确认识,使得参与美丽中国建设的人才能够以更加积极主动的态度投入到行动中去。

将具体实践中的经典做法加以提炼形成一种可资借鉴的模式,体现实践生态文明的思想体系,可供其他主体参考借鉴。如果将职业院校开展生态文明教育参与美丽中国的实践经验不加以总结和提炼,那么这种尝试和试验将永远无法产生更大的带动和辐射作用。因此职业院校在开展生态文明教育的过程中,需要及时总结经验教训,并与其他实施单位开展广泛交流和互动,在多方合作中形成更加科学和有效的职业院校开展生态文明教育的模式和思想体系。

打造以生态环境保护为主题的校园文化,发挥环境育人的作用。一方面,职业教育服务美丽中国建设可以在教学楼、走廊、广场、图书馆、食堂、活动专栏等地方对生态文化进行宣传教育,使得学生随时随地都能受到生态文明方面的文化熏陶;另一方面,职业教育服务美丽中国建设可以对校园环境进行绿色环保方面的打造和建设,可以从垃圾分类、资源节约、校园绿化等方面入手,打造更加宜居和美丽的校园环境。

二、实践案例

案例一:广西生态工程职业技术学院

广西生态工程职业技术学院是广西壮族自治区人民政府创办,广西林业局、教育厅管理的全日制普通高等学校。学校作为以生态命名的高职院校,先后被评为自治区示范性高等职业院校首批国家高技能人才培养示范基地、自治区特色高校高水平专业群建设单位等。

(一)凝练办学精神,凸显生态理念

广西生态工程职业技术学院办学历史悠久,可以追溯到1940年,学校所在地沙塘镇作为中国抗日战争时期的农都,培养了农业部长等大批农林业人才,到1956年独立设置林业学校。一路走来,从全国重点中专校升格到区级高职示范校、双高校,始终坚持以林业为主,逐步构建了以生态技术为龙头,以工程技术为主体,以管理和服务为两翼的专业体系。

学校凝练了树木树人、知行合一的校训,发扬了咬定青山不放松的学校精神,形成了立德树人、服务发展、生态风格、追求卓越的办学理念。还形成了生态校歌、校树、校花等生态文化标识:校歌《林钟》,由共和国首任林垦部部长梁希作词,无山不绿,有水皆清,四时花香,万籁鸟鸣,替河山装成锦绣,把国土绘成丹青,新中国的林人,同时是新中国的艺人;校树是黄花梨;校花是桂花。此外,学校的校徽、校旗等文化视觉标识都彰显出生态特色,引领全校师生成为生态文明思想的坚定信仰者、积极传播者和忠实践行者。

(二)打造景区校园,突出生态特色

学院校园环境优美,百年古树成群,四季鸟语花香,多年来一直坚持生态产学研紧密结合的办学模式。一是打造AAA景区校园。校园位于公园,公园即是校园,校园建设和君武森林公园融为一体,并荣获国家AAA级旅游景区及广西农业旅游示范点称号。二是打造山水林田湖草生命共同体。学校所在

地柳州北部生态新区,位于柳江之畔,周围环境集丘陵、柳江、森林、农田、水塘、草地于一体,素有柳州之肺的称号,森林覆盖率达85.5%,具有丰富的植物、动物资源,拥有29个森林景观。三是打造科普研学基地。依托优美的生态环境和专业科普特色,每年都有上万人次的中小学生来学校研学生态文化,对普及和推广生态文明教育起到了积极的带动作用。

（三）重构专业体系,践行生态文明

学校充分挖掘专业的潜在育人文化,将生态文化融入专业教育教学中。在专业设置上,广西生态工程职业技术学院的传统专业是林业技术,近年来重构专业群,丰富了园林设计、生态环境保护和旅游管理等专业,构建了以生态技术为龙头、以工程技术为主体、以管理和服务为两翼的专业体系。目前设有林业工程学院、园林与城乡规划学院、旅游与交通管理学院、生态环境保护学院等11个二级学院,53个专业,其中国家重点建设专业4个、国家林业和草原局重点专业2个、自治区优质和特色专业11个,全日制在校生近17 000人。

为了打造生态文明教育特色品牌,学校成立了生态文明建设研究室和绿水青山就是金山银山理论研究院,专门组建课程教学团队,编写校本生态文明教材,将生态文明思想课程写入人才培养方案,切实体现专业建设生态化、生态建设专业化的办学特色。

资料来源:冯立新,唐洪,安家强.传承生态文化,做生态文明忠实践行者:广西生态工程职业技术学院生态文明教育纪实[J].环境教育,2022(1):76.

案例二:重庆工程职业技术学院

——汇聚、创构、力行:建设新农学校助力乡村振兴的创新实践

乡村振兴关系中华民族伟大复兴,是党的十九大提出的一项重大战略。中华职业教育社是我国最早的职业教育社团,重视发展平民职业教育,有过卓有成效的乡村建设实践探索。习近平总书记曾于2017年致信祝贺中华职业教育社立社100周年。2019年以来,重庆市中华职业教育社发扬统战精神,联合职业院校、企业等社员单位,夯筑平台,创新机制,以乡镇为校点,建设了一批面向新时代、培育新农民、发展新农业、建设新农村的新型农村成人职业教育学校——新农学校,开展以服务乡村五大振兴为重点的十百千万行动,取得显著成效,产生广泛影响。

（一）创新背景

1. 推动城镇与乡村协同发展的需要

随着城镇化步伐的日益加快,农村逐渐出现了衰败危机。而城镇化的历史车轮却是滚滚向前,不可逆转。我们既不能停城建乡,更不能毁城兴乡,必须坚持乡村与城市融合、协同、可持续发展。推动乡村振兴成为消解城镇和乡村两极化发展的重要国家战略。

2. 传承中华职业教育社乡村建设统战传统的需要

20世纪初叶,中华职业教育社秉持大职业教育主义理念,以统战精神和工作方式联合社会各界,在上海徐公桥、江苏昆山等地开展了卓有成效的乡村建设实践,形成了城市职业教育推动乡村改进,城市与农村融合、协同、可持续发展的宝贵经验,为当今时代职业教育助力乡村振兴与城市可持续发展提供了宝贵的思想借鉴。

3. 夯筑职业教育服务乡村振兴工作平台的需要

在实施乡村振兴重大战略中,职业教育大有作为,但缺乏有效的工作平台。遵循党和国家关于乡村振兴的相关政策要求,借鉴中华职业教育社开展乡村建设的有效经验,构建了新农学校工作平台和运行机制。新农学校有五新,即面向新时代、培育新农民、发展新农业、建设新农村,是新型的农村成人职业教育学校。核心是聚焦到人,面向全体农民,努力把农民培育成为能工能农的城乡两栖型高素质技能型人才,通过为人赋能助力乡村振兴。

（二）主要做法

1. 建立层级型组织运行架构

重庆市级层面,市委统战部大力支持,市中华职业教育社与重庆工程职业技术学院联合建设黄炎培职业教育研究院,开展职业教育服务乡村振兴政策和理论研究,建立新农学校建设管理办公室,统筹推进新农学校建设工作。区县层面,统筹教育(重点是职业教育中心)、人社、农业农村等有关部门资源,加强新农学校建设和作用发挥的管理工作,在乡村振兴局下设教育培训需求办、在教委下设师资供给办,从根本上保证职业教育培训活动的开展。乡镇层面,一个乡镇建设1所新农学校,乡镇领导为校长,根据实际情况在具备条件的村建设分校,村主任为分校校长,乡镇和村主要负责搜集整理乡村振兴和农民发展的职业教育需求并提供相应的职业培训。

2. 建立源头处征询需求机制

以村为单位收集乡民在生活、教育、工作、培训等方面的需求,再以乡镇为单位进行意见和需求的汇总后报告给乡村振兴办,最后由乡村振兴办整合各乡镇新农学校的需求向教委提出建议方案,教委与供给联盟牵头学校共同拟定实施方案,最终由供给联盟组建教师团队实施教育培训。这种运作方式保证了信息在上传下达过程中的快速有效。既可以使乡民意见得到充分表达,提供更有针对性的职业培训,又可以方便各级部门之间的协调合作,形成合力。

3. 实施学定教育培训活动

新农学校根据农民城乡务工的工学矛盾等实际情况,采取弹性学制,实施农学交替、旺工淡学、半农半读的人才培养模式,将理论教学与实践教学、线上教学与线下教学、集中教学与分散教学、农忙工作与农闲读书结合起来,为乡民提供更加便捷的教育。针对农民文化水平相对较低的现实情况可以采取通俗教学,通过编口诀、方言授课、田间讲学等方式增加农民对知识的接受性。为培养与本地发展适配度更高的实用型人才,面向技能人才紧缺领域和贫困劳动力等重点人群精准开发培训课程。教学场地上选择较为灵活,可以是在牵头学校内也可以是在相关企业、农业生产基地,还可以是在县级职业教育中心、乡镇会议室、村委会议室、农村院坝和田间地头。

(三)工作成效

1. 建设了一批新农学校

为巩固拓展脱贫攻坚成果同乡村振兴有效衔接,服务乡村振兴国家战略,2022年5月以来,重庆市中华职业教育社、重庆工程职业技术学院共同在城口县、巫山县、奉节县、北碚区、忠县等地建立新农学校17所,每次授牌仪式都得到重庆市人大常委会副主任、重庆市中华职业教育社主任沈金强和市委统战部相关领导的大力支持,并出席授牌、召开座谈会议、提出工作要求。按照规划,新农学校今后将覆盖全市各区县。

2. 启动了十百千万服务行动

计划在三至五年内,每所新农学校帮助10名左右乡村干部能力提升培训、10家左右涉农企业发展、10个左右农村院落整治,100名左右职业学校学生学习困难消解、100名左右外出务工农民工技能提升、100名左右农村老年人生活品质改善,1 000亩左右农作物改良增收,10 000亩左右农村生态环境保护。目前各项服务行动进展良好。

3.形成了一批服务乡村振兴的典型案例

1)彩笔绘就乡村院落美

重庆工程职业技术学院艺术与设计学院师生在经过与目标乡村领导及乡民多次沟通后,在多座村庄对围墙进行现场测量,帮助社区进行环境规划、改造以及全部墙绘的设计。指导老师和艺术设计工程学院大二大三学生进行细化布局修改图稿,以丙烯、画笔为主要材料耐心勾画描线,以传统文化结合各村当地特色产业作为主题图文并茂地展现在宣传墙上,用鲜亮的色彩、鲜活的图案和鲜明的主题感染着过往村民,改善各村的人居环境状况。至今共惠及江津区圣泉街道长岭社区沙帽沟、江津区珞璜镇同福村、江津区杜市镇龙凤村、酉阳桃花源景区酉州古城四座村落,共设计图片100余幅,墙绘长度达200余米,共计约1 000平方米,突出特色美化乡村道路6 000米,清理破漏屋顶300平方米,粉刷破损墙壁1 000平方米,参与学生达300余人次。

2)田间学院培育新型乡土人才

2020年12月28日,重庆市中华职业教育社联合江津区中华职业教育社在重庆工程职业技术学院建立乡村振兴学院,与江津区杜市镇共同成立田间学院,将课堂搬到田间地头,为农民培训园艺、花艺技能;助力杜市镇脱贫攻坚与乡村振兴无缝对接。打通职教助农最后一公里。以村域规划确立整体发展路线,从乡镇具体情况出发,结合产业规划、资源开发对乡镇区块进行设计,通过驻乡调研深入了解乡情现状,从主、客观各方面进行乡域价值分析与评估后,我院为云阳县清水土家族乡总共规划96个项目:产业振兴项目共有55项,其中农业产业32项,农业产业配套16项,旅游产业6项,工业1项;基础设施项目共有21项,道路建设12项,简易桥梁1项,饮水2项,灌溉2项,土地河道整治4项;社会事业项目共有5项;人居环境整治15项。

3)青果计划培育乡村创业人才

重庆市中华职教社指导重庆工程职业技术学院,在江津区开展实地调研,走访了杜市镇、蔡家镇几十家农户,在深度了解农民创业需求后建立了青果计划创业实训基地。于2021年2月开始招募懂技术、善运营、爱农村的在校师生,启动青果购小程序平台搭建。该平台于 2021 年 5 月 17 日正式发布使用,来自江津区珞璜、杜市、先锋等 11 个乡镇的 19 户果农与平台签订供货协议,137 位学生在平台注册微店。截至目前,平台已与 30 余家果农签订长期供货协议,发展 100 多位初级创业者,吸引近千名用户注册使用,累计实现销售收入近 40 万元。

资料来源:重庆工程职业技术学院"双高计划"中期绩效自评报告。

案例三:杭州市林业科学研究院

杭州市林业科学研究院始终遵循"生态文明"和"美丽杭州"战略,展生态画卷,谱生态文化,传青山永续,育文明少年,擦亮生态文化的绿色底色,唱响生态文化红色赞歌,让杭州的生态文化绽放金色光芒。

1. 广植深挖生态载体,擦亮生态文化的"绿底色"

随着公众生态文明意识的显著提升,关注生态、关爱森林、关心绿化成为全社会共同心声,杭州市林科院将"绿化"作为最大民心工程,让"绿色"成为杭城最显著最靓丽的标志色。

指导保障生态"绿芯"种苗。紧紧围绕"种业科技自立自强、种源自主可控"战略,大力开展生态功能强、健康长寿的乡土珍贵彩色树种种质资源、种苗的研究培育,指导全市建成国家林木种质资源库 3 家、国家花卉种质资源库 2 个、国家级林木良种基地 3 个,建成市级以上林木种苗保障性苗圃 9 家,面积 2 300 亩,设施面积 24 万平方米,年保障供应良种壮苗 1 000 万株以上,初步形成了覆盖面广、布局相对合理、树种较为全面的保障性苗圃体系,为提升生态文化建设的"绿"底色提供种苗基础保障。

建立完善自然教育基地。杭州市林科院多次指导国有林场、森林公园建设林业科普基地和自然教育基地,2021 年成功申报省级 10 个,杭州市目前已有国家级自然教育学校(基地)7 个、省级 18 个。2020 年,杭州市林科院建成了林业科普展示厅(杭州市青少年林业科普教育基地),主要通过现代化和智能化的设备和 VR 体验,拍摄《瞭望杭州 绿山青山》《走进森林》《飞跃西溪、清凉峰》等生态教育视频和微电影《守护古树》,向青少年传播认识森林、守护森林的生态文化价值观。2021 年已成功申报为省级自然教育学校(基地)。

持续开展生态科普活动。院里组建了一支党员志愿科普小分队,按照"请进来、走出去"的方式,持续开展系列森林文化探索与实践,走进单位周边中小学、幼儿园,开展生态科普教育结对共建活动。邀请中小学生走进林科院林业科普教育基地,举办"最爱那抹绿""小昆虫大世界""小红牛大森林""探索秋天森林的奥秘"等科普活动,主办森林康养等森林文化学术交流或技术培训 30 余次,参与社区和基层森林食品宣传 16 次,普及生态科普知识,唱响森林文化品牌。

2.拓展丰富生态内涵,唱响生态文化"红赞歌"

习近平总书记提出"让城市融入大自然,让居民望得见山、看得见水、记得住乡愁"。山、水、乡愁凝聚的是文化美,体现的则是生态文化内涵,为拓展丰富生态文化内涵,杭州市林科院依托杭州市林水志愿服务队,将红色的林业科技志愿服务融入生态文化的范畴,促进林业生态的"绿"与志愿服务的"红"相辅相促。

积极参与"植绿添绿"。围绕"碳达峰、碳中和"目标,积极参与形式多样化、渠道多元化、时间常年化义务植树活动,提升市民植绿、护绿、爱生活的生态文明素养。积极参与各级植树活动和"亚运林"病虫害防治,先后组织"践行两山理论·推进百万亩国土绿化"、"红马甲绿行动"共建楠木林、"绿色传递为爱播种"珍贵树种进校园等植绿活动。

组织开展"爱绿护绿"。持续推进珍贵彩色树种进村庄、花卉园艺进社区(村居),每年举办"书香换花香"、家庭园艺讲座、社区插花培训、社区"植滕节"活动,参与人员超过 1 000 人次,扮靓美丽多彩的杭州生态。持续推进基层结对共建,在淳安泥脚岭村种下 10 亩香榧"党建示范林",在大源村种下 156 棵香榧"致富果",在浪川古村种下 200 株樱花和海棠。在临安区蒲村种下 1 000 株油茶树、30 亩香榧林,还为桐庐县尧山村送去 2 100 株大青梅种苗,在推进生态建设的同时促进共同富裕。

助力推进"心中播绿"。参与杭州市组织的世界湿地日、"爱鸟周"暨野生动物保护宣传月、"生态日"、植树节等形式多样的生态科普宣传,助力推进"心中播绿"行动。参与寻找杭州市"最美古树""最美森林古道"等最美系列行动,组织开展"最美竹乡",充分调动全民主动性、积极性、创造性,弘扬"爱绿、护绿、兴绿"良好风尚,其中中英文版的《杭州美丽竹乡》一书还在 2018 年的世界竹藤大会亮相,受到了中外代表的一致好评。

3.传承创新生态魅力,打造生态文化"金名片"

金色代表了荣誉,承载信任和期待。杭州市林科院多年来对生态建设的努力得到了肯定,先后荣获全国生态建设突出贡献先进集体、生态省建设突出贡献三等功、美丽杭州建设突出贡献等荣誉称号,2021年又获得了浙江省生态文化建设突出贡献先进集体。

理论先行,生态文化研究走在前列。前瞻性地开展城市森林保健功能监测与评价研究,建立了城市森林生态保健功能定位监测网和城市森林保健功能综合评价指标体系,首次提出了城市森林保健功能综合指数,参与建设国家级生态定位站点2个,建成省级清新空气监测站1个。建立浙江省老年医学重点实验室杭州森林康养研究中心,开展的森林对大气质量改善、与人身心健康关系以及森林疗养基地认证相关研究在中国森林疗养杭州国际研讨会得到肯定,发布中国森林疗养《杭州宣言》,成为首批城市森林国家创新联盟理事单位。

参与展会,生态文化传播光彩夺目。善于结合各类大型生态会展,搭建传播载体和媒介,加快杭州生态文化传播速度和广度。派出3名科技骨干参与2019年北京世园会,"杭州市城市主题日"活动的游客量超过20万人次,"杭州元素"的"富春山居图"惊艳国内外游客;2021年征集230个杭州花博会展品参加第十届上海花博会,展品获奖总数占浙江省的54.5%,还发放杭州市生态建设和湿地水城的宣传册及团扇1000余份,充分展示了杭州以花兴业、以花美景、以花惠民的成就。

探索实践,生态文化转化经济效益。依托林科院科研团队,每年开展科技培训和科技下乡活动20余期培训近万人次,发放各类宣传资料2万余份,"上山入林"为基层林农送技术、送物资、送人才,将林业生态文化向基层输送和辐射。深入研究和宣传推广产业生态化、生态产业化绿色发展模式,推动生态经济发展,实施"一亩山万元钱"科技富民行动62.95万亩,产值60.27亿元,有效打通了"两山"转化通道,打造"两山"绿色银行的"杭州模式",让产业结构变"轻",发展模式变"绿",经济质量变"优",让"绿水青山"与"金山银山"相得益彰。

生态兴则文明兴,生态衰则文明衰。杭州市林科院将继续坚持绿水青山就是金山银山理念,加速林业科技在生态文化的传播、运用和推广,推动绿色低碳发展、提升生态系统质量和稳定性中的支撑作用,助力"双碳"目标实现。

资料来源:赖相燕.厚植生态文化 传承绿水青山:杭州市林科院助力森林杭州建设[J].浙江林业,2022(2):8-9.

第九章 社会服务路径

第一节 服务经济建设的社会服务路径与实践

一、路径建构

党的十九大提出完善职业教育和培训体系,产教融合、科教融汇,职业教育质量提升迎来新机遇,而社会服务是职业院校的重要职能之一,职业院校提升社会服务能力不仅是服务于经济社会发展的责任,更是学校自身发展的迫切需要。职业院校开展社会服务的路径包括技术开发、技术咨询、技术转让和技术服务(技术培训、技术中介)。

（一）技术开发与技术转让

技术开发、技术转让是职业院校目前较为薄弱且亟待突破和开辟的方面。技术开发首先需要职业院校拥有一批科研素质高、实践能力强的师资队伍,同时需要与相关行业企业高度契合,为企业的产品研发、服务改进、工艺流程优化改造、技术应用开发等方面提供服务。高职院校可以主动联系企业,了解企业对于科研方面的需求,先无偿与企业共同研发,利用企业的设备和项目提升教师的科研能力,待时机成熟后再开始提供有偿服务。

（二）技术咨询

职业院校可以根据行业特性提供技术咨询服务，如专家咨询工作室等。以重庆工程职业技术学院为例，该校资环类专业设有咨询工作室，工作室内的教师都是具有多年环境保护工作经历的双师型教师，团队成员科研能力突出并具备行业从业经验，可以为企业提供环境影响评价、清洁生产审核、场地风险评估、污染场地评估咨询等环境咨询服务和三同时环保设计备案、废气治理工程、废水治理工程等治理工程。

（三）技术服务

技术服务包括技术培训和技术中介。目前职业院校的技术服务以技术培训为主，包括为企业人员提供员工培训、为社会人员开展继续教务服务、开展专业技能认证培训等。由于企业的营利性质，委托职业院校为员工开展培训最终目的是增强员工的业务能力、提高企业生产率。因此职业院校应随时保持学习心态，掌握行业前沿新技术和新工艺，满足企业在升级改造过程中多前沿技术的需求。

二、实践案例

案例一：重庆工程职业技术学院

重庆工程职业技术学院紧密结合职教20条促进产教融合，校企双元育人的要求，与华为机器有限公司、海力士半导体有限公司等20家行业龙头企业携手共建订单班23个，培养学生300余名，探索出一套针对性强、普适性高的机电一体化技术专业群一生三地、双元分段、三师共育、四维评价的1234订单人才培养新范式，形成了互助共生、多方受益的新局面。

（一）主要措施

一是依托学校自建的理实一体化实训基地（一地）、学校与行业共建的员工培训基地（二地）及学校与企业共建的生产性实训基地（三地），对每一位学生开展轮场式实景化人才培养。

二是学生以企业员工和学校学生的双重身份分阶段工作和学习。第一、二学期在一地进行理实一体化学习；第三学期在二地进行实操训练；第四、五学期在三地参与实际项目生产运行；第六学期，根据学生出师情况，分别进入以上三地回炉。

三是学校导师、行业导师和企业导师对学生进行三师共育。其中,在一地,以学校导师为主、企业导师为辅,主要采用理实一体化教学手段;在二地,以行业导师为主、学校导师为辅,以实操为主要培训手段。在三地,以企业导师为主、学校导师为辅,以实际生产为培养手段。

四是通过学校导师、行业导师、企业导师和企业经理人的综合评价,全面考核订单班学生的综合能力,同时考核结果作为该生学业成绩和薪资发放的主要依据。

（二）主要成效

1.靶向性更强,订单班人才获企业好评

以华为订单班为例,学生实习期月薪 8 000 元以上,毕业后华为组织考核,转正平均月薪 10 000 元以上;各年级华为订单班人数呈逐年上升趋势,2018 级、2019 级学生 100% 通过华为考核;企业问卷调研中,华为对学校及学生的满意度达 98%（图 3-7）。

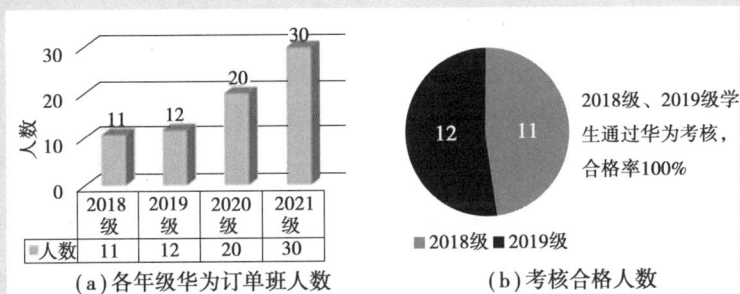

图 3-7　华为订单班学生情况

2.适应性更强,快速适应企业工作环境

学生对企业工作适应较快,工作内容能够快速对接。2019—2021 年,就职海力士有限公司的 43 名毕业生,离职人员仅 2 人,企业与学生满意程度较高。

3.发展力更大,可持续发展能力得以提升

2016 级机电一体化专业毕业生牟磊同学,通过在海力士半导体有限公司工作三年时间工资水平从 5 100 元升至年薪 20 余万元;从刚入行的小学徒,成为生产线生产管理主任。牟磊同学在 2021 年企业宣讲会代表海力士公司向我校学生进行宣讲,成为我校与企业更加紧密联系的纽带。

资料来源:重庆工程职业技术学院"双高"中期绩效自评报告。

案例二：湖南工业职业技术学院

湖南工业职业技术学院对接三高四新战略定位和使命任务，服务强省会战略，以湖南省机械装备制造职教集团为载体，组建了复杂薄壁精密零件智能柔性加工技术研究中心、高野轮毂电机研究所、工业控制软件研究中心、智能控制技术研究所等6个校级平台，开展技术研发、提供技术服务、开展科学研究，培养培训双师型教师队伍等。同时学校与南部战区空军后勤保障部队共建了空军地面装备人才培训基地车辆维修人才培训中心，分批次与南部军区某部队就模具设计与制造、工程机械运用与维护、焊接技术及自动化等专业开展现役军人的职业技能培训，为部队培训了汽修及雷达装备制配技术类高素质人才。

（一）深化了装备制造卓越工匠人才培养

数控技术专业群与中联重科、博世汽车、蓝思科技等企业合作，实施了卓越工艺师卓越运维师和雏鹰计划的现代学徒制人才培养。其中，数控技术专业与万鑫精工合作，机械制造与自动化专业与博世汽车合作，采用项目驱动+工学交替的方式，实践了卓越工艺师人才培养。目前，卓越工艺师培养在校生规模225人，卓越工艺师班学生获国赛一等奖6项，省赛一等奖近20项；工程机械运用与维护专业与中联重科合作，实施了卓越运维师，培养工程机械故障诊断后备专家型高端人才，目前在校生规模74人；与蓝思科技合作实施了雏鹰计划培养智能制造升级下的组长、生产线线长、车间主任，校企合作组建团队挖掘教学载体8个、开发课程4门，提升了企业现场生产组织和质量管理水平。

（二）承接举办社会技能大赛

对接三高四新战略定位和使命任务，数控技术专业群立项了国家级职业教育虚拟仿真实训基地，建设了省级职业教育示范性虚拟仿真实训基地，利用亚行贷款扩建了数控技术实训中心，新建了以多轴及车铣复合技术为主的高端加工制造中心，新建了多轴数控加工及数控车铣"1+X"省级管理中心，极大地改善了学校的实训教学条件，提高了服务社会的能力。承办了复杂部件数控多轴联动加工技术、机器视觉系统应用等省级赛项2个。承办了长沙市职业技能大赛、长株潭三城融城杯职工技能大赛、长沙市十行状元、百优工匠技能大赛等竞赛项目4个。承接长沙市总工会举办的多轴加工技术、工业机器人运维技术等高技能培训，为长沙本地12家机械装备制作的头部企业培养高技能人才。

（三）广泛开展社会培训与技术服务

依托双师型名师工作室和教师技艺技能传承创新平台，校企共建中望区域数字化设计技术服务中心，开展社会培训和技术咨询服务条件，完成15项以上的制造业服务、工艺改进、技术咨询服务等制造业技术研发项目。组建数字化成型等3个技术研究团队，开展工程机械关键共性基础工艺技术攻关与创新，完成相关工艺课题5项，技术协同创新团队任务完成率达100%，指导工程机械骨干企业和关键配套企业改善产品性能和稳定性。与本土在"一带一路"线上有国际业务的大型装备制造企业不断深化产教融合、校企合作，共组海外人才培养培训教研室、海外人才培养培训实训基地和教学团队，为本土制造业企业培训中国驻外员工530余人次，培训印度、越南等本土员工1 000余人次。

资料来源：湖南工业职业技术学院"双高计划"中期绩效自评报告。

案例三：成都航空职业技术学院

成都航空职业技术学院携手成都飞机工业（集团）有限责任公司等行业头部企业开展分类分层协同育人，共同推进现代学徒制、世赛班、航发班等人才培养模式改革，培养航空装备制造急需的高素质技术技能人才，每年为航空产业输送2 000余名毕业生，成为航空工业集团和中国航发集团技术技能人才首选单位，为歼-10、歼-20、翼龙无人机等国之重器的研制生产做出重要贡献。学校与空军、海军、武警部队在飞行器数字化制造技术等6个专业培养1 792名技术士官，主要任职于部队现役主战航空装备维护维修岗位，实现先进战机制造到维修人才的一体化培养，为建设世界一流军队锻造强军技术尖兵。对接四川省5+1现代产业体系和成都市5+5+1重点产业体系，布局电子信息和汽车制造两大专业群，面向电子信息产业、汽车产业采取订单定制培养输送人才近3 000人。具体措施如下。

（一）以两融合、两合作集聚资源突破障碍，引领办学体制机制改革

以产教、军民两融合，校企、校地两合作为关键，探索职业院校办学体制机制创新之路。深化产教融合，建成国家首批示范职教集团。与头部企业联合成立航空职业教育集团等9个产教、科教合作组织，联合共建航空装备制造产业学院和无人机产业学院，建立学校与行业企业紧密对接协作机制。深化军民融合，建成中国人民解放军定向士官培养学校。精准对接部队用人需求，按

照军地协同、共建共育、分段实施、定制培养的思路,与空军、海军和武警部队建立双主体、五共同军地协同育人模式,培养有灵魂、有本事、有血性、有品德的新一代士官人才。强化校企合作,建成航空产业技术技能人才培养高地。与航空工业、中国航发、中国国航等头部企业开展高起点、多领域、全方位合作,成为航空企业技术技能人才首选单位。强化校地合作,建成产教城融合改革示范区。走进四川航空产业园,与新都区、成飞公司等航空企业多元共建航空产教示范园区,打造共建、共治、共享的产教城融合发展高地。

(二)以对接航空全产业链的专业群布局,提升服务产业发展能力

专业设置紧跟飞机及发动机重大型号工程的研制生产,聚焦航空高端产业的卡脖子关键技术应用,开办飞行器数字化制造技术、航空发动机装配与试车等航空类专业,形成高度契合航空制造、航空维修、航空服务产业链的专业群,成为促进教育链、人才链与产业链、创新链有效衔接的关键一环。通过聚集校企资源、创新培养模式、打造高水平专业品牌,服务产业发展能力大幅提升。

(三)以双主体、五共同校企协同育人模式培养高素质航空技术技能人才

弘扬航空工业严慎细实、精益求精的作风,实施校企共同制订人才培养方案、共同制订课程标准、共同配置资源、共同实施教学和共同管理学生的双主体、五共同校企协同育人模式,三年累计输送6 000余名毕业生投身航空和国防事业,为歼-10、歼-20、翼龙等大国重器培养了一大批高素质技术技能人才队伍。毕业生中涌现出世界技能大赛冠军教练邵志永、央视专题报道的飞机装配师张泰军等一大批优秀人才。

(四)以两融合三递进四协同军地协同育人模式培养高素质技术士官人才

按照军民融合、战训一体要求,破解空军、海军和武警部队战略转型中军事装备数字化升级和五代机、舰载机、无人机等尖端军事装备快速列装中人才紧缺的问题,通过创新军地两融合三递进四协同育人模式,贴近实战设计育人标准,培养高素质专业化新型航空机务士官人才,保障航空尖端军事装备发挥最大技术效能,助其从工厂快速走向战场。

(五)以技术技能创新平台支撑航空产业技术进步

建有四川省模具产业智能制造应用技术工程实验室、四川省无人机全产业链创新平台3个省部级科研平台;引进中华技能大奖获得者刘时勇等共建

4个技能大师工作室;与瑞士GF公司共建智能制造技术应用创新基地,与瑞典海克斯康公司共建数字化几何测量公共服务平台,与北京精雕集团共建数字化＆多轴精密加工技术中心。主研大飞机智能制造网络示范国家民用飞机专项;主持飞机刹车主动式散热系统设计等省部级重大科研项目10项;中标成飞公司自动化质量检测与管控系统技改项目,承接飞机结构件NC编程技术外包工作,为航空尖端军事装备的研制生产贡献成航智慧;完成翼龙无人机适航标准体系开发,服务翼龙无人机走向世界。2021年获得省部级科技进步奖2项。

资料来源:成都航空职业技术学院"双高计划"中期绩效自评报告。

第二节 服务政治建设的社会服务路径与实践

一、路径建构

(一)参与公益活动

公益活动常常是开展大学生思想政治教育的重要载体和大学生实践教育的主要形式,也是大学生服务社会、贡献力量的形式之一。大学生可通过志愿组织或媒体宣传参加例如广场文化活动、慈善拍卖、书画展、歌咏比赛、征文比赛、书画比赛、城乡交流公益活动,从而达到在公益实践中增知识、强素质、长才干和服务社会的目的。

(二)参与乡村振兴

学校可参与资源上的精准帮扶。学校可发挥资源优势,深入调研了解贫困地区真实状况,要发挥科研人才优势,从而开展帮扶。学校可指派党员干部进驻贫困村,一方面可以提供理论指导或技术支持,从而参与辅助扶贫或指导扶贫,另一方面又可掌握贫困程度和具体的脱贫需求,为扶贫攻坚工作提供决策建议。

学校可开展大范围地扶志扶智活动,如招收贫困地区学生或利用寒暑假开展"三下乡"支教活动等形式的教育帮扶;或建立文化站、爱心超市、文化广场、文化长廊或宣传当地传统文化、美化村庄、举办文化活动等形式的文化帮扶。学校可开展乡村振兴的理论和政策研究,为政府制定政策提供智力支持。

(三)参与社区服务

高校师生党员可深入社区和群众中开展走访宣传工作,积极宣讲党和国家的路线、方针、政策和上级党委和政府的重要指示精神、重大部署和中心工作,引导基层党组织和党员干部群众自觉贯彻落实党和政府的路线方针政策及决定、决议。高校师生可结合专业优势和自身特长,协助社区开展科教、科普、文艺、体育健身等活动;也可在社区举办各种形式的文化生活、职业教育和继续教育类课程;也可积极参加党员服务站的工作、政府或社会团体组织的扶贫、支教和关心下一代等志愿者服务活动、社区的清扫保洁和绿化、美化活动、帮扶困难群众;等等。

二、实践案例

案例一:江苏农牧科技职业学院

——在乡村振兴实践中探索新时代高校思想政治教育

党的十九大报告指出,农业农村农民问题是关系国计民生的根本性问题,必须始终把解决好"三农"问题作为全党工作的重中之重,实施乡村振兴战略。在此背景下,作为一所农牧院校如何积极响应国家需要,主动作为,在乡村振兴实践中探索新时代高校思想政治教育,把握展示人才培养和社会服务功能的良好契机,探索大学生思想政治教育工作新途径,关注大学生思想政治教育需求,丰富大学生思想政治教育内容,提升教育效果,引导和鼓励大学生到乡村建功立业,为国家乡村振兴战略做出贡献。

把握展示人才培养和社会服务功能的良好契机,重点推进大学生投身乡村振兴战略思想教育。高校应切实落实立德树人根本任务,站在服务国家乡村振兴战略、积极主动为国家培养乡村振兴急需的各方面专业人才的新高度,充分结合自身实际,打好大学生思想政治教育、涉农专业改革、管理体制创新等一系列组合拳,统筹育人资源,发挥实践育人、科研育人在高校内涵式发展的重要作用,为国家培养大量农业技术、农业管理、农产品销售、乡村治理、环境保护等专业人才,在服务社会的同时促进高校自身办学水平的不断提升。

不断研究大学生思想政治教育特点,为大学生思想政治教育工作提供人、财、物等全方位支持,建立长效机制,确保教育效果。

了解大学生理论政策需求,提升大学生服务乡村发展的思想自觉和行动自觉。一是发挥思政课教师、辅导员对大学生的思想引导作用,鼓励大学生抢抓历史机遇,服务国家发展,投身乡村振兴。思政课教师和辅导员是高校大学生思想政治教育的重要抓手,要加强对这两支队伍的培训管理,通过他们在课堂、课后辅导、班会、谈心等多种场合向大学生宣讲关注国家前途和个人发展,宣讲人的责任和人生价值,宣讲先进典型,宣讲乡村振兴战略的相关政策理论,引导他们把国家发展需要和个人人生价值的实现结合起来,把个人事业发展融入国家战略,实现人生价值最大化。二是组织学生到乡村,通过一线工作人员为大学生介绍乡村发展现状、人才需求情况、相关政策规定,帮助他们认识最真实的乡村,了解最实际的需求,明确最清晰的努力方向。三是把大学生投身乡村振兴战略思想教育与党史学习教育相结合,增强理想信念教育,实现由要我去到我要去的转变。要向大学生讲清楚,乡村振兴战略的高质量实施,离不开广大青年大学生的积极参与,离不开忠诚廉洁、艰苦奋斗、探索创新、甘于付出,这些都是在百年党史中积累下来的宝贵精神财富,只有不断汲取党史智慧,才能接续实现乡村振兴、国家富强。

丰富大学生思想政治教育实践内容,精准提升大学生服务乡村发展的实践水平。当前背景下的大学生思想政治教育,需要多提供实践机会,确保教育效果。一是把大学生投身乡村振兴战略思想教育与假期社会实践、三支一扶等志愿服务相结合。通过接触乡村的农业、教育、医疗,让大学生在志愿服务过程中增进感情,了解要求,掌握技能,坚定信心。二是把大学生投身乡村振兴战略思想教育与就业创业相结合,重点是提升大学生回乡就业创业的能力。2021年3月出台的《中共中央国务院关于实现巩固拓展脱贫攻坚成果同乡村振兴有效衔接的意见》指出,扶持脱贫人口在乡村旅游、农村传统技艺、土特产加工等领域创业,鼓励返乡创业带动就业。因此,高校要完善就业创业教学内容,在就业创业教育和职业规划中融入乡村振兴相关内容,在组织就业创业竞赛中设立乡村振兴主题。要引入社会力量提高就业创业师资水平,同时针对地方需求设置就业创业项目。把培养学生创业意识、创新精神同服务乡村发展结合起来,提升大学生投身乡村振兴战略思想教育效果。

资料来源:林津晶.在乡村振兴实践中探索新时代高校思想政治教育[N].泰州日报,2022-06-27(6).

案例二:山东商务职业学院

志愿服务是高校思想政治教育实践育人的主要途径。山东商务职业学院建筑工程学院坚持立足校内、服务社会,党建引领、把握关键的原则,以志愿服务为抓手,通过知情意行的有效运用,全面推行"四结合"工作法,即"课上+课下、学校+社区、1+N服务、队伍+达人"。精准对接社会需求,整合各方志愿服务力量,深入实施项目化、专业化、品牌化,精准开展志愿服务,进一步质化育人成效。

1. "课上+课下"提神聚能,促进思想融合

课上全面推进课程思政教学。以建筑工程学院"建德、立信、筑能、泓技"八字院训为指导,将课程思政元素融入课程教学大纲。教学过程践行立德树人、学生中心理念,将"思政为魂、知识为本"作为教学的理念追求、行动标准。通过对课程思政系统化设计,使课程思政教育外化于物、内化于心、润化于生、实化于行、固化于制,实现全员全程全方位润物无声式育人。

课下进一步创新思想教育形式。建筑工程学院以党建为引领,发动党员教师积极主动地转变身份,充分发挥党员教师模范带头作用,以学生会部门为把手、以班级为主体,坚持"一月一主题,一班一特色",特别是在关键时间节点开展丰富多彩的实践活动,持续推进习近平新时代中国特色社会主义思想三进工作。开辟网络思政阵地,利用新媒体矩阵,建立"智慧党建""大雅之堂""追风者"等思政专栏,日常做好推广宣传,组织广大学生参与到政治理论学习之中,着力在坚定学生理想信念、厚植爱国主义情怀上下功夫。

2. "学校+社区"提效聚智,实现教育联动

建筑工程学院健全志愿服务队伍联建体系,设1名专职辅导员作为指导教师,进一步完善《建筑工程学院志愿活动管理办法》《社区志愿服务管理规定》等各项规章制度,落实志愿者日常培训、活动策划、记录复盘等各项工作。根据专业侧重方向,编制志愿服务项目清单,以党建为引领,学生党支部、团支部各认领1~2个服务项目,坚持集中活动与分散活动相结合,每月至少组织1次集中服务。

与航天小区等社区建立长期"结对服务",设置"固定日"开展着政策宣传、环境保洁、生活帮扶等活动。与烟台市疾病预防控制中心、莱山区第三人民医院等医疗机构达成长期合作意向,以校为中心,实现校社全方位联合育人。坚持"引进来"与"走出去"相结合,定期邀请疾控专家进校园,围绕结核病

等传染病知识进行专业化培训,增强大学生服务社会的本领,克服"能力恐慌",坚定服务他人、提升自我的信念。

3."1+N服务"提质聚力,助推资源汇集

建筑工程学院创新服务形式,丰富服务项目,打造了一批有特色、叫得响的志愿服务品牌。近年来,依托"扬帆起航"志愿服务队、"学雷锋志愿服务中队"、"耀青春"志愿服务队,将学生专业特色、兴趣爱好与社区需求相结合,开展了"爱老敬老"项目、学雷锋项目、结核病知识传播项目等,为烟台芝罘区前进路社区的失独老人送温暖,为四川大凉山的小学生捐衣物、文具,为患病的王秋雨同学筹款治病,为双报到社区义务环保、劝解文明出行,为烟台汇绿植树活动,送文化艺术下乡等丰富多彩且富有特色的活动。各类特色项目共吸引了近万名学生的参与,正式注册志愿者3 000余名,开展服务600多次,服务对象5 000余人,累计志愿服务时长500多小时。

建筑工程学院用在志愿服务中涌现出的先进事迹感化学生、优秀项目吸引学生、先进集体个人感召学生,激发学生爱国爱社会、爱校爱家、爱人自爱的情感。特别是在"三下乡"实践活动中,在用脚步丈量祖国的热土中,通过与服务对象的"亲密接触",如孤寡老人、困难群体、留守儿童、非遗文化传承的老艺人等,形成了情感"黏合剂",促进大学生社会主义核心价值观的培育。

4."队伍+达人",提标聚心,增强育人成效

近年来,建筑工程学院志愿服务工作深入推进,志愿服务组织日益壮大,志愿活动质态不管提升,先后荣获2020年中国疾病预防控制中心授予的"结核病防治知识传播活动志愿团队称号"、"山东省百千万志愿者结核病防治知识传播活动优秀志愿者团队"、"山东省大中专学生志愿者暑期'三下乡'社会实践活动优秀服务团队"、"山东省大中专学生志愿者暑期'三下乡'社会实践活动先进集体"、烟台市委宣传部等13个部门颁发的学雷锋志愿服务"四个100"先进典型活动之最佳志愿服务组织奖等荣誉。

学院毕业生房立盛两次见义勇为下水救人,被评为"山东高校十大优秀学生"。多名学生成长为"服务达人",荣获"山东省结核病防治宣传行动优秀志愿者""创建文明城市优秀志愿者""防艾宣传优秀志愿者"等荣誉及奖励。学生志愿者用实际行动诠释志愿精神,在服务群众的同时,实现育人质量的提升,"志愿红"成为温暖社区和校园的鲜明底色。

建筑工程学院以志愿服务为载体,将志愿服务化为学生的情感认同、行为习惯,引导学生通过志愿活动对世界观、人生观、价值观有了正确的认知,在成

长成才中有了充足的动力,真正实现了志愿服务育人有成效,反哺社会有贡献。广大志愿者勇当社会主义核心价值观的践行者、精神文明建设的生力军。

通过项目化、品牌化运作方式,将志愿服务的大选题做成小而精的项目,以点带面,在精准服务、精准育人的同时,为广大师生和群众带去满满的幸福感、获得感,探索了三全育人的新场域,构筑了高校思政教育的新高地。

资料来源:中国高职高专教育网。

案例三:苏州农业职业技术学院

(一)构建"党建+"平台,探索耕读育人模式

2020年以来,苏州农业职业技术学院园艺科技学院、东山校区管委会充分发挥党建引领作用,以"党建+"为抓手,以立德树人为根本任务,以耕读实践作为劳动教育的重要载体,依托三个阵地:面向校内大学生的"党建+文化"劝农大学堂、"党建+实践"校企合作圈和面向苏州地区中小学生的"党建+科普"劝农长廊,将校园文化、实践教育、劳动课程、精神培育与基层党建相融合,积极探索具有农业特色的"以劳育人"的耕读教育之路。通过"劝农大学堂"、"校企联盟合作圈"建设,帮助涉农专业大学生提升学农、知农、爱农、素养和专业实践能力;利用"劝农长廊",充分发挥农业院校的专业优势和师资力量,帮助中、小学生树立正确的劳动观念、塑造热爱劳动的精神品格、形成良好的劳动习惯,实现以劳树德、增智、强体、育美的育人目标。

(二)"党建+文化"劝农大学堂,育"一懂两爱"新农人

充分发挥党建引领的思想政治教育功能,以培养懂农业、爱农村、爱农民的新型职业农民为目标,打造校园特色品牌"劝农大学堂",形成"劝农大讲堂""劝农文化节"相融合的耕读传家校园文化氛围,引领涉农专业大学生树立"大国三农"情怀、厚植服务乡村振兴理想。

1. 突出思想引领,在"劝农大讲堂"讲好"三农"故事

以"劝农大讲堂"为阵地,扎实开展崇农爱农理想信念教育。邀请学院联系领导,安排总支书记、副书记、辅导员团队讲党史、上党课、说"三农",把中华耕读文化、农业农村政策、现代农业理念讲给学生听,激发学生崇农品格、从农兴趣和为农动力。校党委副书记、校长苏士利以"向着全面建设社会主义现代化国家的新征程砥砺前行"为主题,阐述新时代中国特色社会主义的特征和苏农人肩负的使命愿景。党总支书记袁卫明以"胸怀'农之大者',做新时

代的新农人"为题为新生上"开学第一课",鼓励新生在全面实施乡村振兴的大好时代探寻青春的价值和人生的答案,做好新时代的新农人。通过开展"红色基因代代传""做一粒人生好种子""从党史中重温长征精神,践行担当使命""守护初心"等专题党课,邀请优秀毕业生校友、抗"疫"医生开讲座,将"三农故事"与思想政治教育、党性教育相融合,培养学生家国爱农情怀,守望强农初心。

2. 注重文化熏陶,以"劝农文化节"坚定农耕文化自信

在校园内举办"劝农文化节",推动校园文化建设与耕读教育相结合,形成浓厚的劳动育人氛围。结合植树节、劳动节、学雷锋纪念日、志愿者日开展劳动主题教育,举办农耕文化PPT制作、农耕诗词朗诵、阳台蔬菜种植比赛等一系列活动,激发学生的内在需求和动力,形成科学的劳动价值取向。结合农时农事,利用东山校区的实训资源,举办校园丰收节,营造台上载歌载舞、台下劳动丰收的喜庆场面,推动劳动体验和美育实践。在学院微信公众号沁香园艺开辟耕读板块,精准供给时令节气、农业生产常识、现代农业新理念等知识内容,更好更快地发挥网络育人效果和引领价值,让线上耕读板块成为劳动育人的新阵地。

(三)"党建+实践"校企合作圈,育"勤耕重读"新农人

园艺科技学院、东山校区党委会党总支与常熟市蒋巷村、吴中区东吴村、苏州园博园、苏州太湖现代农业园区等十家企(村)的党委(支部)签订校企(村)合作圈党建联盟协议,搭建校企合作圈"党建共同体",有计划地安排学生走出教室,到农村、到实践基地、到生产一线开展美丽乡村寻访、劳动实践、志愿服务、文化下乡,涵养学生勤俭、奋斗、创新和奉献的劳动精神,增强学生在"希望的田野"干事创业的能力,培养服务乡村振兴的复合型人才。

1. 志愿服务,让劳动教育有温度

依托"我为群众办实事"项目,积极开展以校企合作圈单位为服务对象的志愿活动,培养大学生劳动奉献的精神品质。在碧螺春上市期,组织入党积极分子为吴中区东山镇茶叶企业解决用工难问题,助力碧螺春茶青挑拣工作。在杨梅上市期,组织团员帮助东山镇果农采摘杨梅。在吴中区临湖镇举办的香乡恬田夏日插秧节上,组织学生作为志愿者服务活动的全过程。暑期组织现代农业专业学生用无人机技术助力苏州园博园无人机喷洒农药,防治银杏叶枯病。端午节期间,组织西藏班学生为吴中区临湖镇柳舍村输送文艺节目,以"文化下乡"的形式,将文化带到村民身边、走进村民心里。

2. 社会实践，让劳动教育有厚度

每年暑期组建多支大学生"三下乡"队伍，围绕农耕文化、乡村振兴等主题开展暑期社会实践活动。利用校企合作圈资源，组织学生走进农耕博物馆、走进古村落、寻访新老农人，了解乡情民情，重拾乡土记忆；组织学生采访常熟市蒋巷村党委书记常德盛、苏州水稻育种专家端木银熙、吴中区碧螺春制作技艺非物质遗产传承人严介龙等农业领域典型人物，聆听榜样扎根农业、服务农村的故事，弘扬劳模精神、劳动精神、工匠精神，引导大学生激扬青春、报国奉献；组织学生参观智慧农业示范基地，领略苏州数字农业成果，增强学生学农、兴农的信心。学生党支部以"耕读问'稻'劝农行 寻访乡村振兴路"为主题开展主题党日活动，鼓励园艺学子涵养爱农情怀，苦练从农本领。通过一系列社会实践活动，让学生走进农村、走近农民、走向农业，引导大学生在社会课堂中提升综合素养，为乡村振兴贡献青春力量。

（四）"党建+科普"劝农长廊，育"童心向农"小农人

作为苏州地区唯一一所农业类职业院校，学院责无旁贷地为苏州市中小学生开展深具农耕特色的农业科普体验课程。学校相城科技园是苏州市中小学劳动教育基地，学院组织专业教师为中小学生开展科普研学、休闲观光和农耕实践活动；与原创读行学堂、苏州菜魔农业科技有限公司合作，利用学院农业专业特色，以青年骨干教师为主组建农业科普团队，与苏州市多所中小学共建"党建+科普"劝农长廊，在吴中区、相城区、昆山市、太仓市等地的中小学中开展以"一粒米""一棵菜""中草药种植""农业环保"等主题的劳动教育实践活动。近两年辐射的中小学达35所，参与中小学生达1.8万人次。在这个过程中，让孩子们学会团队合作，体会劳动的价值，尝试面对困难和挫折，以及懂得珍惜粮食、懂得尊重每个人的劳动成果，进而产生根植乡土、热爱家乡的情怀。组织休闲农业专业学生开展研学服务，带领苏州中小学近1万人次参观苏州市内各大红色纪念馆、博物馆，引导未成年人铭记党的历史、追寻红色足迹，培养爱党爱国爱社会主义情怀。

在党建统领下，将耕读教育融入人才培养全过程，突出了学校的专业优势、文化特色和价值导向，推进三全育人，形成了具有农业特色的"以劳育人"的耕读教育模式。一是提升了校园文化内涵。"劝农大学堂"营造了浓厚的耕读氛围，厚植红色基因，校园处处彰显学校党建和劳动教育的色彩，培养了学生爱党爱国爱农业的情操。二是形成了耕读实践体系。依托校企合作圈校

外劳动实践基地,通过社会实践、志愿服务等途径提升了学生的劳动素养和专业技能。三是提高了人才培养质量。以懂农业、爱农村、爱农民为目标,多措并举开展新时代的劳动教育,培养了一批下得去、用得上的热爱农业、扎根农村的高技能人才,特别是为常熟市、昆山市等地订单培养的现代农业毕业生以专业素质过硬深受用人单位欢迎。四是发挥了农业院校的责任担当。通过"劝农长廊"对中小学生科普课程的输入,开展知农爱农教育,提高学生对农业的兴趣和专业技能,为未来科技兴农创造条件。

资料来源:中国报道。

案例四:成都农业科技职业学院:突出农字特色,服务乡村振兴

成都农业科技职业学院坚定贯彻中央和省委、市委实施乡村振兴战略决策部署,集中优势、凝聚合力,把实施乡村振兴战略作为新时代"三农"工作的总抓手,以乡村人才振兴、产业振兴为行动指南,采取推进"五位一体"、聚焦"四个落实"、实施"两项举措"的工作方法,在培养"三农"高素质技术技能人才和促进产业发展方面取得一定成绩。

（一）推进"五位一体",提高农业人才培养精准度

一是围绕产业办专业,推进乡村人才供给侧结构性改革。瞄准四川"10+3"现代农业产业体系和成都现代都市农业发展新方向、新业态、新模式、新场景,从产业需求入手,构建服务农业全产业链的休闲农业、畜牧兽医、风景园林等特色优势专业群;建立专业动态调整机制,停招撤销专业7个,新办专业9个。通过调整,涉农专业在校生达6 835人,占全省涉农高职在校生总数60%以上。二是围绕文化树自信,激活乡村人才内生动力。厚植"三农"情怀,解决乡村振兴人才"留不住"问题。加强思想政治理论课建设,将习近平总书记关于"两山理论""大国三农""懂农业、爱农村、爱农民"等重要论述作为思政课程的重要内容;加强课程思政,将中国优秀传统文化、农耕文化中的精华融入专业课程建设,增强学生服务"三农"的使命感和荣誉感,毕业生从事农林牧渔一线工作超30%。获评教育部课程思政示范课程1门、省级课程思政示范课程10门。三是围绕赛证提质量,提升乡村人才供给契合度。开展书记校长访企拓岗活动,深入企业调研人才需求,挖掘岗位胜任能力要求,以四川现代农业类"1+X"证书为对接人才岗位匹配度直接抓手,目前学校"1+X"试点证书25个,毕业生可获得1个或多个职业技能等级证书认定,精准对接岗位需

求。按照以赛促教、以赛促学思路,承办多个国家级、省级职业院校技能大赛赛项,涌现出全国技术能手、四川省五一劳动奖章获得者、成都市技术能手等一批技术技能人才。四是围绕产教促变革,加大乡村人才供给投入力度。以产教融合校企合作推动人才培养模式变革,与192家企业开展深度合作,与产业功能区、院校、企业共建专业化产业学院5个,校企共同编写教材,制订人才培养方案,实现双元育人,拓展了订单式培养模式。整合农业资源,牵头成立四川现代农业职教集团,吸纳141家企业、科研院所、合作社、行业协会、涉农职业院校,实现课程、师资、实训基地等优质资源共享,形成了集团化办学模式。五是围绕合作强衔接,构建一体化乡村人才培养体系。强化职业教育类型特色,建立中高职对应合作机制,开展联合教研,推进职业教育纵向贯通,带动8所中职学校入选省级中等职业示范校、18个专业入选省级中等职业学校特色示范专业、4所职业院校入选国家乡村振兴人才培养优质校。在农学、风景园林、动物医学、园艺4个专业建立农业类本科层次职教人才培养改革试点,通过校企合作,推进产教融合、工学结合教学模式改革,为国家职教本科人才培养政策落地提供参考。

(二)聚焦"四个落实",增强产业振兴人才驱动力

一是落实内培外引,培养行业高端人才。加强科技创新领军人才内培外引力度,对入选国家级、省部级人才培养计划的青年人才给予匹配资金,加强青年人才培养和梯队建设,稳步实施5年一轮训制度。目前学校拥有博士学位教师80%分布于涉农专业,涉农专业高级职称占比全校60%以上。14名教师入选四川省科技厅现代农业"10+3"产业科技特派员服务团;3名教师入选第十三批四川省学术和技术带头人后备人选。二是落实头雁功能,深化科学技术推广。发挥专家、技术能手、青年教师带头作用,组建科技下乡万里行专家服务团,在甘孜、阿坝、凉山等少数民族地区开展科技下乡,培训"产业带头人"等新型职业农民20 000多人,示范推广四川高山马铃薯(乌洋芋)脱毒快繁、四川道地药材(丹参)高产栽培、蓝莓脱毒种苗等关键技术,建立日光温室番茄等提质增效栽培技术体系,产生经济效益超12亿元。三是落实创新引领,开展农业科研攻关。以项目为抓手推动科研创新,近3年取得新品种证书12个,收集种质资源4 000余份,构建离体种质资源库1个,新品种推广面积超100万亩。参与农业经理人国家职业技能标准制定,主持稻渔综合种养药物安全使用规范、大口黑鲈诺卡氏菌病诊断防治技术规程等地方标准制定和花艺设计师等行业标准制定。拥有大球盖菇、兽药组合物等3项成果转化,科

研社会培训经费到账 2 276 万元,获国家专利授权 167 件。四是落实"志智双扶",助力帮扶地区富裕。确实做好各党支部与帮扶地区党支部结对共建,以党建带动乡村组织建设,提升乡村治理能力。深化产业帮扶,在喜德县甘哈觉莫村、大邑县大雨村等地实施安全饮水检测、百香果套种羊肚菌、生猪养殖等项目,探索出"一村一支撑、一村一新品、一村一项目、一村一培养"帮扶模式。实施教育帮扶,对口帮扶阿坝职业学院、甘孜职业学校、西藏职业技术学院等职业学校,共育人才,形成了农业特色、智力优势、科技力量、教育资源四维支撑的帮扶模式。

(三)实施"两项举措",增添涉农人才供给的多样性

一是坚持育训结合,培养乡土实用人才。连续 3 年将优势、特色专业面向退役军人、失业人员、农民工和基层农技人员等群体开展高职扩招,投放招生计划 4 200 个。开创农业职业经理人全日制专科学历教育,年均承接基层农技人员和返乡大学生、职业经理人培训 30 000 人次,探索出政府出台政策、行业提供人才培养标准、企业提供软硬件资源、学校具体实施人才培养的四方联动体系,为省内外 20 余所学校提供可复制借鉴的经验,涌现出"全国十佳农民"孙泽富、"最美家乡建设者"张长洪等一批成才致富典型。二是落实"市厅共建",打造农民培训平台。积极落实市厅共建协议,建设四川省农民培训学院,组建专业师资队伍,培养 100 名骨干培训教师;与崇州、大邑等县级市农业职业经理人协会签订协议,建立 11 个特色鲜明农民田间学校实践教育基地;遵循农事季节和成人学习规律,形成"一交替四结合"新农民教学模式,按照集中与分散相结合,生产与教学相结合、线上与线下相结合、理论与实践相结合的教学方式,按季节循环组织教学,分阶段完成学业;探索农民学分银行,将学习培训经历、职业技能证书、经营业绩折合成学分,实行弹性学制,实现学历与非学历融合、短期与长期互补、现场与远程交互的教育培训体系,打造全省高素质高技能农民培训基地和终身学习平台。

(四)互促共进,彰显服务乡村振兴美誉度

促进涉农专业群提档升级。专业群建设实现突破,休闲农业专业入选国家"双高计划"高水平专业群,学校以休闲农业专业群建设带动畜牧兽医、农学专业群建设,2 个专业群入选省级 A 档高水平建设计划,形成省级、市(校)级三级高水平专业群递进培育制度和建设标准,作物生产技术教学团队认定为省级教学创新团队。助推产业振兴成效显著。继续选派扶贫干部,资助(减免)

就读我校帮扶地区大学生完成学业,4 名干部获四川省教育脱贫攻坚"记功""嘉奖",1 个集体获四川省脱贫攻坚先进集体称号,学校获四川省教育脱贫攻坚"记功"专项集体奖励,驻凉山州扶贫干部"90 后种草第一书记"典型事迹被中央电视台等媒体宣传报道。助力学校整体实力跃升。学校以"双高建设"为抓手,倾斜办学资源,持续改善办学基础、校外实训园区条件、实验实训设施,建成国家级生产性实训基地 1 个,省级生产性实训基地 3 个,现代农机装备产教融合基地 1 个。金平果全国高职高专竞争力排行榜进入全国第 199 名,省内前 8 名,农业类专业位列全国第 5。

资料来源:中国高职高专教育网。

第三节　服务文化建设的社会服务路径与实践

2017 年,《关于加强和改进新形势下高校思想政治工作的意见》中进一步明确了高校五大职能中的社会服务、文化传承创新两大重要使命。高等职业教育作为类型教育,除为经济社会发展提供人才培养这一最根本任务之外,服务区域的特点更为鲜明①。作为城市社区地域属性中的集合分子,通过直接参与地方文化建设、产业发展项目等发挥更大的社会服务功能,是新时代社会事业发展对高职院校提出的新要求。

一、路径建构

（一）创新社会服务机制

传统的以学校和企业为主的校企合作办学模式已不适应职业院校对高素质

---

① 赵娜. 创新社会治理与社区文化建设:基于"清河实验"项目的一些思考[J].民俗研究,2017(1):139.

技术技能人才的培养,不适应经济结构转型的需要,也不利于职业院校履行社会服务职能的发挥,建立政、行、企、校四方联动的办学机制,建立校企合作人才培养机制和资源共享的双赢机制,已经成为新常态下高职院校实现可持续发展的必由之路。

(二)提高社会服务能力

提高社会服务能力,就必须完善双师型师资队伍结构,开发和完善教育教学实训基地,搭建社会服务平台。目前,多数职业院校都通过采取引培结合建立校企人员双向流动相互兼职常态运行机制建设"双师型"名师工作室和教师技艺技能传承创新平台等措施强化了双师型师资队伍建设;多数职业院校都建有校内外实习实训基地,这些基地具有教学、生产、研发、培训等多种功能,是高职院校培养人才、科学研究和服务社会的重要平台,在促进职业院校内涵式发展和履行社会服务职能过程中发挥着重要作用;多数职业院校都搭建好了社会服务平台,有针对性地了解政府、行业和企业的需求,最大限度地发挥高职院校人才、专业等资源优势,畅通高职院校开展社会服务的渠道,有效提升高职院校社会服务的经济效益和社会效益。

(三)注重社会服务效果

为优质高效地发挥社会服务职能,一些职业院校在社会服务过程中,已建立起一套科学完善的社会服务管理体系和社会服务保障体系,这极大地促进了职业院校社会服务职能作用的发挥。在社会服务管理体系方面,首先其组织结构已由传统的行政管理模式向工学结合、校企合作的运行模式转变,由单一的管理模式向综合服务型管理模式转变;其次转变教育理念,树立了为学生和区域经济社会、文化发展服务的管理理念;再次深化校企合作办学机制,建立完善四方联动的办学机制;最后满足高素质技术技能人才需求,统筹好校内外社会服务资源,提升人才培养质量。在社会服务保障体系方面,一是政府充分发挥宏观调控职能,制定出台了相应政策措施,通过政策制定、资金支持等方式为社会服务提供必要保障。二是职业院校制定出台了社会服务激励措施,保护和鼓励教职工主动参与社会服务实践的热情和积极性,对教师参与社会服务项目除了提供时间、人员、信息、经费、设施上的支持,将社会服务业绩按一定比例折合为工作量纳入绩效考核,与工资、职称、职务、奖励挂钩[①]。三是职业院校和行业、企业建

---

① 王江涛,张丽娟.高职院校社会服务体制机制研究:以北京劳动保障职业学院为例[J].中国职业技术教育, 2013(33):55-60.

立了相应对接机制,成立专门的与企业、行业对接的社会服务部门,通过举办各种活动帮助企业解决生产中遇到的实际问题,通过与企业建立联系,促进科技成果转化等。

二、实践案例

案例:苏州工艺美术职业技术学院

苏州工艺美术职业技术学院依托中华优秀传统文化传承基地(苏绣)建设,围绕课程建设、社团建设、工作坊建设、科学研究、辐射带动、展示交流等七个方面,推进苏绣文化的传承和创新发展。

1.融合共建,在人才培育上谋良策

学校依托产教融合平台,整合优质资源,与苏州高新技术开发区管理委员会共建苏绣大师工作室,为行业和区域培养苏绣创新人才。开展苏绣工艺文化教育系列研究,举办各类型、各层次教学、研讨、展示、推广等活动,普及、传承与创新苏绣优秀文化,推进苏绣非遗研发成果转化与企业创新发展,促进教育链、人才链、产业链、创新链有机衔接。

2.德技并重,在文化传承上求创新

学校积极打造高等职业学校特色性人文艺术课程群,开发德、技并重的课程体系,注重培养学生文化涵养、弘扬工匠精神、提升专业和创新创业能力。建设校级苏绣精品课程、苏绣微课,开设苏绣文化通识选修课程,建设苏绣文化类学生社团,面向全体学生普及与推广苏绣传统文化和技艺,拓展专业受众。聘请中国工艺美术大师与校内苏绣教师形成专兼结合、异质互补的苏绣教学团队,与苏州高新区共建织绣班,探索大师引领的绝技绝活代际传承新机制。

3.知行合一,在辐射带动上出真招

学校完善苏绣名人精品馆建设,丰富馆藏资源,面向社会定期开放展示馆藏资源,为开展苏绣传统文化普及教育和展示活动提供优良的条件。完善苏绣共享课程、教材与教学资源库建设,优化国家文宣基金项目在线开放课程群建设。完成苏绣虚拟体验平台2.0版本的开发和建设工作,系列公益直播课程正式启动,扩展苏绣工艺文化的教育普及面,推动苏绣文化的传承和传播。

4.开拓视野,在展示交流上见实效

学校不断创新活动形式,开展苏绣文化展示活动,组织举办苏绣传统文化展览。依托学校苏作传统工艺省级职业体验中心,与高新区科技城小学等学校合作,为中小学编制苏绣校本教材(读本),培育中小学生对中华优秀传统文化和苏绣工艺的兴趣与爱好,让学生亲身感受苏作工艺的文化之美、技艺之美、精神之美,促进苏绣传统工艺的普及。

资料来源:江苏省教育厅。

第四节 服务社会建设的社会服务路径与实践

一、路径建构

服务社会是职业教育的本质属性和核心功能,也是衡量和检测职业教育发展质量的重要指标。近年来,在党和政府的高度重视和持续推动下,我国职业教育服务社会的能力和水平不断提高。立足发展新阶段,面对新形势新任务新要求,职业教育作为一种与普通教育同等重要的教育类型,要进一步增强服务社会意识,提高服务社会的能力和水平。既是新时期职业教育高质量发展的内在要求,也是更好地服务经济发展新格局的迫切需要,还是加快推进职业教育治理体系和治理能力现代化、办好人民满意的职业教育的重要内容。

(一)健全政策,持续完善配套体制机制,有效实现服务社会赋权增能

政府应进一步加大对区域内职业教育改革发展尤其是职业教育服务社会的指导力度和支持强度,健全和完善本区域职业教育服务社会相关配套政策机制,并在主体权责、内外联动、标准要求和考核评价等方面实现新的突破。

其次,政府应协同教育科研机构进一步完善评价机制,充分发挥评价的导向、诊断和激励功能,逐渐将职业教育社会考核评价的重心有序引导到条件改

善、成果产出和转化、服务质量提升、特色品牌塑造等方面。

第三,地方政府、职业院校和行业企业等应在立足发展实际、遵循发展规律和结合发展需求的基础上,进一步在相关利益主体之间探寻新的平衡机制和发展链条,在中央政府的领导和指导下实现职业教育服务社会的赋权增能,真正让相关利益主体想干事、能干事和干成事。

(二)用活资源,积极搭建多样实践平台,及时更新服务社会手段方式

职业教育服务社会所依托资源与过去相比,有了较大补充和改善,但与同层次的普通教育相比而言,仍较为薄弱和有限。立足现有发展基础,我们应更新思想、主动作为和勇于担当,进一步用实、用活、用好资源。

一是职业院校应根据国家发展新定位、政策驱动新意向、经济发展新格局、产业变革新态势和人才培养新需求,及时更新专业设置、优化课程开设和完善人才培养方案,充分发掘和科学利用本土资源,让资源充满温情和善意。

二是地方政府和职业院校应充分发挥区位优势、资源优势和专业优势,抢抓部省共建职教高地和"双高计划"等发展机遇,依托职业教育信息化建设,积极搭建跨界融合、资源共享、全时互动、多维支撑的职业教育服务社会实践平台或载体,实现线下实体和线上虚拟的有机统一。

此外,地方政府和职业院校还应强化职业教育类型特色和职业教育一体化建设,在确保职业教育服务社会传统手段方式运用质量的基础上,依托大数据、人工智能、区块链和物联网等新技术,进一步更新职业教育服务社会的手段方式,推进职业教育服务社会的手段方式尽快步入智能化时代。

(三)承担培训,优先服务六类重点人群,稳步提升服务社会培训实效

广泛开展职业培训是深化职业教育改革发展的重要内容、实施学历教育与培训并举并重的法定职责和加快构建面向全民终身学习的现代教育体系的现实举措。2019 年国务院印发的《国家职业教育改革实施方案》明确提出按照育训结合、长短结合、内外结合的要求,面向在校学生和全体社会成员开展职业培训。据调查,2019 年全国共有 5 368 所职业院校开展培训工作,承担培训项目 52 588个,完成培训任务 2 376.5 万人次,培训经费到账 79.1 亿元。由此看来,开展高质量职业培训,已然成为新时代职业教育高质量发展的基本面向和应有之义。

一是地方政府和职业院校应以人才为首要资源,优先服务好企业员工、高校毕业生、退役军人、乡村振兴人才(新型职业农民、农民工等)、贫困劳动力及失业再就业人员等重点人群,进一步挖掘人力资本潜能,持续提升人力资本对经济

发展的贡献率,进而为经济社会高质量发展提供智力支持和人才支撑。

二是职业院校应以课程设置和师资建设为依托,进一步增强职业培训适应性。一方面,职业院校应面向不同群体分别制订培训大纲和编写培训教材,广泛开展订单培训、定向培训、定岗培训,并为行业企业深度参与职业培训提供最大支持;另一方面,职业院校应在政府的指导和支持下,积极实施培训名师/名优团队工程,对双师型教师进行培训师培训,同时还应聘请行业企业中的能工巧匠、技术大师和大国工匠等作为补充,从师资力量上切实保障培训质量和效果。

(四)凝聚合力,共同营造良好环境,全面增强服务社会影响力和吸引力

当前,我国正逐步迈入开放、共享、融合和智能的新时代,增进共识、凝聚合力、携手奋进已成为时代主流和发展主题。党的十九届五中全会作出了建设高质量教育体系的重大决策部署,并对增强职业技术教育适应性,深化普职融通、产教融合、校企合作,探索中国特色学徒制,大力培养技术技能人才等作出重要安排。职业教育服务社会是一项复杂、系统、艰巨、长期的社会性工程,涉及多主体、多领域、多行业,需集全社会之力共同推进。在职业教育更加主动、更高质量服务社会的征途上我们还有很长的路要走。

一是各级政府应进一步加大统筹力度,汇聚各方力量、资源和智慧,为更好发挥职业教育服务社会功能提供坚实的资源保障。

二是政府、职业院校等主体应进一步树立一盘棋思想和大教育观念,最大程度实现主体联动、机制联建、工作联手,从根本上消除人为性阻滞和区隔,为促进职业教育更高质量服务社会营造良好环境。

三是教育科研机构应进一步加强对职业教育服务社会的理论性、政策性和战略性研究,加大对职业教育服务社会舆情的预研预判,科学引导人民群众对职业教育服务社会的正确认知和合理期待,进而为职业教育服务社会凝聚最大共识和创设良好氛围。

四是政府、职业院校和行业企业应在加快内涵式发展的基础上,充分利用职教活动周、期刊网站、新媒体平台等,进一步加大对职业教育服务社会的成果宣传和舆论引导,让社会各界对职业教育服务社会乃至整个职业教育成果形成客观、全面、具体的认识,切实增强职业教育服务社会的影响力和吸引力,进而吸引更多人才、更多部门、更多行业深度参与职业教育服务社会实践中。

二、实践案例

案例一:柳州职业技术学院——赋能小米粉大产业快速发展,社会服务能力贡献力稳步提升

深入实施职业教育+产业校企合作模式,学校与上汽通用五菱股份有限公司、广西柳工集团、广西汽车集团有限公司、上汽大众汽车有限公司等龙头企业深度合作。学校与世界500强企业、中国500强企业或行业领军企业共建专业比例超过90%。修改完善广西汽车产业职教集团章程,推进集团(联盟)资源共建共享;继广西汽车产业职教集团之后,又建广西敏捷制造职业教育集团,开展敏捷、柔性制造产业与职业教育结合的相关研究;广西汽车产业职教集团成为首批全国示范性职教集团培育单位。共建柳州螺蛳粉产业学院、智能制造产业学院、智能网联汽车产业学院等七个产业学院,助推区域产业升级发展。协助上汽通用五菱、广西汽车集团、柳工等3个企业成功入选省级首批产教融合型企业。智能制造产业学院、柳州螺蛳粉产业学院获评广西首批高等职业教育示范性产业学院。

对接产业转型升级、品牌迭代升级发展的需求,联合政府、行业、企业和学校四方力量,成立柳州螺蛳粉产业学院,打造融人才培养、科学研究、技术创新、企业服务、学生创业等功能于一体的示范性人才培养实体与模式,成为高职院校建设特色产业学院、引领地方特色产业升级发展的实践样本。创新机制,共建共享,政校行企四方协同;打造"四中心双基地",赋能产业技术、产业人才、产业品牌升级成立地方特色产业学院联盟,搭建交流推广平台参与标准体系建设,严把产业质量安全关。创新实践了"标准引领、技术支持、人才支撑"的高职特色产业学院建设模式。产教融合典型突出,深受职业教育关注。柳州螺蛳粉产业学院作为饮食界产学研深度融合的代表,在全国第一届职业技能大赛成果展、全国职业教育活动周等各级各类重大职业教育活动中进行成果展示和特色产业产教融合经验分享,受同行、企业及社会广泛称赞。社会传播影响力大,广受媒体关注。自成立以来,《人民日报》《人民网》《新华网》《光明日报》《经济日报》《中国青年报》《中央广播电视总台》等各级各类媒体均对柳州螺蛳粉产业学院建设成果和经验进行了采访和报道。

资料来源:柳州职业技术学院"双高计划"中期绩效自评报告。

案例二:沧州医学高等专科学校——多元提升社会服务发展水平,提高社会贡献度

(一)提升应用技术创新服务能力

一是与医院、企业共建技术创新中心。与市日月潭食品有限公司签订《校企融合共建技术技能服务中心协议》,双蛋白蛋糕、面包已批量生产。举行了沧州医专营养会品科技研发转化基地沧州市科协科普基地沧州市营养学会科普基地揭牌活动。与河北沧州中西医结合医院共同申报省甲状腺疾病防治技术创新中心,联合开展研究项目5项。与市人民医院共同打造转化医学技术协同创新中心,开展研究项目8项,构建系统性临床一基础实验转化医学研究体系。二是加强横向合作促进成果转化。学校加强与行业、企业深度分作,了解技术需求,寻找技术合作关键点,推进横向项目合作。2019—2021年,横向技术服务项目10项,技术服务到账额479.83万元,科技成果转化4项。三是发挥科技实验中心功能,为区域科研提供支持。学校科技实验中心是以生命科学研究为中心的综合性科研平台,实验室占地1 000余平方米,科研仪器设备总值1 200万元,其中实验动物平台获得河北省科技厅颁发的实验动物使用许可证。截至2021年底,提供横向技术服务项目4项。

(二)职业培训与社会培训

一是创建沧医急救培训品牌。2019—2021年,选派救护培训师资120余人次,开展应急救护培训76次,覆盖27 000余人次,完成新生应急救护普及培训1 215人次、初级救护员培训300人次。2020年,组织教师录制完成《科学防控疫病文明护佑健康》4部专题视频讲座直播上线,点击、浏览量近24万次。学校获批沧州市红十字会应急救护培训基地、沧州市教育系统校园急救培训基地,被教育部认定为首批全国学校急救教育试点学校。

二是开展职业培训活动。学校是国家职业技能鉴定站,2019年开展4个工种培训500余人次,拿证率达98%。2019年,获河北省首批安宁疗护培训基地,承办了首期安守疗护培训班,培训150余人。

(三)拓展社会服务

利用学校职业教育周、全民终身学习活动周、科技特派员宣讲月、志愿服务、社会实践、科普宣传、线上平台、承接社会考试等形式服务社会。一是校医院以服务质量和医疗技术为核心,立足公共卫生服务事业,促进发展规模和医疗技术不断提档升级,医疗服务年门诊量达1.5万余人次。二是打造线上健

康教育公益平台,录制、上传、发布健康微视频 400 多部,用户可以随时随地观看、学习,线上浏览达 8 386 人次。三是组织开展绩上官养知识普及活动,豪制健康教育微视频 5 个;开展科普宣传活动,组织沧州市全民营养宣传周启动仪式及宣传活动,开展营养进社区活动,举办学术报告 10 余场,公益讲座 8 场,获河北省营养学会勇于创新奖。四是我校在运河区颐和文园社区挂牌成立了沧州市社区健康教育指导服务中心,组织各专业教师、学生志愿者利用课余时间开展卫生宣传、健康体检、保健按摩等一系列活动,为社区居民普及了健康基本知识,增强了居民自我保健能力和生活品质。

（四）积极参与疫情防控

2020 年,沧州市组建疫情防控流行病学调查工作队,我校 400 多名教职工报名参加,从中选调 200 余名骨干教师分赴沧州 21 个县(市、区)开展工作,经过连续奋战,21 个流调小分队仅用 6 天时间就完成全部 2 000 余家复工企业摸排工作,共对 397 例不明原因发热留观病人及 747 位密切接触者做了流行病学调查,登记复工员工 10 万余人,为全市复产复工复学做出了重要贡献。2020—2021 年共派出 60 余人次到市防控办,不间断支持疫情防控工作。2022 年春,沧州市暴发新一轮疫情,学校党委第一时间请战出征抗疫前线,再次组建 200 人流调队,第一批 56 名流调队员仅用 10 天时间完成了沧县流调任务。

资料来源:沧州医学高等专科学校"双高计划"中期绩效自评报告。

第五节　服务生态文明建设的社会服务路径与实践

一、路径建构

终身教育理念下,个体的智力发展和能力提升并不是一蹴而就的,在离开学校之后还要进行终身的再学习和再培训,以更好地实现自我能力的迭代更新,更好地迎接未来变化着的世界中的各种挑战。职业教育服务美丽中国建设开展生态文明教育也是如此,学校内的职业教育只是生态文明教育的起点和开端,其后在人才进入工作岗位后还要对其进行继续教育和培训,以符合新技术、新的生产方式下对生态文明观念转变的要求。

(一)强化主体培训意识

明确人才参与生态文明培训的重要性。认识决定行为,对人才进行生态文明培训首先需要政府部门、培训主体和培训客体形成正确认识,明确对技术技能人才开展生态文明培训的重要性。只有这样,才能在各个培训相关人员心目中形成必要性意识,明白具备生态文明理念和技能对服务美丽中国建设战略的重要性,才能开展更加专业性、彻底性、系统性和持续性的生态文明培训。2010年,国务院于出台了《关于加强职业培训促进就业的意见》,2018年,国务院出台了《关于推行终身职业技能培训制度的意见》等文件,这些文件中都深刻指明了人力资本的重要性,将人才的职业培训提高到经济社会发展的战略性、基础性和决定性地位。因此,职业教育要重视强化主体在生态文明知识和实践能力方面的培养培训意识,这对通过职后培训提高技术技能人才的绿色生产能力具有重要的引导作用。

(二)激发人才培训主动性

调查研究显示,当下技术技能人才参与生态文明培训的主动性普遍不高,一方面显示了技术技能人才的生态文明观念不强,另一方面也暴露了相关体制机制的不足。要改变这种被动、消极和不作为的局面,国家应该逐步建立技术技能人才参与生态文明培训的制度体系框架。基于当下我国技术技能人才的生态文明素养水平不高的现状,以及能力结构表现出的片面化、轻视实践能力培养的特征,职业院校需要建立与受教育者知识结构和能力水平相适应的环境与生态文明教育、培训机制,充分保障技术技能人才参加生态文明培训的机会。此外,政府部门需要进一步加强生态文明教育和培训的宣传工作,使得技术技能人才能够充分感受到环境与生态文明培训对于提升自我生态环境意识和绿色生产能力水平的重要性,能够认识到生态文明培训与美丽中国建设息息相关。此外,相关培训机构需要调研企业生产中对于具备生态文明素养人才的用人需求,更加科学合理地设置生态文明培训目标、选择培训内容以及培训方式,更好地提升技术技能人才的生态文明素养以服务美丽中国建设。

(三)提高企事业单位参与生态文明培训的积极性

政府应该积极作为,制定生态文明培训的相关利好政策,鼓励、支持林业企业和第三产业能够积极主动地参与到生态文明培训行列中,以更好地服务美丽中国建设。具体来说,首先,政府要鼓励与环境相关的企事业单位根据相应的岗位要求,对现有的在岗人员开展生态文明知识补充传授培训和绿色生产能力提升培训,使他们能够尽快掌握本职工作岗位的绿色生产技能。其次,由于生态环境保护技能的提升训练具有场地真实、不可模拟的特点,因此为更好地满足生态环境保护技能训练的现实要求,应当为受教育者提供更加真实可感的生产和实践场地,进一步提升环境和生态人员职业技能培训质量。最后,需要以产学研用为抓手,鼓励和支持环境类、涉林类企业大力开展产教融合、校企合作,进一步创新人才培养方式。具体来说,可以以相关项目为依托,让培训教师带领相关技术人员参与到生产实践中去,通过团队合作共同解决生产方面的技术难题,在这个过程中不断提升绿色生产的价值认知和能力水平。总的来说,企事业单位必须重视对人才生态文明素养的培养培训,只有这样才能更好地为美丽中国建设贡献力量。

二、实践案例

案例一:北京农业职业学院

(一)一体化设计推进绿色学校建设工作

加强顶层设计和组织管理,将绿色学校建设列入学校发展整体规划,并逐年制定专项行动方案接续推进。通过完备的绿色学校建设组织机构、完善的绿色管理配套制度、科学的绩效管理体系,推动绿色学校建设成果持续巩固深化。北京农业职业学院在绿色学校创建工作初期,专门成立院长任组长、分管院领导任副组长,各中层单位主要负责人为成员的绿色学校创建工作领导小组。领导小组下设绿色学校创建专项工作办公室,制定实施《节能管理办法》等9项规章制度,将7大项52小项创建任务逐条分解,明确责任人、制定路线图,坚持统一领导、统一标准、统一行动,全院上下一盘棋,推进绿色学校创建工作,保证了各项创建目标的高效落实。

(二)全方位深化生态文明教育

1. 发挥课堂主阵地作用,让生态文明思想在学生心中生根发芽

学院着力优化“全覆盖”式生态文明育人体系,将生态文明教育作为核心素养纳入人才培养目标,通过专业课、通识课、选修课等多模块构建生态文明课程体系,让生态文明教育覆盖全体学生。

北京农业职业学院依托涉农专业优势,相继开设"生态文明与城乡绿化美化""节水灌溉技术"等19门生态文明类课程。在2021版专业人才培养方案中明确将生态文明类课程列为限定选修课(16学时,1学分),通过课堂教学将绿色发展理念根植于每名学生心中。生态文明类专业更是通过专业课渗透式教学,筑牢学生绿色发展理念,提升学生绿色发展技能。水环境智能监测与治理专业学生在专业课教师的带领下,通过课程实践、实习实训等教学环节深度参与环境保护,为房山区王家台村、贾峪口村、东班各庄村等进行节水灌溉设计施工,助力首都美丽乡村建设。

2. 全覆盖推进绿色宣传与实践活动

推动形成绿色生活方式,就是要触及灵魂深处,促进每个人从意识到行为的深刻转变。师生对绿色学校建设内涵认识不到位,环保意识不强,与宣传引导不够、实践机会不多有直接关系。要让师生从思想认识和具体行动上实现根本转变,就要通过大量的宣传,引导师生筑牢生态文明思想,通过形式多样的实践活动促进师生绿色生活习惯的养成。北京农业职业学院充分利用校园网、企业微信、院报、宣传栏、墙报标语等线上线下宣传媒介,推广生态文明思想和绿色生活方式,贯穿全年的线上线下宣传触达全院7 000余名师生员工,全员生态文明素养得到有效提升。依托春风环保社团、科普社团等51个师生社团平台,"打卡21天光盘行动""塑料回收"等丰富多彩的绿色主题实践活动在校园中接续开展。全院19个基层党组织665名共产党员充分发挥战斗堡垒和先锋模范作用,全员参加垃圾分类桶前值守、爱国卫生运动等创绿行动。校园中带头践行生态文明的志愿者队伍随处可见,积极参与绿色环保行动的师生比比皆是,师生员工绿色低碳、文明健康的学习、工作、生活方式逐渐养成。

(三)探索建立绿色运行管理体系

高校应在生态文明建设中发挥示范引领作用,把生态环境保护摆在全局工作的突出位置。要注重自身发展与资源环境的和谐统一,践行低碳绿色运行模式。通过构建科学精细化的运维体系,推进技术节能和管理节能,广泛开展再生资源利用,持续加强绿色学校建设,最大限度节能减排,降低学校运行成本的同时尽最大可能减少一切因发展给环境带来的不利影响,真正实现绿色可持续发展。

(1)构建精细化运维体系。北京农业职业学院依托智慧后勤业务平台,持续加强校园水、电、气、热等各类供排系统日常精细化管控,形成了直饮水、生活用水、中水、消防用水四路独立供水体系,教学、办公、生活、实训等区域独立供电体系。2020 年建成智慧供水示范单元,系统对供水状态、水质安全以及用水量进行实时监控,对供水过程中产生的反冲洗水进行二次利用,节水管理更加智能高效。

(2)加强既有设施设备绿色改造北京农业职业学院先后投入 180 万元将学生宿舍楼、办公楼、教学楼内的水龙头、便器等统一更换为绿色环保器具,浴室和开水房全部更换智能节水型热水控制器;投入 275 万元对浴室进行太阳能改造,年节省用电量约 23 万度;加装太阳能路灯,为校园内所有路灯安装智能照明控制器,实现分时段自动控制,年节省用电量约 7 万度。

(3)因地制宜开展可再生资源利用北京农业职业学院污水处理站日处理能力达 1 200 立方米,实现污水对外零排放,年节水 16 万吨;厨余垃圾处理站年均处理量达 146 吨,实现了厨余垃圾零外运;将厨余垃圾制成颗粒肥,对污泥、绿化垃圾、实验动物粪便等发酵堆肥,用于校园绿化,"肥料内循环"每年减量绿色垃圾 300 吨,且有效改善了校园土壤结构。

(4)加大能源资源效率监测力度,北京农业职业学院在绿色学校创建过程中进一步健全了能耗水耗统计公示制度,对校园供暖、供排水、供气、供电等各个子系统能源资源消耗的运行态势进行实时监控、分析,为校园能源资源合理调配利用提供有力的数据支撑,实现精细化运维监管。

(5)深化智慧校园建设北京农业职业学院深挖智慧大厅、企业微信等信息平台功能,为管理和服务持续赋能,信息化应用在学院治理能力现代化方面作用凸显。通过不断提高网上表单流程等轻应用搭建能力,拓展视频会议、线上直播等应用使用范围,一院四区行政办公、服务保障效率不断提升,办学成本大幅下降。仅公文无纸化一项年节约用纸达 2 万余张;2021 年召开线上音视频会议 9 000 余次(含办公会议、线上教学等)。

(四)开展绿色科技研究与推广

近年来,随着国家对高校人才培养与科研创新的多方位支持,高校科技队伍不断壮大,其在研究开发和产业化等方面取得了很多重要成果,已经成为我国科技创新队伍中的有生力量。伴随我国绿色低碳循环发展经济体系的建立健全,绿色技术创新日益成为绿色发展的重要动力,成为打好污染防治攻坚战、推进生态文明建设、推动高质量发展的重要支撑,高校研发推广能力在这一重要支撑中必将画出浓墨重彩的一笔。北京农业职业学院充分发挥农业科技优势,大力开展农业节水节肥、绿色生产及无抗养殖等技术的研发与推广。仅2021年就有10项绿色科技项目顺利通过验收,推广绿色技术15项。其中,养殖废水净化技术示范与推广项目以氧净化技术为主导,创新构建了养殖废水湿地治理模式、养殖废水CSFO3治理模式,与常规废水活性污泥法、AB法废水处理工艺、氧化塘法废水处理工艺等二级处理工程相比,基建投资仅为其1/4～1/3,运行费用仅为其1/8～1/6,节省能源80%以上,废水处理效果达到或优于二级处理水平,养殖废水环境污染因子治理消减效率显著。同时,学院还特别注重学生培养,以实施"科技项目带动、科技人才支撑、大学生科技创新"三大计划为抓手,组织学生通过跟随教师下乡推广绿色科技成果,主持"双创"项目等途径,深度参与绿色科技成果研发与推广,努力提升大学生绿色科技创新能力。

(五)传播生态文明思想

"要在全社会牢固树立生态文明理念,增强全民节约意识、环保意识、生态意识,培养生态道德和行为习惯,让天蓝地绿水清深入人心",这一目标是高校在社会服务中推动生态文明建设的主要着力点。北京农业职业学院在为首都培养园林园艺、水利水电、食品安全等高职专业技术人才的同时,面向农村及社会有志青年大力开展"三农"人才培养,担负着大中小学生劳动教育、社会实践任务,面向广大农村基层干部、农村实用人才、社会人员等开展短期培训,独具农职特色的"全学段"育人模式在助力全员树立生态文明思想方面成效凸显。

学院自2016年在全国率先开展高素质农民培养以来,已累计招收3 878名农村一线人员及有志于投身"三农"工作的社会青年,为首都培养了大批掌握"三农"真本领、具有"三农"真情怀,真正能扎根农村的乡村振兴人才;自2015年被北京市教委确定为北京市中小学生劳动教育基地以来,学院先后承担城六区50所学校,80个批次,1 309个学农班级近5万名初二学生的学农教育任务,学农教育先行先试的经验做法在全国被广泛借鉴;以北京市中小学生社会实践大课堂资源单位为平台,面向幼儿园、大中小学学生、社会人员广泛开展农业科普、农事体验、生态环保等社会实践活动,累计接待7万余人次;依托北京市农业广播电视学校及北京市委农工委党校,开展边疆民族地区村党支部书记、农村两委(后备)干部、贫困地区扶贫干部、高素质农民等各类短期培训累计达20余万人次。经过多年的实践探索,潜移默化中形成的小手拉大手、村干部带群众、致富带头人引领等形式,使得绿色发展理念宣传受众人群不断扩大,学院已经成为北京传播生态文明思想的重要阵地。

资料来源:李彩玲,程文华,柏根才,等.绿色学校建设实践探索与思考:以北京农业职业学院为例[J].北京农业职业学院学报,2022,36(1):71-76.(有删改)

案例二:重庆工程职业技术学校
——乡村振兴学院启动青果计划,搭建大学生创业平台助力江津果农

5月17日,我校乡村振兴学院在学术报告厅举行"青果计划"启动仪式,校园农产品电商平台"青果购"正式启动运营。

中共重庆市委统战部二级巡视员、重庆市中华职教社常务副主任林勇,江津区政协副主席、江津区中华职教社主任谭厚国,学校党委副书记陈美志,副校长吴再生,江津区和学校相关部门负责人等参加启动仪式。

"青果计划"是在重庆市中华职教社指导下,由我校与江津区中华职教社共同发起,联合江津区多赢创嘉文化传播有限公司,搭建水果电商平台,在帮扶大学生运用互联网+思维开展双创实践的同时,帮助果农拓宽线上销售渠道,促进乡村产业振兴。预计未来3年内,该平台将帮扶1 000余名大学生实现创业梦想,帮助重庆市江津区100户果农走出销售困境,实现增收致富。

在启动仪式上,党委副书记陈美志表示,我校乡村振兴学院在服务江津区乡村振兴中,开拓创新,不断成长。"青果计划"是乡村振兴学院服务乡村振兴的硬核作为,也是深化产教融合、校企合作,培养服务乡村振兴所需电商人才的教学改革实践。该行动计划以项目引领广大年轻学生对接乡村振兴现实需要,积极投身大众创新、万众创业生动实践,让青春在服务乡村振兴的伟大实践中绽放绚丽之花。

江津区政协副主席、江津区中华职教社主任谭厚国表示,"青果计划"是贯彻落实中央深入推进乡村振兴战略、推动农业农村现代化、促进农业强农村美农民富的具体实践,是续写江津脱贫攻坚新篇章、打造乡村振兴新样板的创新之举,对于全方位服务江津乡村振兴、政企校合作打造产教融合新模式有着重要的现实意义。

"青果计划"帮扶的首位创业者、重庆工程职院会计专业2019届毕业生唐

代玉表示,作为青果购电商平台的运营方之一,将致力于为处于供需两端的大学生消费群体和乡村果农搭建线上直通车,推动水果产销对接,并带动更多青年学子加入平台,为果农带货,为乡村振兴注入青春活力。

在启动仪式上,青果品牌 Logo 正式发布。学校副校长吴再生为 Logo 设计师、我校艺术设计工程学院教师高飞燕颁发了荣誉证书,并将青果品牌授予唐代玉。随后,唐代玉与江津区多赢创嘉文化传播有限公司总经理郭小平、农户代表签订三方协议,正式启动青果计划。

据统计,平台启动运营当天,已有来自江津区珞璜、杜市、先锋等 11 个乡镇的 19 户果农与平台签订供货协议,137 位学生在平台注册微店。

我校自 2020 年 5 月与江津区共同成立乡村振兴学院以来,充分发挥在人才培养、科学研究、社会服务等方面的优势,精准把握乡村发展的重点、难点和具体需求,已累计开展科技下乡 26 次,培训乡村管理人才 122 人,美化乡村、直播带货、宣传推介等服务已覆盖江津区杜市、德感、嘉平等 5 个镇街,用实际行动践行职业院校服务地方经济、振兴乡村的责任与担当。

资料来源:华龙网—新重庆客户端。

案例三:武安市综合职业技术教育中心

武安市综合职业技术教育中心始建于 1991 年,是首批国家级重点中等职业学校,首批国家级中等职业教育改革发展示范学校,全国教育系统先进学校,全国职业教育先进单位,全国中等职业学校德育工作先进集体。学校以"可持续发展"理念为指导,以推进养成教育、拓展课程教学、加强社会参与为途径,充分发挥学生的主体作用,教师的主导作用和社会资源的辅助作用,打造了独具特色的现代生态文明教育新模式。同时成立了以党委书记、校长郝玉华为组长,5 名副校长为副组长,有关科室负责人、教师代表、学生代表为组员的学校生态文明发展建设领导小组,将生态文明教育作为学校的一项重要工作,列入年度计划,积极推动学校生态文明建设不断向纵深发展。先后荣获了"国际生态学校""全国环境教育示范学校""全国生态文明教育示范学校""河北省绿色学校""河北省文明单位""河北省园林式学校"等荣誉称号。

1. 重视养成教育,发挥学生主体作用

根据青少年的身心发展规律、兴趣爱好和认知特点,学校以活动育人为目的,充分调动学生的积极性,大力推进养成教育。引导学生从身边的环境问题入手,从自身做起、从点滴做起,在潜移默化中受到教育的熏陶,提升自身的环境意识和责任感,培养他们的生态文明素养和环保习惯。一是成立由学生组建的校园生态委员会,定期对校园环境进行评审,检查纠正学生中乱丢垃圾、浪费水电、破坏公物等行为;二是成立绿色小记者站,从学生角度记录校园中的环境问题,利用校园广播、宣传橱窗、校报、黑板报,积极宣传环保知识,倡导环保理念;三是开展环保实践活动,利用"世界环境日""世界水日""世界卫生日""爱鸟周"等环保纪念日,组织学生开展环保主题的演讲比赛、知识竞赛、书画比赛、废品手工作品制作和校外环保宣传、社区劳动等各类实践活动。

2. 紧密联系课程,发挥教师主导作用

学校充分利用教学在生态文明教育中的主渠道、主阵地、主课堂功能,发挥教师的主导作用,有计划、系统地将生态文明教育的原则、理念和知识融入学校的日常教研教学工作。一是教师针对自己的任教科目,有机地将生态文明教育渗透到课堂设置和课内外教学中,如:财会专业课程中融入节约用纸,农林专业课程中融入沙漠化,语文课上写环保主题的作文等;二是根据专业和学科特点,积极开发校本课程,编写融入环保内容的新教案。如烹饪专业新教案《食品污染的危害》,畜牧专业新教案《水对禽畜体的营养作用》,电工电子专业新教案《节电电路的控制与方法》;三是建立校园环境教育资源库。利用校园网络平台,将环境教育方面的电子书、课件、教案、视频等内容整合共享,丰富教学资源,为教师开展教学提供有力支持。

3. 强调社会参与,发挥社会资源辅助作用

学校积极地同周边社区、企业和环保部门加强环境教育领域的合作,引入社会优势资源,形成教育合力,共同开展学生的生态文明教育。一是利用节假日组织师生到周边社区开展环保实践活动,进行环保宣传和义务劳动,同社区居民紧密联系,齐抓共管学校周边的环境建设;二是组织师生到企业参观学习。如钢铁、煤化、新能源汽车等武安本地企业,学习企业的环保理念,了解先进环保设备的功效;三是邀请环保部门的专家以及大学生环保志愿者加入学

校生态委员会,定期到校指导工作,举办环保讲座,对师生进行环保知识的培训。学校还投入资金加强硬件方面的建设。教室和办公室照明大量使用LED绿色节能灯,校园引路更换为太阳能路灯,配备了直饮水设备和污水循环再利用系统,增强了节能减排能力。校园绿化面积逐年提升,达到了总面积的38%,铺设草坪12 800多平方米,栽植各种花木60余种。校园内生态布局合理,生态管理规范,生态色彩浓郁。

武安市综合职业技术教育中心充分发挥了学生、教师和社会的功效,具体落实到德育活动、课程教学、社会实践等教育教学的各个环节,有力地提升了生态文明教育的实效性,实现了校园生态文明建设的跨越发展。

资料来源:弘扬可持续发展理念 创建生态文明型校园:河北省武安市综合职业技术教育中心生态文明纪实[J].环境教育,2017(4):100.

参考文献

［1］臧卫荣. 将生态文明教育内化于心,外化于行:浙江信息工程学校生态文明教育纪实［J］. 环境教育,2021(5):79.

［2］韦宁,吕宁. 建设美丽中国背景下的林业高等职业教育研究:以广西林业高等职业教育为例［J］. 长江丛刊,2020(36):122.

［3］徐岩. 生态文明引领下信息技术助推应用型绿色人才培养实践探索:以辽宁生态工程职业学院为例［J］. 数字通信世界,2021(11):261-263.

［4］上海市环境学校. 挖掘环境文化内涵,培育生态文明人才:上海市环境学校生态文明教育纪实［J］. 环境教育,2021(10):86.

［5］冯立新,唐洪,安家强. 传承生态文化,做生态文明忠实践行者:广西生态工程职业技术学院生态文明教育纪实［J］. 环境教育,2022(1):76.

［6］赖相燕. 厚植生态文化 传承绿水青山:杭州市林科院助力"森林杭州"建设［J］. 浙江林业,2022(2):8-9.

［7］李彩玲,程文华,柏根才,等. 绿色学校建设实践探索与思考:以北京农业职业学院为例［J］. 北京农业职业学院学报,2022,36(1):71-76.